LES LEURRES DE L'ECONOMIE DE RATTRAPAGE

La fracture postindustrielle

Fidèle à sa volonté de maintenir vivant l'ensemble du catalogue et de continuer à rendre accessible à tous la richesse de son contenu, Les marques du groupe L'Harmattan proposent les ouvrages, même s'ils sont épuisés dans leur premier tirage, et les impriment à la demande.
Au vu de l'ancienneté de ce titre, un exemplaire original a été numérisé pour être réimprimé, ce qui pourrait altérer légèrement la qualité de certains passages.

ISBN : 2-7475-1651-2

Vladislav INOZEMTSEV

Docteur d'Etat en économie
Professeur de Sciences Economiques à l'Université de Moscou

LES LEURRES DE L'ECONOMIE DE RATTRAPAGE

La fracture postindustrielle

Préface d'Immanuel WALLERSTEIN
Traduit du russe par Michel SECINSKI

L'Harmattan
5-7, rue de l'École-Polytechnique
75005 Paris
FRANCE

L'Harmattan Hongrie
Hargita u. 3
1026 Budapest
HONGRIE

L'Harmattan Italia
Via Bava, 37
10214 Torino
ITALIE

PREFACE

Depuis 1945, le « développement » est un des maîtres mots de la vie politique. Il était censé fournir la potion magique permettant de combler l'écart grandissant entre l'Occident prospère et les Etats pauvres qualifiés de « pays sous-développés », puis (*politiquement correct* oblige) « pays en voie de développement ». Face au « Premier monde » capitaliste et au « Deuxième monde » communiste également perçu comme industrialisé, ils constituaient ce que l'on appelait pudiquement le « Tiers-monde ». Mais que ce fût la « modernisation » préconisée par celui-là ou l'« édification du socialisme » prônée par celui-ci, il s'agissait d'une stratégie de « rattrapage » impliquant une réforme profonde des institutions et des mécanismes économiques avec la promesse mirifique d'un standard de vie élevé au bout du chemin. De surcroît, la justice triompherait dans un monde apaisé. Pour cela, il suffisait de mettre ses pas dans ceux de la grande nation représentative de chacun des modèles proposés : les Etats-Unis dans le premier cas de figure, l'URSS dans le second.

D'ailleurs, le développement était un des piliers du concept, aujourd'hui bien oublié, de « convergence » entre les deux systèmes : l'ONU n'avait-elle pas proclamé les années 70 « décennie du développement » ? Mais aujourd'hui, après un demi-siècle de tentatives de développement de rattrapage dans la voie dite socialiste aussi bien qu'en recourant aux recettes du libéralisme, on est amené à constater que, loin de se combler ou même de se réduire, le fossé ne cesse de se creuser entre ces pays développés et les pays en développement. Et rien n'indique que cette tendance puisse s'inverser au cours des cinquante prochaines années !

Comme Vladislav Inozemtsev le montre fort bien dans l'ouvrage que j'ai le plaisir de préfacer ici, ce développement de rattrapage était conçu dans un cadre étroitement national. Chaque pays ayant vocation à se développer, c'est pays par pays que l'écart se comblerait avec le monde postindustriel. Dans ces conditions, l'action requise se traduirait par des politiques nationales, se répercutant essentiellement, qui plus est, au niveau des structures étatiques. Nul ne semblant avoir envisagé de renverser l'ordre des termes en modifiant d'abord la donne au niveau des structures de l'économie mondiale. D'où l'échec « programmé » des tentatives de rattrapage parce qu'effectuées au niveau politique et non économique, dans un cadre national et non global.

Sa démonstration est d'autant plus convaincante qu'il ne s'est pas facilité la tâche en illustrant sa thèse par l'exemple de pays où l'échec est patent. Sciemment, il étudie des cas de réussite, dont il montre justement qu'il s'agissait de victoires sans lendemain ou précaires, ceux de pays où l'on a assisté à des périodes de croissance parfois spectaculaires, mais suivies d'une chute, souvent rapide et désastreuse. De propos délibéré, il a choisi le Japon, les quatre « petits dragons » d'Asie du Sud-Est, la Chine et l'URSS/Russie. Son bilan est sobre, sombre (pourquoi le nier ?), mais nuancé. Ce qui me permet de récuser à l'avance les critiques de ceux qui le taxeraient de pessimisme ou de noirceur excessive au prétexte que tant d'espoirs ont été attachés au concept de développement.

Ces espoirs ont été déçus et le doute s'est instillé ces dernières années, sur toute la planète, dans les esprits les plus dogmatiques en la matière. Le développement de rattrapage est une politique qui ne fonctionne pas ou, du moins, on est loin du compte quant aux résultats obtenus. L'auteur, qui est Russe, pose alors la question russe par excellence : que faire ? C'est le directeur du Centre russe d'études sur la Société postindustrielle qui répond. Selon Vladislav Inozemtsev, le secret de la réussite de l'Occident réside dans la transition à un type de société où le capital accumulé est désormais, avant tout, celui de l'information et des connaissances. Certes, il est sceptique quant à la possibilité d'y accéder dans un avenir prévisible pour les pays non occidentaux et il va même jusqu'à exclure que le fossé puisse être entièrement comblé. Mais le choix est simple à ses yeux : soit se placer dans le sillage des Etats-Unis et des pays d'Europe occidentale, soit s'exclure définitivement du jeu. Reste à savoir si ce dilemme est politiquement acceptable. La question reste ouverte.

En définitive, cet ouvrage nous dit qu'il incombe de repenser* de fond en comble le concept de développement. L'effort intellectuel qui sera peut-être aussi difficile à consentir qu'à changer notre fusil d'épaule dans notre action politico-économique.

Immanuel Wallerstein

*Voir mon livre *Impenser la science sociale. Pour sortir du XIX° siècle*, Paris, Presses Universitaires de France, 1995.

A mon ami, camarade, maître –
Alexeï Antipov

INTRODUCTION

Plus qu'aucun autre dans l'histoire millénaire de la Russie, le XX° siècle a été pourvoyeur à la fois de grandes espérances et d'impasses totales. Riche en bonds sans précédents, en victoires éclatantes, mais aussi en échecs graves, en défaites humiliantes. Après avoir recherché au début du siècle sa voie propre, celle de l' « exception russe » en somme, notre pays s'est trouvé à maintes reprises, au cours des décennies qui ont suivi, en position de décider du destin du monde civilisé. En cette fin de siècle, nous sommes à nouveau confrontés à un choix décisif. Comme le preux des chansons de geste russes, nous sommes à la croisée des chemins où selon que l'on prend à gauche ou à droite, on ira ou non à l'effondrement économique.

Le chemin parcouru par la Russie ces dernières années pose de nombreuses questions, auxquelles il est impossible d'apporter des réponses abruptes. Les historiens se penchent sur les aspects politiques et militaires de la période écoulée, les sociologues analysent les lois internes qui ont présidé à l'évolution de la société soviétique et président aujourd'hui à celle de la société russe, les économistes évaluent l'efficacité de l'économie planifiée et le succès des réformes lancées à l'aube du XXI° siècle. Notre propos sera ici d'aller au-delà d'une analyse des problèmes d'application pour envisager l'histoire de notre pays en regard de l'évolution économique et sociale des autres Etats du monde tel qu'il est aujourd'hui. Conscients que l'Union Soviétique et la Russie restent pour nos concitoyens le seul pays qu'ils puissent considérer comme leur patrie, nous nous proposons de comparer les problèmes de son développement avec ceux des nations qui constituent, de plain-pied avec nous, la civilisation contemporaine. Nous sommes profondément convaincus que c'est le seul moyen de déboucher non sur une doctrine idéologique préconisant la renaissance de la politique de grande puissance, mais sur une conception prenant en compte avec réalisme la place de la Russie dans l'économie globale du XXI° siècle, contribuant à définir des objectifs réalistes et à esquisser les voies optimales permettant de les atteindre.

L'histoire de la Russie n'a jamais été celle d'un pays avancé sur le plan politique et économique, mais c'est aussi l'histoire d'un Etat capable de combler extraordinairement vite les écarts gigantesques qui se sont creusés entre lui et ses voisins. Lors de la fondation de l'Empire byzantin, le territoire qui devait voir surgir la « Troisième Rome » abritait des tribus ignorant tout de la civilisation urbaine, mais dès le XI° siècle, de grandes cités russes étaient devenues des foyers de la civilisation chrétienne, voire pour certaines d'entre elles, des modèles de démocratie médiévale. A la fin du XIII° siècle, alors que la lumière de Thomas d'Aquin et de François d'Assise illuminait l'Occident et que le servage était aboli dans les Etats de l'Italie septentrionale, les principautés russes était mises à sac par les Mongols, mais deux cents ans plus tard, la Moscovie devenait le plus vaste Etat d'Europe. Au XVII° siècle, lorsque le capitalisme était en gestation au sein des monarchies européennes, qu'Anglais, Espagnols et Portugais s'étaient adjugé des possessions coloniales sur tous les continents et que le progrès scientifique annonçait l'avènement du règne de la Raison, la Russie restait un pays continental sans accès à la mer, doté d'une économie naturelle et d'une société patriarcale. Mais dès le milieu du XVIII°

siècle, elle était devenue une grande nation européenne aux industries et à la culture avancées, disposant d'une armée et d'une flotte puissantes, d'une capitale surgie des marécages baltes. L'écart s'est de nouveau creusé au début des années 60 du XIX° siècle, mais dans le même temps, l'hégémonie mondiale de l'Europe occidentale cessait d'être incontestable et incontestée. On entrait dans une période incertaine où le « rattrapage » du peloton de tête ne pouvait déjà plus être l'impératif politique d'une puissance mondiale.

A nos yeux, la Révolution d'Octobre a été, entre autre, une sorte de réaction à cette situation : les nouvelles formes d'organisation sociale étaient appelées à placer la Russie en flèche dans la marche vers le progrès universel. Mais si ce nouveau statut de notre pays pouvait être proclamé sans autre forme de procès sur le plan idéologique, sa confirmation sur le plan de la « praxis » exigeait des résultats économiques spectaculaires, un système économique dont l'efficacité donnerait le ton en matière de standards internationaux. Pour la première fois dans son histoire millénaire, notre pays avait entrepris non pas de « rattraper » les Etats occidentaux, mais d'atteindre un niveau de développement qualitativement plus élevé, de créer une réalité économique et sociale qualitativement nouvelle.

Sur cette trajectoire, les échecs ne tardèrent pas à se multiplier. Le premier en date fut la dissipation des illusions sur le caractère « naturel » de la société socialiste, sur la possibilité de son édification rapide sur la base du « communisme de guerre ». A peine un peu plus de trois ans après leur accession au pouvoir, les bolcheviks étaient contraints de modifier leur tactique et de proclamer la NEP (Nouvelle Politique Economique). Or, il s'avéra que tout en favorisant le progrès économique, la NEP n'entravait en rien une restauration de l'ancien régime. Autrement dit, elle permettait de combler le retard, mais sans pour autant générer un système social nouveau. Dès la fin des années 20, la violence et une terreur non déguisées furent l'instrument privilégié de la construction de la société « socialiste ». Certes, les résultats furent spectaculaires, mais une telle « praxis » ne pouvait durer indéfiniment : l'effort surhumain consenti au cours de la Seconde guerre mondiale ne pouvait que retarder la crise du système, non l'éviter.

La dureté de la « gouvernance » stalinienne était telle que le seul rejet de ses formes les plus odieuses permit le sursaut des années 60. Pourtant, même alors, rien ne fut inventé qui pût servir de base au système social nouveau. S'étant rapproché du niveau des pays avancés en matière économique et technologique, essentiellement sur le plan formel d'ailleurs, notre pays entra dans une période de stagnation qui aboutit finalement à l'effondrement du système soviétique. Ainsi, l'exemple de l'Union Soviétique démontra l'inanité des tentatives visant à dépasser les pays développés sur la base de la construction d'un système social alternatif.

Mais ce bilan de l'évolution socio-politique de la Russie n'apparaît tel que vu de cette fin de siècle, à l'aune du regard rétrospectif que nous jetons aujourd'hui sur le passé de notre pays. Il y a seulement quelques décennies, le chercheur le moins engagé qui soit pouvait fort bien avoir une vision différente du « paysage historique ». Vers le milieu des années 60, on pouvait aisément supposer (avec d'excellents arguments) que le XX°

siècle ouvrait des perspectives sans précédents aux nations en mal de « rattrapage ». Le siècle précédent pouvait le faire présager par bien des aspects. En effet, alors que l'histoire européenne du XIV° au début du XIX° siècle se résumait essentiellement à celle de la lutte entre des alliances constituées respectivement autour de la Grande-Bretagne et de la France, en revanche dans les années 70 du XIX° siècle la Prusse défit la France et rassembla autour d'elle les Etats germaniques, ce qui aboutit à la constitution de la première nation européenne sur le plan économique et militaire et amena les Anglais et les Français à se coaliser face à cette puissance nouvelle. A l'issue de la Première guerre mondiale, les nations européennes durent constater l'émergence d'un nouveau « leader », les Etats-Unis d'Amérique, incontestablement devenus dès le milieu des années 20 la nation la plus avancée de la planète. Par ailleurs, en l'espace de vingt ans, l'Allemagne s'était relevée et se heurtait à la puissance russe, encore négligeable au début du siècle sur l'échiquier mondial. La Seconde guerre mondiale créa les nouveaux pôles de la confrontation mondiale : l'URSS et les USA. Les colonies accédèrent alors à l'indépendance et le Japon se releva de ses ruines pour occuper la troisième place, puis, dès les années 70, la deuxième parmi les nations industrielles. Dans ces conditions, l'issue de l'affrontement des centres mondiaux de puissance économique semblait difficilement prévisible à l'orée du XXI° siècle.

Les réalités remirent les choses à leur juste place. Sans conteste, le monde actuel est profondément différent de ce qu'il était il y a cent ans. Il n'en est pas moins évident qu'aucun pays, ni l'URSS éclatée en 1991, ni la Chine en croissance rapide, ni même le Japon ne pouvaient prétendre à la place de « leader » qui est celle des Etats-Unis d'Amérique. Pourtant, ce n'est pas encore la « fin de l'histoire ». Les pays d'Europe, que beaucoup d'experts estimaient irrémédiablement distancés par les Etats-Unis, non seulement ne leur cèdent pas le pas quant au niveau de vie et au dynamisme technologique, mais les devancent dans le domaine social et offrent à tous les Etats le modèle évolutif d'une organisation optimale des processus d'intégration au sein de l'Union Européenne supranationale. En revanche, le Japon lutte depuis une décennie contre la récession ; les pays de l'Asie du Sud-Est, longtemps considérés comme le principal « pôle de croissance » de l'économie mondiale, se débattent dans la crise ; l'URSS a sombré ; les pays latino-américains (il ne faut pas oublier que le PNB argentin venait au septième rang dans le monde en 1990) sont largement distancés, alors que la plupart des pays décolonisés végètent misérablement.

Cette dynamique, cette polarisation de la richesse et du pouvoir ont des causes nombreuses et variées. Mais il faut souligner avec force que l'une des plus importantes a été l'adhésion aveugle à la doctrine du développement « de rattrapage » qui a prévalu dans les esprits des sociologues et des politiques durant la plus grande partie du XX° siècle. Comme nous l'enseignent les siècles précédents, le développement « de rattrapage » ne réussit qu'à deux conditions. En premier lieu, le pays à rattraper se trouve à des degrés plus élevés *du même stade technologique*. En second lieu, *le moyen le plus efficace* du « rattrapage » *est la mobilisation* des populations, y compris par la coercition. Autrement dit, si l'homme est ravalé, de fait, aux biens de production. Le développement « de rattrapage » a donc ses limites.

Toutes ces considérations sont assez évidentes en soi, mais peuvent être aisément explicitées si besoin est. *D'une part*, le modèle de développement « de rattrapage » ne peut être efficacement utilisé si le pays « rattrapant » ne maîtrise pas les méthodes de production du pays « à rattraper ». C'était le cas pour les aciéries modernes au XIX° siècle. Inversement, à la même époque, les pays moins avancés ont pu couler des canons et donc moderniser leurs armements. *D'autre part*, le pays « rattrapant » pouvait rejoindre le pays « à rattraper » pour la production de houille en mobilisant une main-d'œuvre plus ou moins servile ou en augmentant la rémunération des mineurs sans pour autant procéder à une modernisation technologique de grande ampleur. Mais l'innovation dans les industries de l'information n'est possible que grâce à une formation dispensée durant des décennies et à la motivation créatrice des employés. Dans le premier cas, une société essentiellement agraire peut rattraper une société industrialisée au prix de gigantesques efforts et de transferts technologiques avérés. Dans le second, il est clair qu'une société industrielle proprement dite ne peut plus rattraper une société postindustrielle, car les méthodes de mobilisation auxquelles recourt par définition tout développement « de rattrapage » ne sont pas applicables à l'activité créatrice de l'individu libre qui est à la base de l'essor d'une société postindustrielle. Ainsi, *les limites du développement « de rattrapage » ne sont autres que l'horizon de la société industrielle classique.*

On voit se former aujourd'hui un nouvel ordre économique mondial. Au cours de leur évolution, les Etats-Unis et les pays de l'UE ont assuré à leurs populations un niveau de vie élevé, ce qui leur a permis d'intégrer les valeurs « post-matérialistes ». Ayant perdu dans une large mesure leur capacité mobilisatrice, ces sociétés n'en sont pas moins aptes à produire de plus en plus de connaissances et de technologies nouvelles, facteur de production majeur du XXI° siècle. Les autres pays, qui ont tenté plus ou moins l'aventure de la modernisation accélérée en améliorant leur potentiel de production, mais sans constituer de système socio-économique spontanément évolutif, restent assujettis au monde occidental en tant qu'il est source de connaissances, mais aussi débouché pour leurs produits. Pourtant, comme l'expérience l'a montré, des décennies de transferts technologiques ne permettent pas des percées scientifiques propres. On en vient donc à la conclusion qu'il est impossible de « rattraper » les sociétés postindustrielles par les méthodes industrielles proprement dites et que le recours aux méthodes de mobilisation pour construire une infrastructure suffisante afin d' entamer le passage à la société postindustrielle provoque de telles mutations de l'esprit public que leur correction demande plus de temps que le progrès économique proprement dit. Dans la situation qui s'est créée, les pays et *les peuples qui ne relèvent pas aujourd'hui de la civilisation postindustrielle ne peuvent envisager une cristallisation des éléments du système postindustriel dans le corps social qu'avec la participation directe des pays « leaders »* (à preuve, les *Länder* de l'ancienne Allemagne de l'Est).

Cette conclusion est extrêmement décevante pour ceux qui voudraient voir la Russie donner le ton du progrès mondial au cours du prochain siècle et le point de vue exposé rencontrera inévitablement une opposition assez large. Nous nous proposons donc de démontrer, arguments à l'appui tout au long du présent ouvrage, que la doctrine du développement « de rattrapage », l'une des doctrines sociales les plus répandues du XX° siècle sous ses diverses formes, a perdu sa portée scientifique et pratique à l'aube du siècle nouveau de l'aventure humaine, ce qui signifie que la Russie et l'ensemble de la planète devront inévitablement l'abjurer.

CHAPITRE I

LE CONCEPT DU DEVELOPPEMENT « DE RATTRAPAGE » AU XX° SIECLE[1]

Le siècle qui s'en va n'a pas été avare de révolutions économiques, sociales et politiques. L'histoire n'avait jamais connu auparavant une telle disparité du développement économique des pays et des peuples. Au fil des décennies, le tableau du monde a été profondément bouleversé à plusieurs reprises. Au début du siècle, les Etats-Unis d'Amérique supplantent la Grande-Bretagne comme première puissance économique mondiale. Quelques années plus tard, l'Allemagne devenait la puissance dominante en Europe et le restait, avec quelques éclipses, jusqu'en 1945. Dans les années 30, l'URSS a pu sérieusement prétendre à la deuxième place dans le classement des puissances économiques. Dans les années 50 et 60, durant la période de confrontation URSS-USA, le Japon opéra sa percée historique, progressant sur les marchés mondiaux aux dépens des puissances occidentales. Et enfin, ces dernières années, les pays du Sud-Est asiatique et la Chine ont commencé à briguer le leadership économique au XXI° siècle. De ce fait, le développement « de rattrapage » devenait un paradigme économique quasi universel que les pays moins avancés étaient invités à suivre.

Selon nous, le concept du développement « de rattrapage » ne peut être considéré comme une théorie tant soit peu achevée. Remontant à la fin des années 50 et au début des années 60, elle résulte d'une synthèse extrêmement complexe de valeurs « capitalistes » et « marxistes » prônant, d'une manière ou d'une autre, une voie particulière. Dès le départ, ce concept a été fort politisé dans la mesure où il touchait aux intérêts à la fois des pays industrialisés exerçant leur hégémonie dans l'économie mondiale, des nouveaux Etats indépendants du « Tiers monde » et des pays du bloc soviétique, qui visait à étendre son influence à l'ensemble de la planète. Il est donc tout à fait évident que, dans le cadre du concept du développement « de rattrapage », les éléments d'universalisme largement propres aux travaux des auteurs occidentaux se combinent étrangement avec l'apologie de la spécificité exclusive du progrès économique en sympathie avec les représentants d'Etats dont cette spécificité fait le seul orgueil. De ce fait, l'éventail des théories du développement « de rattrapage » présente un certain caractère éclectique et c'est d'une manière assez arbitraire que l'on met l'accent sur telle étude plutôt qu'une autre ayant sensiblement influé sur l'évolution générale du concept.

Les problèmes du développement accéléré ont été abordés de front dès la période du dernier conflit mondial, notamment dans le contexte de débats sur l'après-guerre. Les premiers travaux importants dans ce domaine ont été l'article de P. Rosenstein-Rodan « Problèmes de l'Europe de l'Est et du Sud-Est »[2] publié en 1943 et l'ouvrage de E. Staley « Le développement économique mondial : effets sur les pays industriels avancés »[3] paru un an après. Quelques années plus tard, les problèmes formulés théoriquement dans ces travaux bénéficiaient de toute l'attention des économistes et des politiques lorsqu'en 1948-1949, l'administration américaine lança le vaste programme d'aide au relèvement économique de l'Europe occidentale que fut le « Plan Marshall ».

Pourtant, au seuil des années 50, les problèmes de développement accéléré n'avaient pratiquement pas été examinés relativement aux pays de la périphérie. Le relèvement économique de l'Europe occidentale et même la réanimation de l'économie nippone sous la férule américaine visaient essentiellement à surmonter les désastres de la guerre et non à appliquer un paradigme économique foncièrement nouveau aux pays moins avancés, dont la plupart étaient encore coloniaux. Les fondements réels de l'économie des pays en développement combinant théorie et pratique de l'accélération remontent aux années d'affrontement exacerbé Est-Ouest débouchant sur le début de la guerre de Corée, puis du conflit indochinois, sur les années d'essor du mouvement de libération nationale en Afrique et en Asie. Un des facteurs majeurs définissant la nécessité d'une théorie nouvelle a été l'activité des organismes internationaux : d'abord de la Banque Mondiale, qui octroya en 1948-1949 les premiers gros crédits au Chili, au Brésil et au Mexique, puis des agences spécialisées de l'ONU au début des années 50 sur la mise au point de méthodes de développement accéléré des pays retardataires. Deux commissions d'experts de l'ONU – Measures for Economic Development of Under-Developed Countries et Measures for International Economic Stability – publièrent en 1951 d'importants rapports qui définirent les axes d'évolution du concept nouveau pour toute une décennie.

Plus généralement, les années 40 et 50 ont été une période de gestation de la théorie du développement accéléré. Parmi les fondateurs et inspirateurs de la théorie du développement accéléré, W. Rostow citait P. Bauer, C. Clark, A. Hirschman, A. Lewis, G. Myrdal, R. Prebisch, P. Rosenstein-Rodan,

G. Zinger et Y. Tinbergen[4], qui ne peuvent d'ailleurs guère être présentés comme formant un groupe tant soit peu homogène, plusieurs d'entre eux campant sur des positions idéologiques diamétralement opposées. Pour évaluer l'état d'avancement du concept à cette époque, on peut aussi affirmer que pratiquement aucun des théoriciens de la modernisation accélérée ne l'intégrait au mouvement général du processus historique ni ne proposait un système clairement énoncé de thèses sur le caractère des bouleversements économiques susceptibles de faire accéder les pays agraires à un stade véritablement nouveau du progrès économique.

A partir des années 60, les concepts de développement accéléré se sont graduellement polarisés selon le critère de l'appartenance idéologique de leurs auteurs. Une partie des théoriciens occidentaux ont préféré parler du développement sur la base de l'appropriation des valeurs de la société industrielle reposant sur l'initiative privée et l'économie de marché. En revanche, les analystes originaires des pays en développement mettaient l'accent sur l'intervention de l'Etat dans l'économie, le développement des secteurs traditionnels et l'appui sur ses propres forces, sur la création d'éléments d'une économie planifiée. Dès lors, il convient, semble-t-il, d'adopter une approche relativement différenciée de ces types de théories du développement.

Les théories de l'occidentalisation accélérée

Dans les années 50 et 60, le concept de société industrielle n'a cessé de se vulgariser et la plupart des analystes étaient particulièrement sensibles, pour des raisons évidentes, aux idées du déterminisme technologique. A la fin des années 50, W. Rostow proposa sa conception des stades du développement économique, délimitant cinq étapes dans l'histoire économique de chaque peuple : société traditionnelle, prémisses du décollage, décollage, maturation et époque de la consommation de masse. Il admettait alors l'éventualité d'une sixième étape définie par lui comme « au-delà de la consommation » (« beyond consumption »), mais sans en préciser les caractéristiques[5]. Selon W. Rostow, dans la société traditionnelle, le développement de la structure s'effectue dans le cadre de fonctions de production limitées reposant sur les sciences et les techniques prénewtoniennes, sur une relation prénewtonienne au monde matériel, alors qu'il désignait comme principaux paramètres des principales étapes – décollage et maturation – des niveaux d'investissements se chiffrant respectivement à 5-10% et 10-20% du revenu national[6]. Les autres caractéristiques des différentes étapes sont tout aussi exclusivement techniques. Dans les années 60, un autre éminent économiste et futurologue, H. Kahn, ayant adopté pour critère de classification des sociétés les niveaux de revenu annuel par habitant, divisa les pays du monde en cinq groupes : préindustriels avec un revenu annuel moyen par habitant de 50 à 200 dollars ; semi-industriels avec un revenu de 200 à 600 dollars ; industriels avec un revenu de 600 à 1000 dollars ; les sociétés de consommation de masse ou industrielles avancées avec un revenu de 1,5 à 4000 dollars et, enfin, les sociétés postindustrielles avec un revenu annuel moyen par habitant de plus de 4000 dollars[7]. L'approche technocratique atteint là ses limites, car les seules caractéristiques de la société prises en compte sont celles de son niveau de développement économique.

Dans le contexte d'une telle approche, les théoriciens occidentaux considéraient le développement industriel comme une valeur absolue à laquelle on pouvait sacrifier tout paradigme idéologique. Nul doute que leurs certitudes étaient renforcées à cet égard par le fait que dans les années 50 et 60, l'Union Soviétique prétendait réellement au rôle de leader du progrès technologique et comblait rapidement le fossé qui la séparait des Etats-Unis, alors que le Japon devenait un compétiteur redoutable en s'emparant de débouchés traditionnels des produits nord-américains et ouest-européens. Dans le même temps, de nombreux analystes occidentaux estimaient que les Etats-Unis et l'URSS représentaient deux modèles d'une société industrielle de fait unique, professant tous un même optimisme quant aux potentialités de l'investissement planifié dans le nouveau capital « physique » grâce à l'utilisation des réserves de main-d'œuvre, à la stratégie de l'industrialisation de substitution aux importations et à la planification centralisée[8]. Ce fut alors l'apogée des théories de la convergence des économies de marché occidentales et des systèmes économiques de type socialiste. A l'Ouest, tout naturellement, on estimait donc possible et souhaitable d'introduire le modèle de développement occidental dans le monde entier.

C'est ainsi que Raymond Aron soulignait que désormais, en matière économique et sociale, sous toutes les latitudes, tous les pays prétendent aspirer au même objectif sous le signe de valeurs similaires à la base, car l'industrialisation, inexorable, tend à l'universalité[9]. Cela impliquait que les pays moins avancés devaient déployer tous les efforts possibles pour suivre la voie du progrès industriel et, d'une certaine manière, copier l'évolution de la plupart des sociétés occidentales. Un tel modèle de développement était généralement désigné sous le terme vague de « modernisation », ses adeptes se référant plus ou moins à la théorie sociologique unilinéaire de T. Parsons, qui ramenait toute l'évolution des sociétés à une progression de l'état primitif et archaïque à la modernité[10]. La définition la plus complète de la modernisation fut fournie dans les années 60 par S. Eisenstadt : « La modernisation, écrivait-il, est le processus de changement orienté vers les types de systèmes social, économique et politique qui se sont développés en Europe occidentale et en Amérique du Nord du XVII° au XIX° siècles, puis ont gagné les autres pays européens et ensuite, au XIX° et au XX° siècles les continents sud-américain, asiatique et africain »[11]. De style manifestement technocratique, l'approche de C. Black propose de considérer la modernisation comme une adaptation des institutions traditionnelles aux nouvelles fonctions découlant de l'accroissement sans précédent du rôle des connaissances permettant de contrôler l'environnement. Egalement tributaire des conceptions technocratiques, M. Levy voit dans la modernisation une révolution sociale allant aussi loin qu'il est possible sans détruire la société elle-même[12].

Bien entendu, les problèmes de modernisation dans les années 50 et 60 étaient abordés sous leurs aspects économique, socio-politique et culturel. Dans la sphère économique, l'axe de la modernisation désignée était le développement industriel accéléré impliquant l'utilisation des technologies nouvelles, des sources d'énergie rentables, l'approfondissement de la division du travail, le développement des marchés des marchandises et de l'argent. Il faut noter que ce développement accéléré était applicable à tous les secteurs de l'économie sans exception et non pas seulement aux branches orientées vers l'exportation. Dès le début des années 50, R. Nurske écrivait que « le niveau général des activités s'élève, alors que le marché s'élargit par une progression frontale : l'accroissement des investissements dans plusieurs secteurs ...et activités diverses »[13]. Pourtant, la question des sources d'investissements nécessaires à une croissance aussi rapide restait ouverte ; la plupart des experts estimaient (selon nous, à juste titre), en premier lieu, que les pays en développement ne peuvent se passer d'un important apport de capitaux de l'extérieur et, en second lieu, que sur la voie de l'économie de marché il leur faudrait passer par une phase, propre au capitalisme naissant, de différenciation sociale accentuée. De ce fait, les principales recommandations consistaient, d'une part, à souligner la nécessité de faire intensivement appel aux investissements étrangers, et de l'autre, à encourager au maximum l'épargne, freiner la consommation, renoncer à l'égalitarisme des revenus pour s'orienter vers une société socialement hétérogène permettant la formation d'une bourgeoisie nationale, etc.[14] Beaucoup s'accordaient à mettre en exergue le rôle de l'Etat en vue d'orienter les apports de capitaux vers les axes prioritaires et d'encourager l'initiative privée dans le sens d'une croissance de la production industrielle. A cet égard, il faut souligner que l'objectif de cette modernisation n'était pas de créer une économie planifiée centralisée, mais de former une économie de marché de type occidental où le rôle principal revient aux grandes sociétés industrielles, aux banques, aux compagnies commerciales et financières dont l'indépendance est maximale par rapport aux facteurs politiques et idéologiques, ce qui permet à la croissance de se poursuivre spontanément et de son propre mouvement[15].

L'aspect socio-politique de la modernisation était lié avant tout, dans les pays en développement, au modèle social occidental, où prévalent en dernière analyse les principes de l'individualisme et de l'économie de marché. Cette approche semblait à un tel point aller de soi que bien des sociologues mettaient un signe d'égalité entre « civilizing » (l'accession des pays sous-développés aux bienfaits de la civilisation) et « westernizing » (« occidentalisation »)[16]. Le point de vue de J. Tinbergen est très significatif à cet égard, à savoir l'énoncé des conditions essentielles, selon lui, d'un développement rapide et stable : en premier lieu, l'établissement et le maintien d'un équilibre monétaire stable ; en second lieu, la prévention de l'occurrence d'un chômage de masse ; en troisième lieu, la lutte contre une trop grande inégalité des revenus ; en quatrième lieu, une intervention indirecte de l'Etat dans les secteurs où la seule initiative privée ne permet pas d'obtenir le niveau de développement souhaitable. « D'emblée, écrit-il, il convient de préciser que la planification n'est pas une alternative au bon sens, auquel elle ne peut ni ne doit se substituer »[17]. Ce qui implique une préférence sans ambiguïté pour les mécanismes traditionnels d'autorégulation du marché.

Bien entendu, le bon fonctionnement de ces mécanismes n'est possible que sur la base d'un système de droits garantissant les libertés économiques et les droits individuels dans les pays en développement. C'est la raison pour laquelle, selon les experts occidentaux, dans les systèmes sociaux embryonnaires à la périphérie du monde développé, le facteur majeur définissant la situation sociale d'un individu doit être non son statut ou sa caste, mais ses qualités personnelles : qualification, motivation, formation, etc. Sous cet angle, la modernisation sociale est considérée comme la substitution de la subordination hiérarchique et de la dépendance verticale par un partenariat de plain-pied reposant sur du respect réciproque. La gestation de la société actuelle est désormais indissolublement liée à une mutation des rapports politiques s'effectuant sur la base de l'observation des droits de l'homme, de la consécration du principe de la séparation des pouvoirs, de la garantie de la liberté d'expression et de l'engagement général des citoyens dans le processus politique[18]. Pour être impartial, il faut admettre que la plupart des théoriciens de la modernisation avaient compris dès les années 60 qu'il était irréaliste d'envisager la mise en œuvre complète des idées qu'ils préconisaient et ils se sont plus à souligner par la suite que l'un des objectifs essentiels d'une société en voie de modernisation était la création d'un appareil d'Etat satisfaisant au « cahier des charges » en matière de formation, de qualification et de qualités opérationnelles des fonctionnaires. On était également invité à ne plus sélectionner les fonctionnaires en fonction de leur statut, de leurs origines et de leurs relations personnelles[19].

L'aspect culturel de la modernisation était lié, dans les années 60, à la rationalisation des mentalités sur la base des connaissances scientifiques et avec la rupture avec les comportements traditionnels ; bien plus, la formation d'un nouveau modèle culturel était considérée comme un élément central de l'ensemble du processus de modernisation[20]. Néanmoins, on est frappé par le schématisme manifeste qui caractérise aussi bien la formulation des problèmes que les moyens proposés pour les résoudre. Il était admis que l'enseignement laïque et l'alphabétisation, la tolérance religieuse, le développement des communications et la diffusion des informations, ainsi que l'accession du grand public à la culture aboutiraient quasi automatiquement au triomphe des valeurs occidentales. Seuls certains analystes se permettaient de s'écarter du déterminisme technologique en affirmant que « l'objectif majeur de tous les pays en voie de modernisation était d'accélérer le processus de formation du capital humain »[21]. Comme l'expérience l'a montré, ce sont les aspects politique et culturel qui ont particulièrement posé problème dans le processus de modernisation. C'est dans ces domaines que les concepts modernisateurs ont exigé les corrections les plus importantes, dont certaines allaient en fait au rebours de la logique première desdits concepts.

Les théoriciens de la modernisation ont reconnu qu'il convenait de faire varier les moyens et les modalités, ainsi que les rythmes mêmes de la modernisation selon les pays. En effet, dans les uns, la modernisation serait organique, procéderait de l'évolution interne du pays, alors que dans d'autres, elle progresserait sous l'influence des pays plus avancés[22]. Parmi les facteurs défavorables aux transformations, ils désignaient l'influence sensible des institutions de la société traditionnelle, la réticence des élites dirigeantes à sacrifier leur pouvoir et leurs revenus à la rénovation de leur patrie, l'analphabétisme et les mentalités irrationnelles de la majorité de la population. Beaucoup de thuriféraires de la modernisation accélérée trouvent la clef d'un développement industriel réussi dans la suppression de ces facteurs, en premier lieu dans la destruction ou le « chamboulement » du secteur traditionnel[23].

Sans nul doute, les concepts modernisateurs ont dégagé avec précision les axes majeurs de transformation des pays ayant opté pour le développement « de rattrapage », mais la plupart des conditions requises à cette fin étaient impraticables. Comme l'on fait ressortir plusieurs analystes, notamment G. Myrdal, les pays occidentaux, ayant accédé au niveau de développement postindustriel et bénéficiant d'une supériorité indéniable en matière technologique, sont en mesure de détruire des branches traditionnelles de l'industrie dans le « Tiers monde » grâce à leurs produits bas de gamme. Dans le même temps, le seul facteur d'attraction des capitaux dans les pays en développement reste leur main-d'œuvre bon marché, ce qui de facto entraîne des niveaux extrêmement bas d'épargne interne et entrave leur progression[24]. En effet, la plupart des théories du développement accéléré partent de l'idée de l'impulsion initiale imprimée par les Etats occidentaux. Cependant, d'une part, l'Occident lui-même ne voyait pas la nécessité d'investir d'énormes crédits dans l'économie des pays du « Tiers monde »[25] (à la différence, par exemple, du programme de relèvement de l'Europe occidentale ou de l'aide au Japon, à la Corée du Sud ou à Taiwan, qui faisaient face à la menace communiste en Asie du Sud-Est) et, de l'autre, le « Tiers monde » n'était pas enclin à copier aveuglément l'expérience de pays qu'ils percevaient comme des asservisseurs coloniaux. Il faut y ajouter le fait que les théories du développement accéléré ou « de rattrapage » n'ont émergé en Occident que plusieurs décennies après que le marché et la société civile y ont commencé à « fonctionner » sous leur aspect civilisé, raffiné[26]. C'est pourquoi l'idée d'occidentalisation est, fort malheureusement, demeurée étrangère aux pays en développement : sa mise en œuvre exigeait et continue à exiger qu'une forte résistance soit surmontée, ce qui était rédhibitoire pour sa diffusion massive au sein du « Tiers monde ». Bien plus : les concepts démontrant le caractère dépendant du développement économique des Etats « périphériques » ont constitué une réaction légitime à ces théories aussi bien dans les pays en développement que parmi la gauche occidentale.

Les théories alternatives de développement

Ainsi, les théoriciens de la modernisation estimaient qu'en suivant le chemin parcouru antérieurement par l'Occident, les pays en développement pourraient assurer la croissance économique et le progrès social. Mais d'autres concepts se formaient concurremment. L'un d'entre eux se plaçait dans le sillage des travaux publiés dans l'immédiat après-guerre par R. Prebisch, économiste argentin ayant occupé des postes importants à la Commission économique de l'ONU et à l'UNCTAD[27]. Cette théorie largement marxisante expliquait les problèmes du « Tiers monde » non pas tant par l'utilisation inégale des potentialités de la croissance que par l'exploitation franche et directe de la « périphérie » par les pays du « Centre ». Comme l'avait noté en son temps A. Foster-Carter, le terme de « sous-développement » (« underdevelopment ») permettait de souligner la destruction systématique par le monde occidental de l'économie des pays dépendants[28]. C'est sur cette base que l'on a formulé en 1957, simultanément par P. Baran aux Etats-Unis et C. Furtado au Brésil, le concept de « dependientisme » (de l'espagnol « dependiente » = dépendant).

Ses adeptes ne s'opposent pas au développement accéléré des pays du « Tiers monde » en tant que tel, mais mettent en garde les artisans de l'occidentalisation contre le péril d'une modernisation ne prenant pas en compte la singularité culturelle des pays en mal de « rattrapage »[29]. Les « dependientistes » affirmaient que les théories de la modernisation négligeaient les aspects sociaux, politiques, culturels de l'histoire et de la contemporanéité des sociétés du « Tiers monde », alors qu'il est impossible de dissocier les facteurs économiques et sociaux du développement, car « le développement est en soi un processus social. En outre, ses aspects purement économiques portent les stigmates des relations sociales qu'il dissimule»[30].

Le concept de « développement dépendant » a été élaboré dans les années 60 et 70 par de nombreux chercheurs de talent : les Brésiliens C. Furtado, F. Cardoso et T. Dos Santos, l'Argentin E. Faletto, les Mexicains A. Monteverdie et O. Sunkel, l'Américain d'origine russe P. Baran, le l'Egyptien S. Amin, l'Américain d'origine allemande A. G. Frank etc. Comme nous l'avons indiqué, ils concluaient que le sous-développement de certains pays résultait de l'évolution du capitalisme mondial. C'est ainsi que A. G. Frank écrivait : « J'estime que ce sont les tensions internes au capitalisme et l'histoire du développement du système capitaliste qui déterminent le retard des Etats de la périphérie, dont les métropoles s'approprient le surproduit, ce qui assure leur croissance tout en faisant perdurer jusqu'à présent le processus d'exploitation »[31]. A cet égard, il soulignait que le sous-développement (underdevelopment) ne devait pas être simplement assimilé à un non-développement (nondevelopment du fait qu'un régime socio-politique spécifique est surdéterminé par son exploitation permanente par les puissances mondiales dont la politique, d'une part, définit l'orientation exportatrice des pays en voie de développement et, de l'autre, favorise le « soutirage » permanent de la valeur ajoutée créée dans leur économie au profit d'autres régions du monde. Ainsi, l'exportation croissante des matières premières combinée avec l'importation des produits industriels se poursuivant dans l'intérêt de l'Occident perpétue le « cercle vicieux » qui fait qu'il soit si difficile de sortir du sous-développement[32]. Selon les « dependientistes », le principal obstacle réside non pas dans l'impossibilité de créer un secteur dynamique de l'économie dans les pays du « Tiers monde », mais bien dans la structure de la société dépendante des centres du capitalisme mondial, dans le caractère des relations économiques extérieures établies au fil de l'histoire et freinant le développement.

La situation économique en Asie, en Afrique et en Amérique Latine était considérée, à travers ce prisme, non comme une étape nécessaire vers une société industrielle avancée, mais avant tout comme la résultante de « l'intrusion des entreprises capitalistes modernes dans des structures sociales archaïques »[33]. La théorie du « dependientisme » expliquait la perpétuation de la dépendance des pays du « Tiers monde » vis-à-vis des grands centres de puissance économique par la nécessité de leur financement externe permanent. Selon O. Sunkel, l'accroissement de la part des matières premières dans leurs exportations et celle des produits industriels dans leurs importations, un déficit budgétaire permanent sont les facteurs déterminant « la nécessité inexorable d'un financement extérieur, ... [ce qui est] le maillon crucial du mécanisme de dépendance »[34]. Certains « dependientistes » attiraient à cet égard l'attention sur l'ascension rapide, aux cours des années 80, de la dette extérieure des pays en développement, ce qui, à leurs yeux, témoignait du caractère toujours plus irréversible de la répartition de la valeur ajoutée en faveur des centres du capitalisme mondial.

Les vues des « dependientistes » étaient partagés aussi bien par de fins analystes alliant une connaissance approfondie de l'histoire, de la sociologie et de l'économie (à l'instar de I. Wallerstein) que par des chercheurs relativement superficiels relevant d'un néo-marxisme au goût du jour (à l'exemple de P. Baran). Rien d'étonnant donc à ce qu'ils y ait eu de sérieuses divergences entre eux sur certains problèmes. Selon I. Wallerstein, le capitalisme se développe spontanément en tant qu'économie de marché dont procèdent aussi bien les classes exploitées des pays capitalistes que les Etats de la « périphérie », bien que ceux-ci n'aient pas développé au même degré des rapports de production aussi spécifiquement capitalistes que le travail salarié ou la production marchande généralisée. De même que du XVI° siècle au XIX° siècle inclus, les rapports capitalistes ont pénétré dans toutes les couches de la société européenne, le capitalisme a effectué également son expansion externe vers la « périphérie »[35]. D'autres représentants du « dependientisme » estimaient que les pays en voie de développement n'intéressaient les grandes puissances qu'en tant que fournisseurs de matières premières bon marché. Poussant jusqu'à l'absurde leur vision simpliste de l'évolution mondiale, certains expliquaient fort sérieusement la réussite du Japon par le seul fait que, ne possédant aucune matière première, il « ne présentait pas d'intérêt pour les forces impérialistes »[36].

Les « dependientistes » critiquaient la théorie de la modernisation sous plusieurs aspects[37]. Ils affirmaient que le retard des « sociétés traditionnelles » d'aujourd'hui résultait du développement du capitalisme mondial et s'attachaient à démontrer que le développement accéléré des pays du « Tiers monde » se ferait non en s'appuyant sur le capital étranger et les valeurs culturelles de l'Occident, mais en suivant leur voie singulière. A leurs yeux, l'industrialisation ne pouvait les faire accéder à un niveau qualitativement différent du progrès économique. D'une part, la spécialisation de la production vers l'exportation ne ferait que perpétuer la division internationale du travail remontant à l'époque coloniale et déterminée par la « supériorité écrasante des pays leaders en matière de productivité du travail dans tous les domaines, ce qui amène les Etats de la périphérie à se résigner au rôle de fournisseurs de produits d'importance secondaire comme des produits agricoles ou des matières premières exotiques, pour la production desquels ils possèdent des avantages naturels »[38]. D'autre part, même l'industrialisation de substitution aux importations ne remet généralement pas en cause le système de dépendance, car l'importation des technologies n'assure pas une productivité comparable à celle des pays avancés et ne peut venir à bout du sous-développement[39]. Ainsi la voie de l'industrialisation accélérée était-elle considérée par les « dependientistes » comme un « cercle vicieux » dont la trajectoire ne pouvait sortir les pays en voie de développement de leur retard. R. Prebisch écrivait au milieu des années 50 : Mon évaluation de la situation qui s'est créée dans les pays d'Amérique Latine est sous-tendue par la critique du modèle de développement reposant sur les relations extérieures, modèle qui, à mes yeux, fait obstacle au plein développement de ces pays. La stratégie de développement que je propose vise à créer un nouveau modèle de développement permettant de remédier aux inconvénients du modèle antérieur »[40]. Il faut malheureusement reconnaître que ni lui, ni ses disciples n'ont finalement pu proposer une véritable alternative[41].

Les « dependientistes » étaient particulièrement hostiles à la thèse des « modernisateurs » selon laquelle les pays en voie de développement devaient refaire le chemin parcouru jadis par l'Europe occidentale et l'Amérique du Nord, fût-ce à un « rythme accéléré ». A leurs yeux, cette option ne faisait que renforcer l'hégémonie mondiale des Etats-Unis et affaiblir encore l'économie des pays en voie de développement, conduisant à l'aggravation des conflits sociaux, à la destruction de l'environnement, à la domination des monopoles transnationaux (avant tout américains) dans les pays du « Tiers monde »[42]. Sans nier à proprement parler la faisabilité du développement industriel dans les pays retardataires, les « dependientistes » estimaient qu'il ne modifiait pas en profondeur l'état des choses établi, n'étant qu'une forme de maintien du retard des pays en développement, de leur éloignement du monde postindustriel.

La doctrine du « dependientisme » montait en épingle ce qu'elle qualifiait d'échange non équivalent dans les relations entre les pays du « Tiers monde » et les centres industriels. A savoir le fait que les pays avancés maintiennent artificiellement les bas prix des matières premières des pays du « Tiers monde », alors que sont sensiblement surévalués les tarifs des technologies et des produits industriels qu'ils importent. Le coût des services financiers et du service de la dette, notamment, est également surévalué. Autre exemple de non-équivalence, les mêmes investissements (notamment dans le bâtiment) sont incomparablement plus rémunérateurs dans les pays avancés que dans les pays en développement, ce qui réduit l'attrait de ces derniers pour les investisseurs[43]. Malgré leur diversité apparente, l'ensemble de ces thèses « dependientistes » montre que dès les années 70, de nombreux analystes prenaient de plus en plus conscience de l'impossibilité de « jouer dans la même cour » que le monde postindustriel que ce soit en faisant appel aux investissements occidentaux ou, à l'inverse, en privilégiant l'appui sur ses propres forces.

Il faut ajouter que le sous-développement perdure d'autant plus qu'il est, dans une certaine mesure, intériorisée par certaines parties de la population des pays sous-développés eux-mêmes. F. Cardoso a relevé la « fragmentation structurelle interne où les secteurs les plus « avancés » de leur économie sont liés au système capitaliste international. Les secteurs retardataires au plan économique et social des pays dépendants, distincts bien que tributaires de ces secteurs avancés, constituent de véritables colonies intérieures »[44]. On constate donc que le progrès économique lent et incertain des pays du « Tiers monde », enregistré avant tout dans les secteurs exportateurs étroitement liés aux monopoles transnationaux, ne peut « entraîner » une mutation de l'ensemble de l'économie, mais seulement déplacer la frontière du sous-développement à l'intérieur de l'économie nationale, conférer à celle-ci un caractère « dualiste ». C'est largement dans cette optique que S. Amin a pu affirmer au milieu des années 70 que « l'économie des pays périphériques est dépourvue de dynamisme interne »[45].

L'étude du courant « dependientiste » montre qu'il s'est concentré sur la critique de la théorie de la modernisation, mais sans fournir de réponse propre à la question des voies optimales permettant de créer des systèmes économiques avancés à infrastructure de marché dans les pays d'Amérique Latine, d'Afrique et d'Asie. Cette carence est apparue comme particulièrement insolite dans les années 70, alors que le colonialisme s'éloignait dans le temps sans que pour autant on pût enregistrer la moindre amélioration des indices économiques dans le « Tiers monde ». Tout en affichant leur souci de prendre en compte la spécificité sociale et culturelle des pays de la « périphérie », les « dependientistes » sous-estimaient en fait le rôle du facteur humain dans les processus économiques et sociaux, négligeaient les aspects socioculturels universels de l'évolution sociale. Les options qu'ils proposaient en vue de surmonter leur retard se ramenaient donc à certaines mesures d'ordre technico-économique et politique.

Au fond, l'idéologie des « dependientistes » préconisait une sorte d'isolationnisme économique à une époque de mondialisation croissante. Selon S. Amin, « tant qu'un pays sous-développé reste intégré au marché mondial, il reste impuissant ... [et] sa possibilité d'insertion dans le marché local est nulle »[46] . Par conséquent, les théoriciens de la « voie particulière » des pays en développement proposaient, grâce à une utilisation plus parcimonieuse et plus efficace des fonds tirés de l'exportation non pas tant, de transformer le secteur industriel reliant les Etats en développement avec le reste du monde que de moderniser les branches traditionnelles et créer une infrastructure plus moderne. Les principaux objectifs affichés étaient l'appui sur les ressources internes, le développement accéléré de l'industrie locale et la saturation du marché intérieur, la réduction des importations, ainsi que l'intégration réciproque des pays sous-développés associée à une lutte politique à l'échelle internationale pour une influence politique accrue des pays du « Tiers monde » et l'instauration d'un prétendu nouvel ordre économique mondial[47]. Comme l'on sait, lorsque la crise de l'énergie et des matières premières était une rude réalité dans le monde occidental, ces prétentions des pays du « Tiers monde » semblaient plus que sérieuses, mais cela n'évoque guère désormais qu'un « songe étrange» aujourd'hui.

Les partisans les plus radicaux de la théorie de la « dependencia », tout en admettant la nécessité de réformes de structure pour l'extension du marché intérieur, proposaient des mesures d'inspiration social-démocrate, voire socialiste de gauche, notamment dans le sens d'une intervention accrue de l'Etat dans l'économie et d'une moindre dépendance vis-à-vis des centres du capitalisme mondial[48]. Dans la foulée, on lançait également des appels à la révolution socialiste, au refus de tout renforcement des liens avec l'Occident et le marché mondial[49]. Généralement, ces appels étaient sous-tendus par une confusion manifeste des notions, par la certitude totalement infondée que « le régime socialiste repose inévitablement sur une économie moderne avec sa productivité du travail élevée »[50]. Dans ce cadre conceptuel, c'est tout naturellement que l'on voyait la condition majeure de la libération du sous-développement et de la dépendance dans la révolution socialiste qui aurait prétendument permis l'« appui sur ses propres forces », lorsque les branches industrielles existantes deviennent des pôles de croissance d'une économie qui se développe avant tout pour satisfaire aux besoins internes de la nation[51].

Pareils préconisations illustrent les limites de la théorie de la « dependencia ». Elaborée en qualité d'alternative aux concepts de modernisation, elle prônait en fait la « modernisation pour soi », l'industrialisation dans un seul pays, excluant non seulement la concurrence étrangère, mais pratiquement toute influence extérieure. Les « dependientistes » proposaient des solutions correspondant au passé des pays avancés, visaient des couches sociales incarnant moins l'avenir que le passé de l'économie et n'attachaient pas l'intérêt requis aux problèmes de l'enseignement, de la science et de la culture. Dès lors, la théorie de la « dependencia » ne pouvait et n'a effectivement pu fournir une alternative réelle aux théories de l'occidentalisation.

Mutation postindustrielle et déclin des théories du développement « de rattrapage »

La pratique économique des années 70 à 80 a clairement montré que les prévisions des idéologues du développement « de rattrapage » ne s'étaient réalisées que partiellement et qu'en outre, les adeptes de l'occidentalisation s'étaient montrés beaucoup plus précis dans leurs calculs et hypothèses que les « dependientistes ».

Les tendances économiques majeures des trois dernières décennies ont sensiblement réduit les marges de manœuvre des pays en voie de développement. Les événements des années 80 ont non seulement confirmé que les deux variétés d'industrialisme – aussi bien le capitalisme que le socialisme – étaient appelées à disparaître de la scène historique, mais encore vu la disparition de l'URSS, perçue comme la seule alternative au modèle économique occidental et point de repère réel pour les pays du « Tiers monde ». La mutation postindustrielle a radicalement réduit les besoins de l'Occident en produits des Etats périphériques, mettant beaucoup d'entre eux au bord de la faillite. Désormais le facteur majeur du progrès économique était l'intelligence, les facultés créatrices de l'individu. La révolution technologique assurait une prospérité sans précédent aux puissances occidentales, mais comme l'écrivait James K. Galbraith, « le nombre de gagnants à une loterie où le gagnant empoche tout ne représente qu'une faible partie de tous ceux qui désirent y participer ... Dans le jeu qui a nom « révolution technologique », les gagnants ne peuvent être que peu nombreux »[52]. Ces dernières années, de nombreux pays du « Tiers monde » ont donc privilégié la fabrication en série de produits relativement simples demandés sur les marchés mondiaux et c'était loin d'être la plus mauvaise option en matière de développement.

Pourtant, la plupart des pays du « Tiers monde » ont subi les conséquences de l'autosuffisance croissante des Etats postindustriels et de la réduction de la demande de leurs articles traditionnels d'exportation. L'efficacité croissante de la production en Occident a accru sa rentabilité non seulement dans l'industrie, mais encore dans le domaine de l'agriculture. Depuis le début des années 60, l'accroissement des exportations nettes de céréales est imputable à la zone nord-américaine[53]. Les Etats-Unis, l'Australie et l'Amérique du Sud occupent une place prédominante dans les exportations de produits d'élevage. Désormais, les pays du « Tiers monde » semblent marginalisés même sur le marché des produits exotiques qui sont leurs articles d'exportation traditionnels : alors qu'au milieu des années 60, la part des pays africains dans la production mondiale d'huile de palme atteignait les 80%, elle n'était plus que de 20% à la fin des années 80. Alors que ces pays fournissaient de 60 à 80% des exportations mondiales de graines et d'huile d'arachide dans les années 60, ces chiffres ne dépassaient pas 10-16% dès le milieu des années 80[54]. L'échec de ces pays est encore plus patent sur les marchés de matières premières, où leurs difficultés sont encore aggravées par le fait que les coûts de production (non d'extraction, bien entendu) des ressources naturelles sont de facto inexistants, ce qui fait que les prix se forment sous l'influence de facteurs plus subjectifs qu'objectifs : la sous-évaluation des produits des branches visées est fonction de « l'influence relative que les classes sociales exercent sur le fonctionnement du marché. Notamment, les ouvriers et les capitalistes constituent deux classes sociales influentes, ce qui n'est pas le cas ... des propriétaires de matières premières »[55]. La baisse des prix des matières premières est la cruelle réalité des années 90. Même le spectaculaire boom industriel du milieu de la décennie en Europe occidentale et aux Etats-Unis n'a pu inverser cette tendance. Entre 1990 et le milieu de l'année 1999, l'indice commercial global calculé par The Economist est tombé à près de 30%. Au contraire, ayant accédé au leadership dans le secteur agraire, les pays avancés ont imposé un échange non équivalent dans ce domaine : les prix des principales cultures agricoles alimentaires – blé, maïs et riz – ont augmenté respectivement de 29, 58 et 30% entre 1993 et 1996 seulement[56]. Dans ces conditions, le « Tiers monde » perd ses dernières possibilités de pression sur le « Premier monde ».

La situation des pays en voie de développement est donc plus difficile que jamais. Alors qu'au début du XIXème siècle, l'écart économique global entre les pays du Centre et de la Périphérie ne dépassait pas le rapport de un à trois[57], n'étant même que de 30-50% pour le revenu moyen[58], aujourd'hui l'évaluation de cet écart oscille entre 50 et 72 fois[59]. Sur un produit brut mondial de 23 trillions de dollars, 18 trillons ont été créés dans les pays avancés contre seulement 5 trillons dans les pays du « Tiers monde » où vivent 80% de la population de la planète. Le différentiel des revenus nominaux entre la population des pays postindustriels et celle du reste du monde est passé de 5700 dollars/an en 1960 à 15 400 dollars/an en 1993, si bien que 1/5 de l'humanité à un pôle du développement s'approprie 61 fois plus de richesses que 1/5 à l'autre pôle[60], cela alors que cet indice n'était que de 30 fois en 1960[61]. Fabriquant 1,4% du produit brut mondial, la cinquième partie la plus pauvre de l'humanité ne représentait au début de 1993 que 0,98% de l'épargne mondiale et 0,95% des échanges mondiaux[62]. Dans ce contexte, on observe une baisse des niveaux de vie dans de nombreux pays en voie de développement : de 1985 à 1989, la production alimentaire par habitant a diminué dans 94 (!) pays et le revenu moyen par habitant dans 40 pays[63]. Et dans 13 pays, on produit et on consomme aujourd'hui moins d'aliments qu'il y a 30 (!) ans[64]. L'opinion toujours plus ancrée dans le monde entier quant à la faillite économique de ces Etats a pour conséquence une réduction de leur part dans le total des investissements attirés à l'étranger ; ainsi, de 1967 à 1990, cette part a diminué de 30,6 à 18,9%, la chute de l'indice étant particulièrement dramatique pour les zones du « Quatrième monde » : l'Amérique Latine avec une chute des investissements de 17,5 à 7,3% et l'Afrique avec une chute des investissements de 5,3 à 2,1%[65]. Ces statistiques non seulement témoignent de la gestion désastreuse de l'économie dans les régions les plus pauvres de la planète, mais encore laissent présager une nouvelle aggravation des disparités.

Pourtant, les années 70 et 80 ont été une période non pas tant de discrédit que de révision des théories du développement « de rattrapage ». Bien que de nombreux analystes, à l'instar de B. Schneider, aient constaté l'échec complet de tous les plans antérieurs de développement des nations périphériques à la ressemblance de l'Occident[66], l'expérience a montré que certains efforts des pays en voie de développement ont abouti à des résultats très satisfaisants, voire prodigieux. Nous nous référons, en l'occurrence, aux succès de l'Asie du Sud-Est, où une croissance rapide non seulement ne créait pas de tensions avec l'authenticité socioculturelle des peuples autochtones, mais dans une large mesure reposait sur elle. Ce qui semblait confirmer le propos d'un R. Bendix affirmant dès 1967 qu'il est erroné d'opposer la tradition à la contemporanéité, la modernisation ne détruisant pas fatalement les systèmes sociaux existants[67]. « La prise de conscience de l'histoire et la recherche de l'identité nationale, écrivait dans la même période G. Myrdal, ne sont pas en soi un péril pour la modernisation ni même ne sont contradictoires avec l'attachement aux idéaux de la modernisation »[68]. Dès lors, les partisans de la théorie du développement « de rattrapage » se sont tournés, d'une part, vers *l'analyse de l'importance du capital humain* pour un progrès économique accéléré et, de l'autre, vers *une réflexion sur le rôle de l'Etat*, repensé dans le contexte de la transformation des systèmes économiques traditionnels en systèmes industriels avancés.

Comme l'expérience l'a montré, *la première* approche est restée stérile sur le plan pratique, n'aboutissant qu'à des études théoriques concluant à la nécessité de l'universalisme et de la spécificité culturelle des différents pays et peuples en vertu même de la variété croissante du monde à l'aube du XXI° siècle[69]. Il est assez significatif qu'en évoquant le capital humain dans les pays du « Tiers monde », on mettait l'accent non pas tant sur l'élévation du niveau intellectuel des personnels et les conditions de nature à favoriser l'épanouissement de la personnalité que sur les possibilités de son utilisation immédiate pour le développement du système socioéconomique existant. Autrement dit, le capital humain était implicitement identifié non à ce qu'il convenait de créer en mettant à contribution l'expérience occidentale, mais à ce qui se constituait opportunément compte tenu de la spécificité du développement de chaque nation. En revanche, la formation s'entendait dans le contexte culturel le plus large. Ainsi, l'assertion que « le succès du développement implique avant tout le renforcement du potentiel humain par une formation conforme aux impératifs de la modernisation » est immédiatement assortie d'une réserve significative : « L'encouragement de la culture nationale pour la sauvegarde de l'identité des peuples et de l'authenticité de leur développement n'est pas une exigence outrancière, mais fait partie intégrante des causes du développement et sous-tend le choix concret permettant de mobiliser leur énergie »[70].

A la fin des années 80, on a vu surgir une conception « améliorée » de la modernisation impliquant un développement économique et social dynamique sans pour autant imposer à la société les valeurs propres à la société industrielle occidentale. Dans ce cadre, il ne s'agissait plus de la possibilité de développement de chacun des pays en mal de « rattrapage » sur sa voie propre, mais on préconisait une synthèse spécifique d'universalisme et de particularisme. En effet, arguait-on, le déséquilibre entre modernité et tradition conduirait à l'échec des réformes et à des conflits sociaux aigus. Selon Alain Touraine, notamment, les destinées du monde dépendent du pont à jeter entre rationalité et culture, modernité et identité nationale, entre développement comme objectif universel et mode de vie en tant que choix de valeur, développement économique et bouleversements sociaux[71] . Jacques Attali a exprimé des idées analogues quant à la nécessité de concilier rationalisme et spiritualité à l'échelle mondiale[72] . Dans la période récente, les partisans de cette approche recourent volontiers à la notion de « contre-modernisation » (pour décrire les processus d'industrialisation accélérée sur le modèle de l'URSS des années 30 à 60 et de certains autres pays socialistes, où une industrialisation extrêmement rapide aboutit à l'autarcie et à la destruction des valeurs du marché), voire d' « anti-modernisation » (pour désigner une dislocation radicale des assises sociales conduisant à une régression avérée des capacités de production et à la restauration de formes économiques primitives, comme ce fut, par exemple, le cas au cours de la « révolution culturelle » en Chine)[73] . Pourtant, la « modernisation court-circuitant la modernité » préconisée par les créateurs de cette construction théorique témoignent également, à nos yeux, de la crise de ces concepts, où les idées de « post-postmodernité » *(sic)* illustrent l'impasse des tours de passe-passe terminologiques du postmodernisme[74].

La deuxième approche s'est avérée beaucoup plus féconde, initiée non par des théoriciens de la sociologie, mais par des praticiens, économistes et politiques. Ceci en premier lieu dans les pays d'Asie aspirant à réussir une industrialisation accélérée sur la base de la mise en œuvre des technologies occidentales et ainsi s'intégrer dans le système économique mondial. L'élément majeur de cette approche était l'utilisation de la puissance de l'Etat dans le processus du développement industriel. L'Etat qui restait *de facto*, dans la plupart des pays en voie de développement, la seule institution sociale susceptible de réaliser les réformes indispensables.

Le terme d' « Etat orienté sur le développement » (hattenshiko-kata kokka ou « developmental state ») a eu droit de cité dès le milieu des années 70, mais surtout en Asie de l'Est, sans obtenir une large diffusion dans la littérature anglophone[75]. La première tentative d'étude sérieuse, en Occident, de cette doctrine a été le livre de Ch. Johnson paru en 1982 sur la politique industrielle au Japon[76]. Les principales caractéristiques du « developmental state » sont la concentration d'un pouvoir économique considérable au sein de l'appareil d'Etat, l'autonomie relative de cet appareil vis-à-vis des processus sociaux lui permettant d'intervenir en quelque sorte « de l'extérieur » dans la vie économique et sociale et, enfin, les liens étroits entre Etat et monde des affaires sans préjudice du leadership du premier[77]. L'influence de l'Etat sur l'économie se manifeste ici par la politique douanière, la fixation de taux d'intérêt différenciés, l'octroi de monopoles de fait à certains groupes industriels, les mesures favorisant l'importation des technologies et l'exportation des produits finis, ainsi que la mise en œuvre de toute une série de mesures protectionnistes visant à sanctuariser le marché intérieur. Malgré la bureaucratisation très poussée du nouveau système économique et ses méthodes de gestion rappelant fort celles du système économique soviétique, tous les « developmental states » n'en restent pas moins orientés sur une interaction intense avec le monde extérieur, se traduisant par une importation massive des technologies et l'exportations des produits finis, l'appel aux investissements étrangers, le développement du marché des actions etc.

La conception de « developmental state » était originellement lié à la théorie du développement « de rattrapage » formulée dans les années 30 par l'économiste japonais K. Akamutsu et connue sous le nom de théorie du « troupeau d'oie », selon laquelle au fur et à mesure du progrès technique et de sa diffusion au-delà des pays avancés, les pays moins avancés peuvent obtenir une efficacité aussi élevée de la production en utilisant leurs ressources de main-d'œuvre et les technologies les plus récentes. Autrement dit, à mesure que le « conducteur » progresse, il entraîne fermement derrière lui son « troupeau »[78]. Dans les années 70 et 80, après les retentissants succès économiques de l'archipel nippon, le concept fut actualisé (avec, bien entendu, le Japon en guise de « conducteur ») et dûment diffusé par les soins des économistes et sociologues japonais dans toute l'Asie du Sud-Est[79]. D'ailleurs, aujourd'hui encore, les analystes occidentaux continuent à souligner que le Japon (dans une moindre mesure, la Corée du Sud) a offert l'exemple unique d'un pays qui, usant des méthodes du développement « de rattrapage », passe, à une certaine étape, du statut de pays piloté à celui de pays pilote diffusant son expérience sur les territoires limitrophes[80].

Ci-après, nous tenterons d'examiner sous différents aspects l'expérience de développement « de rattrapage » aussi bien du Japon que des autres pays d'Asie du Sud-Est. Mais notons d'ores et déjà que pas plus cette version du développement « de rattrapage » que toutes les autres n'ont pu assurer l'essor continu des pays ayant entrepris de mettre en pratique les conclusions et préconisations de cette théorie. Manifestement tributaires du progrès technologique du monde occidental, ils ont trop privilégié la fabrication de produits manufacturés de consommation courante et leur exportation. Dans les années 90, les cadences de développement des pays en mal de « rattrapage » ont sensiblement diminué et on a vu éclater en 1997-98 la fameuse crise financière « asiatique » qui apporta la preuve flagrante des limites du modèle dans son ensemble. Et bien que, ces dernières années, la plupart des économistes préfèrent s'en tenir à la thèse selon laquelle la crise résultait de certaines erreurs des pays de cette région du monde dans le domaine financier et, par conséquent, pouvait être rapidement réglée, nous estimons – et nous tenterons de le prouver – que sa cause principale réside dans l'inanité du modèle du développement « de rattrapage » en tant que tel.

Le XX° siècle a engendré toute une série de tentatives pratiques de développement accéléré, mais aussi une kyrielle de théories proposant telle ou telle voie de sortie d'un retard séculaire aux pays sous-développés. Aujourd'hui, à l'aube du XXI° siècle, il est clair, désormais, que la réalité socio-économique ne s'inscrit pas dans le cadre de ces théories, dont bon nombre se sont avérées tout simplement erronées. Les faits sont autant d'injonctions à réviser le concept de « monde juste », mais aussi à préciser la formulation même du problème des conditions permettant à chaque pays de rejoindre le peloton des économies industrielles avancées.

Comme jamais auparavant, on voit se manifester en cette fin de siècle non l'unité interne, mais le clivage irréversible du monde actuel. Comme l'a récemment relevé le sociologue et philosophe bien connu Z. Bauman, même à l' époque où l'humanité était artificiellement partagée en deux camps antagonistes, le bloc de l'Ouest et le bloc de l'Est, le système capitaliste et le système socialiste, les différentes parties du monde semblaient beaucoup moins hétérogènes qu'aujourd'hui. « En divisant le monde, écrit-il, les politiques avaient créé l'illusion de son unité »[81] en vertu de la certitude que cette lutte permettrait de jeter les bases d'un équilibre sur fond de civilisation commune. Dans le même ordre d'idée, ajoutons que l'époque de la « guerre froide » se caractérisait par l'existence de deux systèmes, dont chacun prétendait être le porteur d'un paradigme économique spécifique (et suffisamment efficace), alors que les pays en voie de développement étaient libres de se rallier à l'un ou l'autre modèle, à moins qu'ils ne choisissent leur option propre. Aujourd'hui, en revanche, alors que les anciens pays socialistes sont vaincus dans la compétition historique avec le capitalisme et que les pays en voie de développement (à l'exception de ceux qui s'efforçaient – vainement, il est vrai - d'imiter l'Occident) ont accumulé un retard catastrophique sur les principaux Etats postindustriels, on a l'impression d'une civilisation profondément scindée, entrant dans une période d'aggravation périlleuse des tensions globales. Aujourd'hui, « l'idée d'un développement [autonome] n'apparaît guère que comme une ruine sur le fond du paysage intellectuel contemporain »[82], cette situation n'étant guère sujette à se modifier au cours des prochaines décennies.

La globalisation actuelle n'a pas justifié, nous semble-t-il, les espoirs que l'on avait placés en elle. Entre le monde évolué, prenant de l'avance à chaque nouvelle étape du progrès technologique et social, et les pays en voie de développement, dont la situation ne cesse de se détériorer pour la plupart, toute unification semble exclue dans un avenir prévisible. Nombre d'experts montrent que, dans leurs relations réciproques, on observe de moins en moins d'interdépendance susceptible d'unifier, plus ou moins, un monde divisé en habitants « globalisés » des pays évolués et autochtones toujours plus « localisés » des régions pauvres de la planète, privés des dernières réalisations de la civilisation[83]. Dans ces conditions, les perspectives du développement « de rattrapage » nous paraissent épuisées. Les sources du progrès technologique restent à l'extérieur du « Tiers monde ». Or, elles seules peuvent permettre d'accéder au statut de pays industriel avancé. Les richesses naturelles, territoires ou ressources minières, susceptibles de favoriser la promotion des pays relativement retardataires à des périodes historiques antérieures, cessent aujourd'hui de constituer des facteurs significatifs de production ou de pouvoir conférer à leurs titulaires un statut nouveau. La tension interne au paradigme même du développement « de rattrapage » (pour plus de détails, voir *infra*), l'autosuffisance du monde occidental, lequel n'a pas besoin des pays en développement dans la même mesure où ceux-ci ont besoin des pays postindustriels, tout cela atteste que le concept de développement « de rattrapage », contemporain de celui de l'essor industriel rapide, appartient désormais à une période révolue. Bref, ce rêve « presque réalisé » du XX° siècle n'est pas appelé à devenir la réalité du XXI° siècle.

1 Cf. *V. Krasilchtchikov, V. Goutnik, A. Klepatch, V. Kouznetsov.* « Modernisation : l'expérience étrangère et la Russie ». Moscou, 1994. Remerciements à V. Krasilchtchikov et al.

2 Cf. *Rosenstein-Rodan P.* Problems of Industrialization of Eastern and Southeastern Europe // Economic Journal. June-September 1943. pp. 202-211.

3 Cf. *Staley E.* World Economic Development : Effects on Advanced Industrial Countries. Montreal, 1944.

4 Cf. *Rostow W. W.* Theorists of Economic Growth from David Hume to the Present with a Perspective on the Next Century. University Press, New York-Oxford, 1990. p. 385.

5 Cf. *Rostow W. W.* The Stages of Economic Growth : A Non-Communist Manifesto. 3rd ed. Cambridge University Press, Cambridge, 1995. pp. 4, 11-12.

6 Ibid. pp. 4, 8-9.

7 Cf. *Kahn H., Wiener A.* The Next Thirty Three Years : A Framework for Speculation // Daedalus, Summer. 1967. pp. 716-718.

8 *Meier G. M.* Leading Issues in Economic Development. 6rd ed. Oxford University Press, New York-Oxford, 1995. p. 86.

9 *Raymond Aron.* Trois essais sur l'âge industriel. Editions Gallimard, Paris, 1966. pp. 60, 93.

10 Cf. *Parsons T.* The Evolution of Societies. Englewood Cliffs (N. J.), 1977. p. 25.

11 *Eisenstadt S. N.* Modernization : Protest and Change. Prentice-Hall, Englewood Cliffs (N.J.), 1966. p. 1.

12 Cf. *Black C.* The Dynamics of Modernization : A Study in Comparative History. New York, 1966. pp. 7-8 ; *M. Levy Jr.* Modernization and the Structure of Societies : a Setting for International Affairs. Vol. 1-2. Princeton University Press, Princeton (N.J.), 1966. p. 735.

13 *Nurske R.* Problem of Capital Formation in Underdevelopped Countries. Basil Blackwell, Oxford, 1953. pp. 14, 13.

14 Cf. *Charles Bettelheim*. Planification et croissance accélérée. Paris, 1964. p. 30.

15 Cf. *Levy M. Jr.* Ibid. pp. 518-519.

16 Cf. *Th. von Laue.* The World Revolution of Westernization. The Twentieth Century in Historical Perspective. Oxford University Press, New York-Oxford, 1987. p. 323.

17 Cf. *Tinbergen J.* The Design of Development. London, 1958. pp. 65, 9.

18 Cf. *Eisenstadt S. N.* Post-Traditional Societies and the Continuity and Reconstruction of Tradition // *Eisenstadt S. N.* (Ed.) Post-Traditional Societies. Basic Books, New York, 1972. pp. 7 ; *Eisenstadt S. N.* Tradition, Change and Modernity. Basic Books, New York, 1973. pp. 26 et al.

19 Cf. *Levy M. Jr.* Ibid. pp. 440-454.

20 Cf. *Eisenstadt S. N.* Modernization : Protest and Change. p. 5.

21 *Harbison F. H.* Human Resources Development Planning in Modernising Economies // *Meier G.* (Ed) Leading Issues in Development Economics : Selected Materials and Commentary. New York, 1964. p. 273.

22 Cf. *Hoselitz B.* Sociological Aspects of Economic Growth. Free Press, Glencoe (Ill.), 1960. pp. 97-109 ; *Eisenstadt S. N.* Modernization : Protest and Change. pp. 67, 72.

23 Cf. *Higgins B.* Economic Development : Problems, Principles and Policies. 2nd ed. New York, 1968. pp. 17-20, 296-305.

24 La conception du « cercle vicieux » dans l'interaction entre le monde postindustriel et les pays en voie de développement telle qu'elle est exposée par G. Myrdal est examinée in : *Fieldhouse D. K.* The West and the Third World. Trade, Colonialism, Dependence and Development. Oxford-Malden (Ma.), 1999. pp. 54-56.

25 A preuve l'absence de soutien des politiques, mais aussi de ses confrères

économistes aux appels de G. Myrdal à accroître considérablement l'aide aux pays en développement ou même d'établir une fiscalité internationale complémentaire susceptible de fournir les fonds nécessaires à cette fin (cf. *G. Myrdal*. The Challenge of World Poverty : A World Anti-Poverty Program Outline. Pantheon Books, New York, 1970. p. 365).

26 Cf. *Arndt H. W.* Economic Development : The History of an Idea. Chicago-London, 1987. p. 165.

27 Cf. *Prebisch R.* Growth Disequilibrium and Disparities : Interpretation of the Process of Economic Development // Economic Survey of Latin America. New York, 1949. pp. 49-65.

28 Cf. *Foster-Carter A.* Neo-Marxist Approaches to Development and Underdevelopment // *Kadt E., Williams G.* (Eds.) Sociology and Development. London, 1974, p. 80.

29 Cf. *Furtado C.* Teoria e Politica do Desenvolvimento Economico. 6-a ed. Sao Paulo, 1977. pp. 96-97.

30 Cf. *Cardoso F. H., Faletto E.* Dependencia y desarrollo en America Latina: Ensayo de enterpretacion sociologica. 13-a ed. Mexico, 1977, p. 11.

31 *Frank A.-G.* Capitalism and Underdevelopment in Latin America. Monthly Review Press, New York, 1967. p. 3.

32 Ibid. p. 11.

33 *Furtado C.* Desenvolvimento e Subdesenvolvimento. Rio de Janeiro, 1961. p. 180.

34 *Sunkel O.* National Development Policy and External Dependance in Latin America // Journal of Developmental Studies. 1969, October. p. 31.

35 Cf. *Wallerstein I.* The Present State of the Debate on World Inequality // *Wallerstein I.* (Ed.) World Inequality. Origins and Perspectives on the World System. Black Rose Books Ltd., Montreal, 1975. pp. 12-28.

36 *Baran P.* The Political Economy of Growth. New York, 1957. p. 294.

37 Cf. pour un exposé plus détaillé des divergences entre « dépendantistes » et « modernisateurs » in *Ibister J.* Promises Not Kept. The Betrayal of Social Change in the Third World. 4th ed. Kumarian Press, West Hartwood (Ct.), 1988. pp. 50-57.

38 *Amin S.* Unequal Development. New Delhi, 1979. p. 200.

39 Cf. *Cockcroft J. D., Frank A. G., Johnson D. L.* Dependence and Underdevelopment : Latin America's Political Economy. Garden City

(New York), 1972. pp. XII-XIII.

40 *Meier G. M., Seers D.* (Eds) Pioneers in Development. Oxford University Press, New York-Oxford, 1984. p. 177.

41 Cf. *Lal D.* The Poverty of « Development Economics ». MIT Press, Cambridge (Ma.), 1985.

42 Cf. *Furtado C.* Hegemonia dos Estados Unidos e Subdesenvolvimento da America Latina. 3-a ed. Rio de Janeiro, 1978. pp. 35-42.

43 Cf. *Meier G. M.* Leading Issues in Economic Development. p. 108.

44 *Cardoso F. H.* Dependent Capitalist Development in Latin America // New Left Review, July 1972, p. 90.

45 *Amin S.* Unequal Development : An Essay on the Social Formations of Peripheral Capitalism. Zed Books, London, 1976. p. 179.

46 *Amin S.* Accumulation on a World Scale. Penguin Books, Harmondsworth, 1976. p. 131.

47 Cf. *Furtado C.* Dependencia externa y teoria economica // El trimestre economico. N°2. Mexico, 1971. pp. 318-321, 327-330.

48 Cf. *Garcia A.* Atraso y dependencia en America Latina : Hacia una teoria latinoamericana de desarrollo. Buenos Aires, 1972. pp. 111-112.

49 Cf. in *Fieldhouse D. K.* The West and the Third World. pp. 55-57.

50 *Amin S.* Neo-Colonialism in West Africa. Penguin Books, Harmondsworth, 1973. p. 384.

51 Cf. *Frank A. G.* Capitalism and Underdevelopment in Latin America. pp. 118-120 ; *Amin S.* L 'accumulation à l'échelle mondiale : critique de la théorie du sous-développement. Presses Universitaires de France, Paris, 1970. pp. 38-44.

52 *Galbraith James K.* Created Unequal. The Crisis in American Pay. Free Press, New York, 1998. p. 164.

53 Cf. *Daly H. E.* Steady-State Economics. 2nd ed. Earthscan Publications Ltd., London, 1992. p. 10.

54 Cf. *Grilli E.* The European Community and the Developing Countries. Cambridge University Press, Cambridge, 1993. p. 173.

55 Cf. *Daly H. E.* Ibid. p. 109.

56 Calculé d'après : *Brown I. R., Flavin Ch., French H., et al.* State of the World, 1998. A Worldwatch Institute Report on Progress Toward a

Sustainable Society. New York-London, 1998. pp. 16, 17, 94 ; cf. également : The Economist. 1997, July 5. p. 104.

57 Cf. *Plender J.* A Stake in the Future. The Stakeholding Solution. Nicholas Brealey Publishing, London, 1997. p. 223.

58 Cf. *Cohen D.* The Wealth of the World and the Poverty of Nations. Cambridge (Ma.)-London, 1998. p. 17.

59 *Plender J.* Ibid. p. 223 ; *Cohen D.* Ibid. p. 17.

60 Cf. *Brown L. R., Renner M., Flavin Ch. et al.* Vital Signs 1997-1998. The Environmental Trends That Are Shaping Our Future. Earthscan Publications Ltd., London, p. 116.

61 Cf. *Ayres R. U.* Turning Point. An End to the Growth Paradigm. Earthscan Publications Ltd., London, 1998. p. 125.

62 Calculé d'après : *Sandler P.* Global Challenges. An Approach to Environmental, Political and Economic Problems. Cambridge University Press, Cambridge, 1997. p. 183.

63 Cf. *Meadows D. H., Meadows D. L., Randers J.* Beyond the Limits : Global Collapses or a Sustainable Future ? Earthscan Publications Ltd., London, 1992. p. 5.

64 Cf. *Caufield C.* Masters of Illusion. The World Bank and the Property of Nations. New York, 1997. p. 332.

65 Cf. *Dunning J. H.* The Globalisation of Business. London, 1993. pp. 288, 290.

66 Cf. *Schneider B.* The Barefoot Revolution : A Report to the Club of Rome. IT Publiccations, London, 1988. pp. 1-7.

67 Cf. *Bendix R.* Tradition and Modernity Reconcidered // Comparative Studies in Society and History. The Hague. N°3. 1967. pp. 326-329.

68 *G. Myrdal.* Les problèmes contemporains du « Tiers monde ». Traduction abrégée de l'anglais en russe. Moscou, 1972. p. 132.

69 Cf. *Abdel-Malek A.* The Project on Socio-Cultural Development Alternatives in a Changing World : Report on the Formative Stage (May 1978 – December 1979). Tokyo, 1980. pp. 4-5, 18-19, 24-25, 51-53.

70 *Abdel-Malek A., Huynh Cao Tri, Rosier B., Le Thanh Khoi.* Clés pour une stratégie nouvelle du développement. Paris, 1984. p. 15.

71 Cf. *Alain Touraine.* Modernity and Cultural Specifities / Modernity and Identity : A Symposium. Culture, Economy and Development // International Social Science Journal. Paris, November 1988. p. 451.

72 Cf. *Jacques Attali*. Lignes d'horizon. P., 1990. pp. 65-66.

73 Cf. *Touraine A., Hartmann J., Hakiki-Talahite F. et al.* Quel emploi pour les jeunes ? Vers des stratégies novatrices. Odile Jacob, Paris, 1988. p. 46.

74 Pour plus de détails, cf. *Inozemtsev V. L.* Le post-modernisme actuel : fin du social ou décrépitude de la sociologie ? // Revue russe « Questions de philosophie ». N°9. 1998. pp. 27-37.

75 Cf. *Dore R.* Flexible Rigidities : Industrial Policy and Structural Adjustment in the Japanese Economy, 1970-1980. Stanford University Press, Stanford (Ca.), 1986. pp. 1-6.

76 Cf. *Johnson Ch.* MITI and the Japanese Miracle : The Growth of Industrial Policy, 1925-1975. Stanford University Press, Stanford (Ca.), 1982.

77 *Kohli A.* Where Do High-Growth Political Economies Come From ? The Japanese Lineage of Korea's « Developmental State » // *Woo-Cumings M.* (Ed.). The Developmental State. Cornell University Press, Ithaca (New York)-London, 1999. pp. 132-133.

78 Dans les années 60, on ne disposait en langue anglaise que d'un des ouvrages programmatiques de K. Akamatsu (cf. *Akamatsu K.* A Historical Pattern of Economic Growth in Developing Countries // The Developing Economies. N°1. 1962).

79 Cf. *Hatch W., Yamamura K.* Asia in Japan's Embrace. Building a Regional Production Alliance. Cambridge University Press, Cambridge (UK)-New York, 1996. pp. 27-28.

80 Cf. *Murphy R. T.* Japan's Economic Crisis // New Left Review. Second Series. N°1. 2000. p. 32.

81 *Bauman Z.* Globalization : The Human Consequences. Columbia University Press, New York, 1998. p. 58.

82 *Edwards M.* Future Positive. International Cooperation in the 21° Century. Earthscan Publications Ltd., London, 1999. p. 19.

83 Cf. *Beck U.* What is Globalization ? Polity Press, in association with Blackwell Publishers Ltd., Cambridge, 2000. pp. 57, 55.

CHAPITRE II

TENDANCES POSTINDUSTRIELLES ET PREMISSES DE CRISE DU MODELE DE DEVELOPPEMENT « DE RATTRAPAGE »

L'analyse même cursive des théories de la modernisation (cf. le chapitre précédent) montre leurs limites évidentes. Nous nous proposons d'analyser ici leurs principales failles, mais on peut d'ores et déjà constater que les « atouts » majeurs des partisans du développement « de rattrapage » sont, soit la possibilité de bénéficier de droits de monopole sur certaines ressources, soit celle de larges transferts de technologies permettant une organisation plus efficace, sur cette base, de la production que dans le pays d'origine de ces technologies. L'idée d'une modernisation *sui generis* s'incarne dans des éléments de la « praxis » communiste, car cela exige inévitablement la mobilisation, *de facto* générale, des forces vives de la nation et implique, plus ou moins tacitement, une fermeture du système, son isolement vis-à-vis du reste du monde. L'histoire de l'Union Soviétique offre l'exemple le plus éloquent qui soit de la stérilité de cette option. En conséquence, *toute stratégie de développement « de rattrapage » repose sur l'utilisation, en vue de l'optimisation de son économie industrielle, des potentialités propres*, objectives ou subjectives, *de chaque pays*.

En soi, une telle pratique est parfaitement compréhensible, voire justifiée, à certaines étapes historiques. Pourtant, il est non moins évident que les ressources spécifiques permettant un essor rapide de la production industrielle ne sont généralement pas infinies. Les gisements s'épuisent, les prix des matières premières fluctuent sur les marchés mondiaux et les branches qui servaient de « moteur » de l'économie dans certaines conditions peuvent ensuite se transformer en boulet. La main-d'œuvre bon marché des pays en développement ne le demeure pas éternellement : à mesure que le niveau de vie augmente, les salaires suivent et finissent par rejoindre les coûts de main-d'œuvre des pays plus avancés. C'est ainsi que ni *les ressources naturelles*, ni *la main-d'œuvre bon marché* ne peuvent permettre d'atteindre l'horizon de la société postindustrielle du fait que *l'accumulation accélérée* qu'ils génèrent *a ses limites spontanées et ne revêt pas un caractère de processus auto-entretenu.*

Un pays ne peut rester durablement en tête dans le monde actuel que grâce à des conditions spécifiques, à une situation de monopole susceptible de s'auto-reproduire. Tant que le monopole dont bénéficie un pays ne présente pas cette spécificité ou exige une surtension sociale pour le faire perdurer, son leadership peut aisément être remis en cause. L'histoire en fournit de nombreux exemples. C'est ainsi que Venise fut jadis le plus puissant Etat européen, son budget étant le double de celui de la France, ceci grâce au contrôle qu'elle exerçait sur les routes commerciales entre l'Europe et le Levant. Mais il a suffi que la Hollande et l'Angleterre créent leurs puissantes compagnies maritimes pour que la grandeur de Venise appartienne à un passé révolu. La Hollande était devenue l'un des plus riches Etats d'Europe, travaillant la laine anglaise et livrant les tissus sur le continent. Mais il a suffi que les Anglais se dotent d'un réseau de manufactures pour que la Hollande soit évincée de ce « créneau » et ne le cède désormais en opulence à d'autres pays européen. Autre exemple, l'Espagne et le Portugal. Ayant exploré le Nouveau Monde et ramené des monceaux d'or en Europe, ils ont payé ces conquêtes inouïes d'une dépopulation non moins saisissante. Les colonies latino-américaines se sont émancipées il y a environ deux siècles et leurs anciennes métropoles restèrent les laissés-pour-compte de l'Europe durant des siècles.

La seule source de prospérité stable d'un pays ne peut être, et nous y reviendrons, *que le potentiel intellectuel de la nation et l'émancipation de ses citoyens*. Le XX° siècle a maintes fois confirmé cet axiome. Alors qu'au XVIII° et au XIX° siècles, l'Angleterre avait accédé au leadership sur la base des réalisations de la science expérimentale (les unes acquises dans la logique des choses, d'autres fortuitement), c'est l'Allemagne qui accéda au début du XX° siècle à la première place parmi les puissances industrielles, en fait exclusivement grâce aux nouvelles industries, notamment l'industrie chimique et les constructions électriques, où la clef du succès était l'application de connaissances non plus expérimentales, mais théoriques. *Le leadership* des Etats-Unis au milieu du siècle est dû à leur percée dans le domaine des technologies de pointe, notamment de l'informatique, où les connaissances théoriques ne servent plus seulement à fabriquer de nouveaux produits, mais aussi et surtout à générer des connaissances nouvelles. Ces aspects du développement des sociétés occidentales ont fait l'objet d'études nombreuses et approfondies[1].

Mais dès lors que l'information et le savoir deviennent des forces de production directes, on voit apparaître un monopole aux caractéristiques inédites. *D'une part*, l'incorporation des connaissances et de l'information sert de prémisses à la production d'une connaissance nouvelle, ressource dont la transmission ne diminue pas ce dont on dispose. Elle est donc inépuisable, ce qui modifie radicalement le caractère des objectifs de l'individu, forme un nouveau système de motivations. *D'autre part*, l'accès à cette ressource reste limité, car les connaissances diffèrent de la plupart des biens industriels par leur rareté et leur non-reproductibilité, alors que l'augmentation des dépenses consenties pour leur création est disproportionnée eu égard aux résultats obtenus. En conséquence, la valeur de la connaissance se comporte comme le prix des biens faisant l'objet d'un monopole d'exploitation et ses supports jouissent donc d'une situation d'exception. Il faut souligner que la gestation d'une société où les connaissances et l'information sont un facteur de production majeur exige l'épanouissement maximal de chaque individu, ouvre donc des horizons nouveaux aux hommes, transforme le « rouage » de la machine industrielle en individu libre et fait du progrès de la société dans son ensemble une résultante des réalisations individuelles de ses citoyens. Le système social ainsi constitué est le plus dynamique de tous les systèmes connus dans l'histoire, ce qui suffit à décourager les espoirs que les pays en développement et au stade industriel proprement dit placent dans une mise en œuvre couronnée de succès de la stratégie du développement « de rattrapage ».

Formation de la société postindustrielle et fondements de sa stabilité

Les premiers pas de la société postindustrielle ont tant fait couler d'encre que plutôt que retracer, une fois de plus, ce processus, nous voudrions ici en dégager la logique.

A cet égard, il est essentiel d'étudier les liens internes entre les types de développement industriel et postindustriel, de mettre en évidence la césure, lorsque les anciennes « régularités » cèdent la place aux nouvelles. Il faut reconnaître que l'axe commun à ces deux types d'organisation sociale est le progrès du savoir scientifique. C'est lui qui a permis une croissance continue, toujours plus rapide des besoins en travailleurs qualifiés et la formation sur cette base d'un nouveau groupe social : la « classe intellectuelle », qui bénéficie d'une part croissante de la richesse nationale. A cet égard, nous devons reconnaître formellement que *la formation d'une société cultivant des motivations essentiellement post-matérialistes de l'activité des citoyens et un système de valeurs en harmonie s'est poursuivie jusqu'à un certain moment sur la base de la satisfactions d'intérêts tout à fait utilitaires*.

C'est d'ailleurs ce qui explique l'amélioration continue, presque tout au long du XX° siècle, du niveau de qualification des travailleurs de l'industrie. Alors qu'en 1890, 7% seulement des jeunes Américains de 14 à 17 ans étaient scolarisés, ce chiffre dépassait les 90% dans l'après-guerre[2]. En 1940, moins de 15% des élèves américains du secondaire âgés de 18 à 21 ans poursuivaient des études supérieures au « collège », mais 62% en 1993[3]. Cette « soif de connaissances » devait avoir sa récompense : dès le milieu des années 70, les revenus réels des anciens élèves des « collèges » commençent à augmenter sur fond de stagnation ou de baisse de ceux qui n'avaient que le bagage du secondaire. Dans la seule période 1978-1987, les revenus des travailleurs n'ayant pas dépassé le secondaire *ont diminué* de 4% contre *une augmentation* de 48% pour les anciens élèves des « collèges »[4]. Néanmoins, une société libre reposant sur la concurrence récompense les individus qui, sur le lot, obtiennent les meilleurs résultats. C'est pourquoi, dès lors que les anciens élèves des établissements d'enseignement supérieur constituaient le « lot commun », les mieux rémunérés furent les titulaires de grades scientifiques et les talentueux. De 1987 à 1993, le salaire moyen des titulaires d'un enseignement supérieur a diminué de 2%[5], mais simultanément le revenu des « bachelors » augmentait de 30% et celui des docteurs ès sciences de près du double[6]. Pourtant, les spécialistes de ce niveau aspirent non seulement à un revenu plus élevé, mais aussi à une promotion personnelle et on assiste donc, au sein de ce nouveau groupe social, à la formation d'un nouveau système de motivation sensiblement différent de celui où prévalait l'appât du gain. A partir du moment où *l'élite intellectuelle* est devenue la classe dominante des sociétés occidentales, les bouleversements sociaux ont revêtu un caractère irréversible.

Il ne sera pas excessivement exagéré de dire qu'aujourd'hui, la classe intellectuelle constitue la strate supérieure des sociétés occidentales. Des faits nombreux en témoignent. Ainsi, alors qu'au début du siècle, 10% seulement des dirigeants des compagnies industrielles américaines avaient une instruction supérieure, aujourd'hui plus de 60% des cadres dirigeants ont le grade de docteurs ès sciences. Parmi les personnes composant le 1% d'Américains les plus fortunés (dont la part dans la richesse nationale des USA est passée de 19 à 39% uniquement au cours des 20 derniéres années[7]), un sur quinze seulement doit ses revenus à la rémunération du capital investi, alors que plus de 50% occupent des postes administratifs dans les grandes firmes, près d'un tiers sont des juristes et des médecins praticiens, le reliquat étant représenté par des professions libérales, notamment des enseignants[8]. Quatre sur cinq des millionnaires américains d'aujourd'hui ne se sont pas contenté de *faire fructifier* un patrimoine hérité, mais *ont gagné* leur fortune en partant pratiquement de zéro[9]. Il est également important que les représentants de la classe intellectuelle fassent preuve de leur attachement sans ambiguïté aux valeurs pour lesquelles ils ont opté. C'est ainsi qu'aujourd'hui 80% des enfants de familles dont le revenu excède 67 000 dollars par an terminent leurs études supérieures au « collège » contre seulement 30% en 1980[10].

Les pays occidentaux voient se former continûment une société reposant sur le savoir (knowledge-based societies), ce qui ne peut que se répercuter sur la répartition des richesses non seulement dans ces pays, mais également à l'échelle mondiale. Aujourd'hui, les 20% de la population de la planète vivant dans les pays avancés représentent 96% du produit brut mondial[11]. Dès le milieu des années 90, sept puissances postindustrielles possédaient 80,4% du parc informatique mondial, fournissaient 90,5% de la production des secteurs de haute technologie[12] et contrôlaient 97% des brevets homologués dans le monde[13] (notons que 80% des brevets délivrés dans les pays en voie de développement appartiennent également à des ressortissants du monde postindustriel[14]). Au même moment, l'Occident contrôlait plus des 4/5 du marché mondial des services dont le chiffre d'affaires global dépassait 1 trillion de dollars en 1992[15]. Les ventes de produits relevant de la propriété intellectuelle US à l'étranger ont augmenté de 3,5 fois de 1986 à 1995, l'excédent de la balance commerciale dans ce domaine dépassant 20 milliards de dollars. Vers 1995, les Etats-Unis s'adjugeaient 72% du marché mondial des services informatiques[16] dont le chiffre d'affaires atteignait 95 milliards de dollars au milieu des années 90[17].

Les fonds placés dans les secteurs à gros investissements de recherche rapportent ces dernières années des profits fantastiques (de 1960 à 1999, leur rendement a été en moyenne de 45% par an, alors que la rémunération annuelle moyenne des investissements en actions était de 13,34%[18]), ce qui a induit un afflux de fonds pour le financement de projets « d'innovation ». Alors qu'en 1995, les investissements directs dans les études technologiques innovantes se chiffraient à 6,4 milliards de dollars aux Etats-Unis, ils atteignaient 11,5 milliards de dollars dès 1997 et 35,5 milliards de dollars en 1999[19]. Les fonds de capital-risque faisaient florès plus encore : alors qu'en 1995, ils avaient attiré près de 9 milliards de dollars, ce chiffre était de 56 milliards de dollars en 1999 et de 22,7 milliards de dollars uniquement pour le premier trimestre 2000. La rémunération moyenne annuelle de ces investissements est passé de 2% en 1990 à 20% en 1993, à 34% en 1996 et à 147% (!) en 1999[20]. On retrouve la même dynamique en Europe : en 1999, les investissements en capital-risque au sein de l'UE ont augmenté de 70%, mais de plus du double dans des pays comme l'Allemagne, la France, les Pays-Bas et la Belgique[21]. Au cours de la dernière décennie, les investisseurs institutionnels et privés

US ont dépensé en moyenne 240 milliards de dollars par an pour la R&D, alors que les compagnies privées consacraient à la formation continue près de 30 milliards de dollars par an[22], soit l'équivalent de tous les crédits pour la recherche dans tous les domaines du savoir en Russie, en Chine, en Corée du Sud et à Taiwan. En 1997-1999, les Etats-Unis ont dépensé 635 milliards de dollars par an pour tous les types de formation et d'enseignement, soit plus du double des crédits militaires[23]. Le bien-fondé de ces dépenses est confirmé par des calculs montrant qu'à elle seule l'amélioration de l'enseignement supérieur est entrée pour 1/4 dans la croissance du PNB américain au XX° siècle[24].

Il en est résulté un fossé technologique sans précédent entre le monde postindustriel et toutes les autres nations. A l'heure actuelle, les Etats-Unis consentent 44% des dépenses mondiales de R&D contre seulement 1% pour les pays d'Amérique Latine et d'Afrique[25]. Le nombre de personnels de R&D par millions d'habitants est de 126 200 aux Etats-Unis contre seulement 23 400 en moyenne dans le monde[26]. En 1997, près des 3/4 des usagers de l'Internet dans le monde étaient des Américains, plus de 96% d'entre eux étant des ressortissants des Etats-Unis, du Canada et des pays d'Europe occidentale[27]. La portée de ce facteur apparaîtra si l'on prend en compte que le secteur industriel autour de l'Internet a représenté plus de 236 milliards de dollars[28] dans le monde en 1998, chiffre comparable au PNB de la Russie la même année. Le progrès technique ne cesse de s'accélérer ces dernières décennies : s'il a fallu 35 ans depuis les débuts de l'industrie de l'automobile pour qu'une famille américaine sur quatre possède un véhicule, les durées comparables pour l'ordinateur, le téléphone portable et la messagerie électronique ont été respectivement de 18, 13 et 7 ans[29].

A nos yeux, ce fossé technologique est directement lié aux disparités économiques qui s'accentuent à partir du milieu des années 70 entre les différentes régions de la planète. Si l'on part de l'évaluation généralement admise du produit brut mondial à 24 trillions de dollars en 1993, sur ce chiffre 14 trillions de dollars ont été créés dans les pays postindustriels contre seulement 5 trillions de dollars dans les pays en voie de développement, où vivent plus de 80% de la population de la planète. Les disparités entre les revenus nominaux annuels des personnes sont passées de 5700 dollars en 1960 à 15400 dollars en 1993 et à 19200 dollars en 1999. Ainsi, 1/5 de l'humanité à un pôle du développement s'adjugeait 30 fois plus de richesse que 1/5 de l'humanité à l'autre pôle en 1960[30], 61 fois plus en 1993[31] et 74 fois plus en 1999[32]. Il est significatif que ceci s'observe alors que les revenus réels de la population des pays les plus pauvres n'ont pratiquement pas augmenté au cours des 120 (!) dernières années[33] et que l'extrapolation de cette tendance permet à certains analystes d'affirmer que cet écart peut être de 350 fois vers le milieu du XXI° siècle[34]. Selon les chiffres d'une Commission onusienne, les 358 personnes les plus fortunées du monde totalisent un patrimoine équivalent à celui des 2,3 milliards d'habitants les plus déshérités de la planète[35], alors que les 400 plus importantes sociétés transnationales contrôlent les 2/3 du gros des actifs répertoriés aujourd'hui[36]. De 1975 à 1995, la part des richesses mondiales que s'adjugeaient les 20% de ressortissants des pays avancés est passée de 70 à 82,7%[37], alors que celle des 20% les plus pauvres du « Tiers monde » tombait de 2,3 à 1,4%[38], tous les espoirs de voir s'améliorer cette situation paraissant vains.

Ainsi, pendant une certaine période, la gestation de la société postindustrielle a été conditionnée par des facteurs pleinement matérialistes. Or, les sociologues ont montré de longue date que « à mesure que la prospérité matérielle s'améliore, ... le besoin d'une quantité croissante de biens matériels perd de son acuité, alors que l'on voit de plus en plus fréquemment passer au premier plan des problèmes comme la nécessité de concilier sécurité et liberté, justice et responsabilité »[39]. Dans les conditions actuelles, les objectifs d'accession à la richesse matérielle, naguère prédominants dans les pays avancés d'Occident, cessent d'être essentiels[40]. Les perspectives de promotion professionnelle rapide, si appréciées dans les années 80, ne sont désormais plus assez attractives pour consacrer moins de temps à sa famille et renoncer à ses « hobbies »[41]. L'objectif de chacun est essentiellement de progresser sur le plan personnel[42]. Les objectifs de perfectionnement personnel, définis par A. Maslow comme le type le plus élevé de valeurs[43], passent désormais au premier plan. Ces processus sont de plus en plus fréquemment caractérisés par les sociologues occidentaux comme la mise en place d'un système de motivations post-matérialistes.

Une motivation post-matérialiste se forme lentement et n'est pas une fonction linéaire de la prospérité. Délivré de la nécessité de rechercher constamment le moyen de satisfaire à des besoins matériels (material needs), l'individu a désormais la *possibilité* de cultiver d'autres besoins humains (human needs)[44] dans toute leur diversité, mais cela n'entraîne pas une prééminence réelle *immédiate* et automatique du nouveau système de valeurs à l'échelle de l'ensemble de la société. Comme l'a montré R. Inglehart, « on voit le plus souvent devenir post-matérialistes ceux qui dès la naissance jouissent de tous les biens matériels, ce qui explique largement leur adhésion au post-matérialisme[45]. En revanche, ceux qui aspirent dès leur jeune âge au succès économique adhèrent beaucoup plus rarement par la suite aux idéaux post-matérialistes du fait que « une fois adoptées, les valeurs changent très rarement »[46]. La transition à un système post-matérialiste de motivation s'effectue donc à mesure que les générations se succèdent et que se précisent les contours de la classe intellectuelle.

Sur la base des mouvements du marché, la société transfère d'année en année une part croissante de la richesse nationale à l'élite intellectuelle. Ce qui aboutit à la suppression des derniers obstacles au développement d'une société reposant sur une hiérarchie méritocratique et des valeurs post-matérialistes. La tâche majeure des intellectuels est de fournir un savoir innovant et dès lors que celui-ci est par nature inséparable de son créateur (un savoir objectivé n'est plus un savoir, mais une observation), le processus de production se mue en relation mutuelle entre individus où ceux-ci se réalisent comme sujets[47] et perd son caractère d'interaction avec une nature transformée, devient, pour reprendre l'expression de D. Bell, un « jeu entre humains »[48]. Dès lors, ce n'est pas l'épargne investie dans la production au détriment de la consommation courante, comme dans l'ère industrielle, mais au contraire la consommation même de biens non-matériels qui devient le fondement du progrès de la production, la société postindustrielle acquérant ainsi une base solide pour une progression auto-entretenue. Le dynamisme des pays occidentaux n'est donc pas impulsé par la nécessité de répondre à un défi extérieur quelconque pas plus que par des tensions internes à la société postindustrielle. Il incarne le potentiel libéré d'une personnalité créatrice, la prise de conscience de l'homme par lui-même en tant que « mesure de toutes choses »(Marx) dans le cadre de l'économie de l'information[49]. Selon nous, c'est le gage majeur que ce type de développement soit irréversible. Il est sans aucun doute plus complexe que le développement industriel et, dans la mesure où tous les pays professant l'idée du développement « de rattrapage » poursuivent l'objectif d'une industrialisation accélérée, il est évident que la tâche qui consiste à rattraper le monde postindustriel avec des méthodes industrielles est absolument irréaliste.

Dans le même temps, il ne faut pas oublier que les pays en développement et émergents ont à maintes reprises exercé une influence non négligeable sur le caractère des processus de gestation de la société postindustrielle. D'où l'intérêt, dans le cadre de la présente étude, d'une brève récapitulation du développement des pays occidentaux au cours des trois dernières décennies.

Etapes du développement de la société postindustrielle

La formation de la société postindustrielle est généralement présentée comme un processus lancé à la fin des années 50 et se poursuivant jusqu'à présent. Pourtant, au cours de cette période, l'histoire économique du monde occidental a été jalonnée d'événements dramatiques permettant de la diviser en plusieurs étapes : *la première* inaugurée en 1973 et achevée pour l'essentiel au début des années 80, *la deuxième* s'étendant de1981-1982 à 1989 et *la troisième* clairement identifiée en 1992 et que l'on ne peut considérer comme terminée à ce jour[50].

Les années 50 et 60 ont marqué, pour le monde occidental, l'apogée de la société industrielle. Aux Etats-Unis et dans d'autres pays, on a enregistré une croissance record dans le contexte d'une conjoncture stable (c'est ainsi que de 1946 à 1954, le PNB des Etats-Unis a crû à une cadence moyenne de 4,7% par an ; en l'espace d'une décennie, les dépenses de consommation ont progressé de 38% ; le chômage est tombé à l'étiage de 4% de la population apte au travail, alors que l'inflation ne dépassait pas les 2% par an[51]). Ce développement s'effectuait sur fond de restructuration rapide de l'économie : alors qu'en 1955, l'industrie de transformation et le Bâtiment, aux Etats-Unis, occupaient 34,7% de la main-d'œuvre et fournissaient 34,5% du PNB[52] (pour l'Allemagne, la Grande-Bretagne et la France, les chiffres respectifs sont quelque peu plus élevés : 41,2 et 47,4 ; 44,4 et 42,1 ; 31,4 et 43,2)[53] , en revanche, vers 1970, cette part est tombée à 27,3%[54] . Les sociologues ont alors annoncé la naissance d'une société fondée sur *les services*, le secteur tertiaire.

Néanmoins, cette situation n'abolissait pas les « régularités » de la société industrielle proprement dite. La part de lion des services revêtait un net caractère sujet – objet et non sujet – sujet, alors même que l'essor rapide de l'économie entraînait un accroissement sensible de la consommation des principales matières premières. Si bien que la société occidentale restait, aux yeux d'un observateur superficiel, à un stade essentiellement industriel.

C'est dans ces conditions que se situe l'entame de *la première* étape du développement de la société postindustrielle. Assez conventionnellement, nous partons de la césure du *« choc pétrolier » de 1973, le contenu de cette première étape étant la tension entre les pays industriels et les Etats agraires ou fournisseurs de matières premières.* Se considérant en situation de monopole sur le marché des matières premières, les pays en voie de développement ont d'abord tenté d'accroître progressivement leurs prix (c'est ainsi que de 1965 à 1970, le brut a augmenté de 15%, le charbon de 20%, l'argent - métal de 40%, le nickel de 60% et le cuivre de plus de 70%[55]), puis leur ont fait faire plusieurs fois la « culbute » grâce à des accords de cartel. Les écarts de prix ont été si importants que le coût total du pétrole importé sur le marché américain est passé de 5 milliards de dollars en 1972 à 48 milliards en 1975, ceci malgré une certaine diminution des quantités fournies[56] . Une crise économique gravissime éclata : le niveau des prix aux Etats-Unis grimpa en 1973 de 8,7% et en 1974 de 12,3%[57] , le taux de chômage à 9%, le Dow Jones ayant pratiquement diminué de moitié entre janvier 1973 et décembre 1974, chute assortie d'un repli de près de 15% de la production industrielle[58] . Il est significatif que la baisse de la demande n'ait pas stoppé la hausse des prix, bien au contraire. En effet, les pays en voie de développement dépendaient entièrement du produit de leurs exportations (le pétrole représentait 94% des rentrées de devises fortes de l'Iran, 96% de celles de l'Arabie Saoudite ; le cuivre fournissait 93% des recettes du commerce extérieur de la Zambie, le minerai de fer 78% de celles de la Mauritanie, les bauxites 77% de celles de la Guinée[59] , etc). En 15 ans, de 1975 à 1980, le prix d'une tonne de houille est passé de 38,5 à 45,3 dollars, de minerai de fer de 22,8 à 28,1 dollars, de bois de 61,8 à 137 dollars, de cuivre de 1320 à 2200 dollars, de nickel de 4560 à

6500 dollars, d'étain de 6860 à 16750 dollars, le prix de l'argent – métal passant de 1,42 à 6,62 dollars et celui de l'or de 56,8 à 214,4 dollars[60]. Au 1er juillet 1980, le prix du brut atteignait un niveau record de 34,72 dollars le baril[61] (ce qui correspond aujourd'hui à plus de 60 dollars le baril[62]). La catastrophe semblait imminente.

Il n'en fut rien. S'appuyant sur les réalisations du progrès technologique, le monde occidental empêcha l'avènement du « nouvel ordre économique mondial » proposé par les pays en voie de développement en 1976. Les années 70 furent pour les Etats-Unis et l'Europe occidentale la période de la restructuration la plus radicale du XX° siècle. De 1973 à 1978, la consommation unitaire de brut en termes de coûts de production industrielle baissa de 2,7% par an aux Etats-Unis, de 3,5% au Canada, de 3,8% en Italie, de 4,8% en Allemagne et en Grande-Bretagne et de 5,7% au Japon. Tant et si bien qu'en 1979, la demande de brut fit preuve, d'une manière inédite, de la même élasticité que celle de la plupart des produits de consommation[63]. De 1973 à 1985, le PNB des pays membres de l'OCDE augmenta de 32%, mais concomitamment la consommation d'énergie de seulement 5%[64]. Au cours de la même période, l'efficacité de l'utilisation des ressources énergétiques augmenta aux Etats-Unis de plus de 40%[65] : avec une consommation inchangée d'énergie, le PNB américain augmenta de 43% entre 1973 et 1986[66]. Malgré une augmentation de son produit brut de plus de 25% durant la période 1975-1987, l'agriculture américaine réduisit sa consommation d'énergie de 1,65 fois[67]. Autre exemple éloquent : l'économie américaine utilise aujourd'hui moins de métaux ferreux qu'en 1960[68]. En 20 ans, de 1976 à 1996, le gouvernement fédéral a débloqué un total de près de 60 milliards de crédits pour la mise au point de technologies plus avancées d'utilisation des ressources énergétiques[69], ce qui a permis d'accélérer le développement des branches peu consommatrices de matières premières et de fermer les unités à faible rendement. De 1970 à 1983 aux Etats-Unis, la part des transports dans le PNB a diminué de 21%, celle de l'agriculture de 19%, celle du bâtiment de près du tiers, alors que celle des services progressait de près de 5%, celle du commerce de 7,4% et celle des télécommunications de plus de 60%[70]. Bien plus, selon les prévisions des experts, vers 2010, près de 10% de l'énergie consommée aux Etats-Unis seront fournis par les sources renouvelables et ce n'est là que le début d'une nouvelle révolution dans le domaine énergétique[71]. De 1947 à 1996 aux Etats-Unis, le produit brut de l'industrie extractive a augmenté de 25%, celui du bâtiment de 44%, celui de l'industrie de transformation de 156%, alors que la progression était de 625% pour l'informatique et les télécommunications[72]. Il en est résulté que les prix des ressources naturelles ont commencé leur repli dès le milieu des années 80, atteignant en 1997-98 leur étiage le plus bas depuis 150 ans[73], au plus près de leur prix de revient, alors que les pays en voie de développement, obérés par un endettement gigantesque, cessaient de jouer un rôle significatif dans l'économie mondiale dès le début des années 90.

Dans le même temps, l'un des facteurs majeurs de la lutte concurrentielle dans les années 70 a été l'effet d'échelle permis par l'importation de technologies et de main-d'œuvre bon marché. C'est dans cette période que les pays ayant opté pour la doctrine du développement « de rattrapage » ont obtenu leurs plus grands succès. *La deuxième* étape de développement des tendances postindustrielles a débuté avec *l'arrivée au pouvoir en 1979-1981 de gouvernements conservateurs* en Grande-Bretagne, aux Etats-Unis et en Allemagne. Ceux-ci ont lancé des réformes visant à libérer l'initiative économique. La particularité de cette étape a été *le face à face entre puissances postindustrielles et pays émergents*.

Au cours des années 70 et 80, les hautes technologies permettent en premier lieu de réduire les coûts de production des biens matériels, mais le secteur de l'information ne constitue pas encore l'assise des économies postindustrielles. Alliant les potentialités de la mise en œuvre des découvertes scientifiques à l'effet d'échelle à base d'utilisation de la main-d'œuvre bon marché, les pays d'Asie étaient devenus, pour un temps, les leaders de l'économie mondiale.

Le principal concurrent des Etats-Unis et de l'Europe était alors le Japon. Au milieu des années 80, celui-ci fournissait 82% de la fabrication mondiale des motocyclettes, 80,7% de celle des appareils vidéo grand public et près de 66% des photocopieuses[74]. Vers 1982, les compagnies japonaises contrôlaient jusqu'à 60% du marché américain des machines-outils à commande numérique[75]. De 1973 à 1986, la part des Etats-Unis dans la production mondiale des biens et services est tombée de 32,1 à 21,4%, celle de l'UE de 25,7 à 22,9%, alors que celle du Japon passait de 7,2 à 7,7%[76]. Simultanément, les positions des compagnies américaines se détérioraient. Alors qu'en 1971, 280 des 500 plus importantes firmes transnationales étaient américaines, ce n'était plus le cas que pour 157 d'entre elles[77] en 1991, date à laquelle le Japon avait pratiquement rattrapé les Etats-Unis sur ce plan avec 345 firmes sur les 1000 sociétés les plus importantes du monde (contre 353 firmes américaines[78] dans le même classement). A la fin des années 80, le Japon comptait 24 des plus grandes banques (alors qu'il n'en restait que 17 dans les pays de l'UE et seulement 5 aux Etats-Unis), ainsi que 9 des 10 plus importantes sociétés de services[79]. Au seuil des années 90 donc, le « miracle économique » japonais avait montré jusqu'où pouvait aller un pays professant le paradigme industriel dans un voisinage appartenant déjà au monde postindustriel. Voie sur laquelle le Japon était suivi par les pays émergents du Sud-Est asiatiques.

Comme par le passé, la réponse de l'Occident pouvait se ramener à un développement encore plus énergique des nouvelles technologies, complété par l'élimination des unités peu rentables et la survie des plus forts. Ce fut le message de la réforme reaganienne qui, d'une part, se traduisit par une activation maximale des sources internes de capitalisation et, de l'autre, permit un afflux sans précédent des capitaux étrangers. La baisse des impôts du 1er juillet 1981 permit aux Américains de conserver près de 27% du prélèvement fiscal de l'exercice 1980-81[80] et aux sociétés d'économiser un montant équivalent à 58% de l'ensemble des dépenses de modernisation de l'industrie de transformation US au milieu des années 80[81]. En 1981 et 1982, la Réserve fédérale rapprocha le taux d'escompte des 20% annuels, ce qui fit bientôt chuter le taux annuel d'inflation de 9 à 4,5%[82] et assura un rendement des placements obligataires à hauteur de 8,1-8,2%, soit près de 30 fois plus (!) que dans la deuxième moitié des années 70[83].

Les résultats ne se firent pas attendre. Dès 1981, l'épargne privée atteignit 9,4% des revenus disponibles, soit un pic pour toute l'après-guerre[84]. Durant la période 1983-1989, les investissements dans leur ensemble se sont maintenus à hauteur de 18% du PNB[85], alors que les investissements dans les immobilisations atteignaient en moyenne 12,3% par an contre seulement 1,3% sous la présidence Carter. Pendant la période 1981-1884, la productivité a crû de 1,2% pour l'ensemble de l'économie, mais de 3,6% dans l'industrie contre respectivement 0,2 et 1% sous l'administration précédente[86]. Notons que dans le même temps, le niveau de l'épargne par rapport au PNB restait 5 fois plus bas aux USA qu'au Japon[87]. Mais les changements structurels devaient encore s'accélérer : de 1975 à 1992 inclus, la part des emplois de l'industrie US tomba de 25 à 18% du total de la population active, alors qu'elle n'avait diminué que de 27 à 25% au cours des 15 années précédentes. De 1982 à 1992, la part des valeurs matérielles dans le bilan des firmes américaines tombait de 62 à 38%, alors que celle des produits informatiques et des valeurs intellectuelles passait de 37 à 61%[88].

Les efforts consentis ont permis de stopper l'expansion nippone dès la fin des années 80. Axée sur une progression rapide des exportations et sujette à la surchauffe de la spéculation financière, l'économie japonaise ne pouvait conserver son équilibre face à une concurrence exacerbée. Le déficit réel de la balance commerciale des Etats-Unis avec le Japon est tombé au chiffre acceptable de 10-15%, alors que la surévaluation des actifs japonais aboutissait au krach de 1989. L'éclatement de cette bulle financière entraînait une dépréciation des 2/3 de l'indice boursier et une croissance zéro de l'économie. Dans le même temps, les Etats-Unis, où au début des années 90 près des 3/4 de la valeur ajoutée créée dans l'industrie était produite au moyen des technologies de l'information, voyaient surgir un nouveau type de croissance économique qui devait valoir au monde occidental des succès spectaculaires au cours de la dernière décennie.

La troisième étape de développement des sociétés postindustrielles a débuté, nous l'avons dit, *en 1992*. L'ensemble des pays occidentaux sont alors entrés dans une phase *de croissance stable du secteur de l'information*, désormais base du progrès économique. Il est permis d'affirmer que cette étape est caractérisée par l' « invulnérabilité » du monde postindustriel, qui se développe sur une base interne solide.

Le boom économique de 1992-2000, le plus prolongé de l'histoire des Etats-Unis, a inauguré cette étape du développement des pays occidentaux en qualité de systèmes postindustriels déjà formés. Selon les experts, dans les années 90, plus de 70% de la croissance de leurs PNB sont imputables non aux facteurs matériels proprement dits, mais à la formation des personnels, à la diffusion des nouvelles technologies de l'information et à d'autres facteurs dits « immatériels »[89]. L'exportation de services des pays développés a atteint près de 99 milliard de dollars contre 200 milliards pour le reste du monde[90]. A partir de 1991, lorsque les dépenses d'acquisition des informations et des technologies de l'information se sont chiffrées à 112 milliards de dollars, soit plus que les dépenses d'acquisition d'actifs immobilisés (107 milliards de dollars)[91], le fossé n'a cessé de grandir pour cette rubrique, à raison en moyenne de 25 milliards de dollars par an[92]. En 1995, la santé, la recherche, la formation et l'écriture des logiciels représentaient près de 43% du PNB[93]. Ces trois dernières années, les industries de l'information ont assuré le tiers de l'accroissement du PNB américain et 37% des nouveaux emplois[94]. Près de 28% des recettes de la balance des paiements américaine sont constitués par les ventes de technologies ou les profits tirés de leur utilisation, alors que les revenus tirés de l'exportation de brevets sont quatre fois plus élevés que les dépenses d'acquisition de brevets à l'étranger[95]. Il en va de même dans les pays de l'UE. En 1999, les branches de la « nouvelle économie » ont représenté plus de 20% du PNB français. Du fait de l'importance accrue des actifs immatériels, la capitalisation des firmes occidentales croît à des cadences sans précédent : l'indice Dow Jones a presque quadruplé en six ans et le NASDAQ a progressé de 80% en 1999, alors que l'indice français des nouvelles technologies, le Nouveau Marché, faisait un bond de 135%[96]. En 1998-1999, le patrimoine des familles américaines a augmenté de 10 trillions de dollars uniquement grâce à l'appréciation de leurs titres en bourse.

Aujourd'hui, dans la plupart des pays postindustriels, la croissance du PNB s'accélère et la prééminence des Etats-Unis dans l'économie mondiale est désormais incontestable. Alors qu'en 1989-1995, les cadences moyennes de croissance de l'économie américaine atteignaient 1,9%, elles sont passées dès

1996-1998 à 3,9%[97], en 1999 à 4,2%[98] et au premier trimestre 2000 à 5,4%[99], cette tendance semblant d'ailleurs fort stable. Alors que de 1973 à 1994, la productivité américaine avait augmenté en moyenne de 1,4% par an, elle a bondi à 2,9%[100] durant la période 1995-1999, dépassant au premier trimestre 2000 le taux de croissance du PNB[101] pour atteindre 5,2%, soit le chiffre le plus élevé depuis 17 ans[102]. Si, au 3° trimestre de 1999, les investissements ont progressé de 10,2% par rapport à la même période de l'année précédente, ils font au premier trimestre 2000 un bond de 25,2% (!) par rapport au 1er trimestre de 1999, ce qui permet d'envisager une croissance du PNB de 7,5% en 2000[103]. Il faut observer qu'une croissance aussi forte se produit dans le contexte d'un taux annuel d'accumulation constamment en baisse, devenant négatif avec – 0,2% en septembre 1998, pour la première fois depuis 1959 (depuis 1938 si l'on prend en compte sa dynamique pour l'ensemble de l'année 1998)[104]. L'épargne privée est même tombée au-dessous de zéro dès la fin 1997 et atteignait au début de 2000 le niveau sans précédent de – 4,8%[105], ce qui dénote une hausse extrêmement rapide de la demande pratiquement dans tous les secteurs de l'économie. D'ailleurs, en avril 2000, le taux de chômage est tombé à 3,9% de la population active des Etats-Unis, un record pour les trente dernières années[106].

On enregistre des tendances analogues en Europe. Depuis le début des années 90, les investissements industriels y connaissent un essor considérable (avec un taux annuel de 9,1% en Suède, de 8,7% en Autriche et en Espagne, de plus de 6% en France et en Belgique[107]). A partir de 1997, on enregistre dans tous les pays d'Europe occidentale une baisse rapide du chômage et une accélération de la croissance du PNB. Selon les chiffres du Handelsblatt Euroland Barometer, la croissance dans la zone Euro devait atteindre 3,4% au deuxième trimestre et 3,5% au troisième trimestre 2000[108], ce qui constitue un pic pour les années 90. Dans certains pays, cette moyenne est largement dépassée. C'est le cas, notamment, de l'Irlande avec une croissance de 6,9%, de l'Espagne avec 4,4%, des Pays-Bas avec 4,2%, de la France avec plus de 4% de croissance annuelle. Dès à présent, dans certains pays européens comme l'Irlande, la Suisse et les Pays-Bas, le taux de chômage est sensiblement plus bas qu'aux Etats-Unis, alors que celui de la Suède et de la Grande-Bretagne se rapproche de celui du Japon[109]. Dès lors, la capitalisation des marchés européens a plus que doublé entre l'été 1997 et le printemps 2000, ce qui dépasse sensiblement les chiffres américains[110]. Il faut noter, par ailleurs, que la croissance économique du monde postindustriel n'a guère subi le contrecoup des secousses extérieures (comme la crise asiatique de 1997 et le défaut de paiements russe de 1998), ce qui atteste, selon nous, que la croissance stable et équilibrée des économies aussi bien américaine qu'européenne peut encore se poursuivre durant de nombreuses années.

Ainsi, *la situation économique actuelle dans le monde postindustriel se caractérise par toute une série de facteurs foncièrement nouveaux. En premier lieu*, les freins à la croissance constitués par les problèmes de matières premières et autres ressources sont *de facto* abolis et la progression de la consommation concerne avant tout l'utilisation des biens produits par l'industrie de l'information et non des biens de consommation traditionnels produits en grandes séries. *En deuxième lieu*, une part accrue de la population exerce ses capacités dans la production des biens et des services de haute technologie, ce qui réduit la dépendance vis-à-vis des pays qui restent producteurs de biens industriels. *En troisième lieu*, enfin, la croissance connaît une mutation qualitative dès lors que la forme la plus efficace de capitalisation est le développement des aptitudes individuelles et que les investissements les plus profitables sont ceux qui sont faits dans l'homme, ses connaissances et ses talents.

On voit donc se réduire considérablement les besoins des pays occidentaux en matières premières et en produits industriels fournis par les Etats se trouvant au stade proprement industriel de développement. Or, la stratégie fondamentale du développement « de rattrapage » demeure, nous l'avons rappelé, l'importation des technologies et l'exportation des produits finis dans les pays développés, ce qui est censé procurer aux économies « de rattrapage » les recettes requises en devises fortes et favoriser la poursuite de leur croissance. Par conséquent, l'obstacle majeur au développement « de rattrapage » est désormais la « fermeture » croissante du monde occidental.

Autosuffisance de la civilisation occidentale

Le système économique postindustriel repose aujourd'hui sur la production et la consommation des connaissances. Outre la fameuse « globalisation » des flux d'information, ce facteur, beaucoup moins pris en compte, entraîne une autonomisation grandissante des pays occidentaux par rapport au reste du monde.

L'expansion de l'économie du savoir a, *en premier lieu*, réduit drastiquement les besoins de l'économie des pays développés en éléments matériels de la production et, *en second lieu*, profondément modifié la relation de l'homme à son habitat, rendant possible un équilibre écologique stable. Dès lors, l'Occident dispose de la possibilité potentielle de réduire l'intensité de son interaction économique avec les autres pays et peuples.

Aujourd'hui, les possibilités d'utilisation rationnelle des matières premières, sans parler de la substitution des ressources naturelles par des matériaux synthétiques, sont plus grandes que jamais. Alors qu'un câble de cuivre tendu au fond de l'océan Atlantique pouvait faire transiter 138 communications téléphoniques parallèles en 1966, le câble en fibre optique installé au début des années 90 peut desservir simultanément 1,5 millions d'abonnés[111]. En outre, la part des matières et de l'énergie entrait pour 80% dans le coût du câble de cuivre, mais ne dépasse pas 10% de celui du câble en fibre optique[112]. Selon les prévisions de la société « Sprint », vers 2002, les frais de maintenance du câble transatlantique auront diminué de 17 fois par rapport à 1998, ce qui permettra de réduire les tarifs des télécommunications de près de 85%[113]. Plus généralement, on voit s'élargir la gamme des industries renonçant à l'utilisation des ressources rares : dans le courant des années 80, la société « Kodak » a breveté un procédé de photographie non argentique ; « Ford » a annoncé la création de catalyseurs sans platine ; on fabrique désormais des puces sans contacts dorés[114]. De 1991 à 1997, le poids unitaire des articles d'exportation américains par dollar de valeur a diminué de plus de deux fois[115], alors que de 1967 à 1988, cet amenuisement en termes de masse n'avait été que de 43%[116]. On prévoit qu'au cours des trente prochaines années, les besoins des pays de l'OCDE en ressources naturelles pour 100 dollars de PNB devraient diminuer de 10 fois pour tomber à 36 kg (300 kg en 1996)[117]. On peut affirmer aujourd'hui que la révolution technologique a pratiquement désamorcé le problème de l'épuisement prochain des réserves minérales et énergétiques, grâce à quoi les pays postindustriels vivent désormais dans un monde nouveau : un monde aux ressources illimitées[118].

A la suite de ces mutations, la situation écologique des pays occidentaux ne cesse de s'améliorer depuis plus de vingt ans. Ces dernières années, les pays de l'UE consacrent de 4,2 à 8,4% de leur PNB aux programme de protection de la nature, tendance qui ne cesse de s'accentuer[119]. Les technologies modernes permettent l'épuration des déchets et des gaz d'échappement à concurrence des 2/3 du NO_2 et des 3/4 du SO_2[120], ce qui permettra de réduire la part de l'Amérique du Nord dans les rejets nocifs dans l'atmosphère de la planète de 26,7% aujourd'hui à 21,9% vers 2010[121]. En 1996, les Etats-Unis ont pu se targuer d'être le seul pays à avoir complètement cessé la fabrication des substances destructrices de la couche d'ozone[122], ceci alors que la part des pays de l'OCDE dans les rejets de CO_2 n'a guère évolué au cours des trente dernières années[123]. Ajoutons que la plupart des pays européens consacrent de 0,5 à 1% de leurs PNB aux programmes internationaux de protection de l'environnement, soit près de 60 milliards de dollars par an[124].

Ainsi, l'évolution de l'économie postindustrielle a, *en premier lieu*, augmenté son degré d'autosuffisance et, *en second lieu*, réorienté les flux commerciaux et d'investissements, les détournant du « Tiers monde » au profit des pays les plus avancés. Il en est résulté une veritable « fermeture» du monde occidental sur lui-même. Doté de technologies sophistiquées de récupération, le monde postindustriel ne dispose pas aujourd'hui de moins de ressources en matières premières que les pays en développement. Vers le milieu des années 90, on récupérait 70 millions de tonnes d'acier, 3,5 millions de tonnes d'aluminium, 1,45 million de tonnes de cuivre, 1 million de tonnes d'étain, 22 500 tonnes de titane, etc. La part de la récupération à partir des déchets et résidus pour chaque matière première a été respectivement de 68,5, 40,0, 38,6, 61,5 et 49,0%[125]. Dans le même temps, les grands centres de la production industrielle demeurent concentrés dans les pays postindustriels, si bien que les années 90 ont vu les ventes de matériels asiatiques bon marché se replier sur les marchés US et européens, alors que celles des produits nationaux haut de gamme augmentaient[126]. Au Texas, où les revenus des fermiers sont parmi les plus élevés de l'agriculture de par le monde, on produit un blé meilleur marché qu'au Nigeria et la productivité du travail des agriculteurs néerlandais est cent fois plus élevée, même selon les chiffres officiels, qu'en Russie. Au cours de ces dernières décennies, les pays postindustriels sont parmi les plus gros exportateurs de produits non seulement industriels, mais aussi agricoles, y compris pour l'arachide et le soja, ces articles traditionnels d'importation en provenance des pays les plus pauvres d'Afrique et d'Asie.

Il en résulte que des flux commerciaux croissants se concentrent à l'intérieur des frontières du monde postindustriel. Alors qu'en 1953, les Etats industriels avancés effectuaient 38% de leurs exportations entre eux, ce chiffre était passé à 49% dès 1963, à

54% en 1973, atteignant 76% en 1990[127]. C'est ainsi que, par exemple, la part des pays africains est passée de 28,2% dans les exportations et de 20,3% dans les importations françaises en 1959 à respectivement 7,8 et 5,9% vers le milieu des années 80[128]. A l'inverse, les flux commerciaux et d'investissements bilatéraux entre les Etats-Unis et l'UE ont quintuplé ces trente dernières années, dépassant 1 trillion de dollars en 1990[129]. De ce fait, en 1997, 5% seulement des flux commerciaux partant du territoire de l'un des pays de l'OCDE ou y aboutissant sortaient de ce groupe de pays[130]. D'ailleurs, les pays postindustriels importent aujourd'hui des pays en voie de développement des produits pour un montant ne dépassant pas 1,2% de leurs PNB cumulés[131]. A cet égard, il faut noter que malgré certains déséquilibres dans les échanges entre Etats postindustriels, dans l'ensemble, le commerce des « Sept Grands » avec le reste du monde est tout à fait équilibré : avec des exportations dépassant 5 trillions de dollars en 1999, le déficit de leur balance commerciale n'a été que de 28 milliards de dollars, soit à peine plus de 0,5% du chiffre des exportations ou moins de 0,1% des PNB des pays développés[132]. On peut également observer que l'ensemble du Sud-Est asiatique (les 10 pays de l'ASEAN, le Japon et la Corée du Sud pris ensemble) a échanges commerciaux extérieurs inférieurs de 13% à ceux des Etats-Unis et de 16% à ceux de l'Union européenne[133].

Si l'on se penche sur certaines tendances à rehausser l'importance des économies des pays émergents, il faut prendre en compte, d'abord, l'ampleur des réexportations auxquelles ils procèdent (une fois défalquées, on constate que fin 1996, la Chine arrivait derrière la Belgique pour le montant net de ses livraisons sur le marché mondial[134]) et, ensuite, le fait que le solde négatif de la balance commerciale des Etats-Unis, fréquemment évoqué par les analystes, n'a pas beaucoup d'importance dans la mesure où la plupart des règlements s'effectuent en dollars US[135]. Mais dans l'ensemble, l'autosuffisance des économies postindustrielles est bien illustrée par le fait qu'en 1959-1994, alors que le taux d'accroissement du commerce international dépassait celui du produit brut mondial en moyenne du triple, cet écart était à peine du double pour les Etats-Unis[136]. Il en est résulté qu'en 1996, le rapport exportations - PNB aux Etats-Unis était inférieur de deux fois à celui de la Grande-Bretagne il y a 150 ans, au milieu des années 40 du XIX° siècle. Si l'on considère l'évolution comparative de cet indice pour la période 1913-1987, on constate qu'il n'a progressé que de 0,6% (de 14,7 à 15,3% du PNB) pour la Grande-Bretagne, de 1,5% (de 10,9 à 12,4% du PNB) pour le Canada, de 1,8% (de 4,1 à 6,3% du PNB) pour les Etats-Unis, de 6,6% (de 22,3 à 28,9% du PNB) pour la Suisse[137]. Au total pour les pays développés d'Occident, cet indice a crû de 2,6% (passant de 11,7 à 14,3% des PNB)[138], ce qui va à l'encontre de la rhétorique obsessionnelle, ces dernières années, au sujet de la « mondialisation ». Aujourd'hui, les experts en viennent à la conclusion que 10%[139] à 18%[140] des biens et services produits dans le monde sont vendus sur les marchés internationaux, confirmant ainsi la thèse selon laquelle on peut douter à juste titre que le capitalisme soit, sous bien des aspects, plus transnational aujourd'hui qu'en 1914[141].

Malgré les indices formels caractérisant l'ouverture économique des pays européens (l'ensemble de leurs échanges atteignait, en 1994, 39,8% des exportations mondiales et 38,9% des importations[142] avec un rapport de 23% entre la moyenne arithmétique des exportations et des importations et le PNB[143]), la plus grande partie des flux commerciaux ne dépassent pas les frontières communautaires. Ainsi, au début des années 90, les échanges « intracommunautaires » se situaient à hauteur de 66%, mais à 73,8% si l'on comptait la Norvège, la Suède et la Suisse (à titre de comparaison, les exportations du Japon vers les autres pays d'Asie étaient à hauteur de 30,1%, celles des exportations américaines vers les autres pays des deux Amériques, à hauteur de 32,9%)[144]. Il s'avère donc que la part des exportations européennes hors Communauté est pratiquement identique à l'indice correspondant pour les Etats-Unis[145].

Les mêmes tendances caractérisent également l'évolution des flux mondiaux d'investissements. On sait qu'au cours des années 80, on a enregistré une croissance d'environ 20% par an des investissements étrangers directs, soit le quadruple du taux de développement du commerce international. De 1981 à 1985, ces investissements se sont chiffrés en moyenne annuelle à 98 milliards de dollars, atteignant 323 milliards de dollars au cours des quatre années suivantes avec un pic de 440 milliards de dollars en 1997[146]. Ils ont été multipliés par 32 entre 1970 et le milieu des années 90, alors que les exportations n'ont progressé que de 16,5 fois[147]. Il en résulte que les mouvements internationaux de capitaux (y compris les transactions pour l'achat de titres étrangers, de devises étrangères et de différents produits financiers) dépassent de plus de 60 fois les flux commerciaux[148] et de 12 à 13 fois le produit brut mondial (M. Castells cite une expertise qui évalue le montant total de ces transactions à 360 trillions de dollars en 1997[149]).

Le système économique procédant de ces investissements est pratiquement le second du monde quant au produit brut : dès le début des années 90, les entreprises appartenant à des non-résidents produisaient pour 4,4 trillions de dollars de biens et de services, soit plus que la totalité du commerce mondial, évalué à 3,8 trillions de dollars[150], à comparer au PNB américain (près de 6 trillions de dollars). Il est parfaitement évident que la plus grande part des capitaux mobilisables dans le monde sont concentrés dans les pays postindustriels. La capitalisation totale des sociétés cotées en bourse aux Etats-Unis et en UE (aux bourses de New York, Londres, Paris, Francfort, Milan, Amsterdam, Zurich, Stockholm et Madrid) dépassait 25 trillions (!) de dollars au 20 avril 2000[151]. Les dix plus grandes places financières du monde au milieu de l'année 2000 étaient Londres, New York, Tokyo, Boston, San Francisco, Los Angeles, Paris, Philadelphie, Zurich et Denver : six d'entre elles sont américaines, trois sont européennes et une est japonaise. Les actifs contrôlés par les sociétés cotées sur ces places financières totalisent près de 12 trillons de dollars, dont plus de la moitié pour les places américaines[152]. Rien d'étonnant à cet égard si dès le début des années 90, les Etats-Unis et les principaux pays de l'UE réalisent 81% des investissements étrangers directs à l'échelle mondiale[153].

On attache généralement beaucoup moins d'importance au fait, pourtant crucial, que la plupart des flux d'investissements sont également localisés à l'intérieur du monde postindustriel. En 1990, cinq pays seulement : USA, Grande-Bretagne, Japon, France et Allemagne, ont assuré 75,3% de l'exportation mondiale et 76% de l'importation mondiale d'investissements étrangers directs. De surcroît, leur part ne cesse d'augmenter du fait de l'accroissement continu des capitaux mobilisables dans les plus grands pays postindustriels, avant tout aux Etats-Unis. En 1992, ceux-ci évincent le Japon de la première place pour le montant des investissements étrangers, le triplant quasiment en 1992-1995, la deuxième et la troisième places revenant respectivement à la Grande-Bretagne et à l'Allemagne. Les pays postindustriels dans leur ensemble ont assuré dans les années 80 près de 94% et dans les années 90 près de 90% du total des investissements étrangers directs, alors que la part des pays en voie de développement n'atteint pas les 10%[154].

Le gros des capitaux est investi dans des pays de niveau comparable à celui des pays investisseurs quant aux principaux paramètres économiques. En 1996, sept pays seulement : Grande-Bretagne, Japon, Canada, France, Allemagne, Suisse et Pays-Bas, ont assuré globalement 85% des investissements étrangers aux Etats-Unis. Alors qu'en 1996 et 1997, les sociétés européennes transnationales ont débloqué 107 milliards pour l'acquisition de compagnies américaines, ce montant était passé à 280 milliards de dollars en 1998-1999, ce qui leur a permis de s'adjuger des fleurons de l'industrie américaine comme Chrysler, Amoco et Airtouch Communications[155]. Selon les prévisions, les investissements européens pour l'acquisition d'entreprises américaines pourraient dépasser 211 milliards de dollars en 2000. Il est significatif que si en 1998, en 1999 et au cours du premier semestre 2000, le chiffre des acquisitions européennes a frôlé les 500 milliards de dollars, en revanche, celui des acquisitions américaines en Europe a dépassé les 200 milliards de dollars[156]. Certes, les Européens font preuve d'un intérêt croissant pour les sociétés américaines, mais dès 1970 près du tiers des investissements américains à l'étranger prenaient le chemin de l'Europe[157] et aujourd'hui, 60% des capitaux US sont investis en Europe, contre 8% au plus dans les pays d'Asie, moins de 3% au Mexique[158]. Les statistiques de ces derniers mois montrent que les fusions et les absorptions de sociétés se concentrent à l'intérieur du « bloc » postindustriel : sur 17 424 opérations de ce type effectuées dans le monde durant le premier semestre 2000 pour un montant total de 1,9 trillions de dollars, 874 milliards sont imputables aux sociétés américaines (y compris à l'intérieur des Etats-Unis eux-mêmes), 762 milliards de dollars aux sociétés européennes et seulement 264 milliards de dollars (soit 13%) au reste du monde[159]. Les fusions et absorptions ont presque quadruplé au sein des pays de l'OCDE en 1996-1999[160], alors que durant la période avril 1999 – mars 2000, les investisseurs privés européens ont acquis des actions américaines pour un montant de 135 milliards de dollars, soit plus de 85% du total de leurs acquisitions d'actions pour cette période[161].

Il est parfaitement évident qu'à mesure que les investissements mutuels des pays postindustriels s'intensifient, la part des pays en voie de développement sur le marché mondial des investissements ne cesse de diminuer (17% dans les années 80 contre 25% encore dans les années 70[162]), si bien qu'aujourd'hui, les investissements mutuels des Etats-Unis, des pays européens et du Japon, ainsi qu'à Singapour, en Chine, en Malaisie, en Indonésie, en Thaïlande, à HongKong et à Taiwan représentent 94% (!) du montant total des investissements étrangers directs[163], contre pas plus de 5% hors OCDE[164]. Dans les années 90, plus de 90% du total des investissements réalisés sous forme de fusions ou d'absorptions de sociétés étrangères ont été réalisés par des sociétés répertoriées dans l'un des principaux centres du monde postindustriel : USA, UE ou Japon[165].

Bien plus, en dépit de l'internationalisation croissante de l'économie et de la part grandissante des capitaux investis par des personnes privées dans les actions et autres titres (on sait qu'en 1997, pour la première fois dans l'histoire des Etats-Unis, les biens mobiliers, actions et autres titres, ont dépassé les biens immobiliers dans le patrimoine des ménages[166]), la plupart des investisseurs préfèrent placer leurs capitaux dans les obligations des compagnies de leurs pays respectifs. Ainsi, 95% des actions et 97% des obligations appartenant aujourd'hui à des Américains sont émises par des sociétés américaines, les étrangers détenant seulement 6% des actions américaines négociables et 14% des obligations de sociétés américaines[167]. Mais dans l'ensemble, malgré l'interpénétration croissante des économies des pays postindustriels, vers le milieu des années 90, les investisseurs étrangers ne détenaient pas plus de 10% des titres cotés aux principales bourses occidentales[168] (11,2% selon les chiffres les plus récents[169]). D'une manière ou d'une autre, le tableau actuel est radicalement différent de celui de 1913, lorsque personne ne parlait de mondialisation, mais où près de 60% de la totalité des titres négociés à la Bourse de Londres étaient émis par des étrangers[170].

Et enfin, il faut signaler le « confinement » des flux non seulement financiers, mais aussi humains à l'intérieur du monde développé. Ce n'est pas l'ère postindustrielle, mais l'ère antérieure, proprement industrielle, qui était caractérisée par la migration la plus intense entre pays de niveaux économiques comparables et plus encore par l'émigration des pays plus développés vers les pays moins développés. Uniquement dans la deuxième moitié du XIX° siècle, plus de 60 millions d'Européens ont émigré aux Etats-Unis d'Amérique, au Canada, en Australie ou aux colonies des puissances européens[171] . De 1870 à 1910, l'immigration aux Etats-Unis, essentiellement en provenance des pays européens, a accru la population américaine de 17% et l'offre globale sur le marché du travail américain de 24%[172] . Concurremment, de 1850 à 1930, la population des pays européens diminuait de plus de 12% par rapport à 1900[173] . Au contraire, à l'âge postindustriel, avec l'élévation du niveau de vie et l'amélioration des procédés d'échange d'informations, on n'observe pas de migration intensive à l'intérieur du monde postindustriel, ce qui est particulièrement visible en Europe, où malgré l'absence d'obstacle à la libre circulation des hommes, 2% seulement de la population active sont employés hors des frontières nationales, hormis le Portugal relativement retardataire où ce chiffre dépasse 10%[174] . Dès lors, la tension monte aux frontières extérieures du monde développé du fait du désir des immigrants en provenance des pays pauvres, mus par des motivations purement économiques, désireux de bénéficier des réalisations de la civilisation occidentale.

Dans ce contexte, il est important de noter que les processus migratoires actuels sont également caractérisés par l'approfondissement des disparités des niveaux de formation et de culture entre les immigrés et les résidents du pays d'accueil. A la fin des années 80, la majorité des immigrés entrant aux Etats-Unis venaient de dix pays : Mexique, Philippines, Corée, Cuba,

Inde, Chine, République Dominicaine, Vietnam, Jamaïque et Haïti[175], mais les paramètres de formation des immigrants légaux étaient inférieurs de quatre fois aux paramètres correspondants de l'Américain moyen[176]. Au sein de l'UE au milieu des années 90, le nombre d'ouvriers étrangers extracommunautaires dépassait les 10 millions de personnes, soit près de 11% de la main-d'œuvre[177], ce qui correspondait au taux de chômage des principaux pays européens. Disposés à accepter un salaire ne dépassant pas 55 à 70% de la rémunération des Européens dans les mêmes métiers[178], les immigrés sont un facteur de concurrence sur le marché du travail. D'où des attitudes négatives à leur égard aussi bien aux Etats-Unis que dans les pays de l'UE. En 1998, cette hostilité était partagée par 27,3% des Français, 39,6% des Allemands et 41% des Belges[179]. Les politiques spéculant sur les problèmes interethniques obtiennent plus d'audience et leur arrivée au pouvoir en Autriche au sein d'un gouvernement de coalition en février 2000 constitue un encouragement pour les courants analogues dans d'autres pays. On peut donc rejoindre les analystes qui envisagent l'introduction de restrictions drastiques à l'utilisation de la main-d'œuvre étrangère dans le courant des prochaines décennies aux Etats-Unis et dans les pays de l'UE[180], ce qui correspondrait tout à fait à la tendance à la « fermeture » du monde postindustriel, tendance avérée ces dernières années.

Pour conclure, il convient de souligner une nouvelle fois que la mise en place et l'évolution de la société postindustrielle ont permis d'assister, dans le dernier tiers du XX° siècle, à un dynamisme sans précédent du développement économique mondial. Durant quatre décennies, de 1960 à 2000, l'Occident a conservé des taux de croissance du PNB par habitant supérieurs à ceux des pays en voie de développement, ceci malgré tous les succès des économies émergentes du Sud-Est asiatique[181]. Dans les années 90, cette avance est devenue plus perceptible encore : les indices de croissance de l'économie américaine dépassèrent de deux fois ceux du système économique nippon[182]. Il y a tout lieu de supposer que les prochaines années ne feront que renforcer ces tendances. En 1999, les organisations financières internationales ont plusieurs fois révisé leurs prévisions dans le sens d'une croissance accrue aux Etats-Unis et dans les pays de l'UE. Selon ces prévisions, le taux de croissance sera de 4,4% en 2000 et de 3,0% en 2001 aux Etats-Unis, respectivement de 3,2 et 3,1% dans les pays de l'UE. Ceci alors que l'économie japonaise reste dans une phase de stagnation[183]. Pourtant, la progression spectaculaire des pays postindustriels entraîne le retard croissant des Etats qui restent enlisés dans la phase proprement industrielle de développement (sans parler de la phase préindustrielle). Nous voyons trois causes principales à l'aggravation de ce type de disparités.

En premier lieu, la transformation du savoir scientifique en ressource de production directe a, d'une part, entraîné une dépendance accrue des pays en voie de développement aspirant à acquérir les nouvelles technologies vis-à-vis des pays postindustriels où est aujourd'hui concentrée leur production et, d'autre part, créé de nouveaux modèles de formation élargie du capital où la maximisation de la consommation d'informations et de connaissances accélère les processus de renforcement et d'évolution de la société postindustrielle. Ce qui a contraint les pays en voie de développement à réduire leur consommation intérieure afin d'accumuler les ressources matérielles nécessaires à l'acquisition des technologies nouvelles. A l'inverse, le caractère du progrès scientifique et technique postindustriel propulsait la société occidentale vers une expansion maximale de la consommation et une baisse du taux de capitalisation dans le revenu national. Quant aux pays en voie de développement, ils troquaient contre les nouvelles technologies soit leurs ressources naturelles non renouvelables, soit des produits fabriqués par une main-d'œuvre surabondante, alors que le monde postindustriel fournisseur de technologies et de produits sophistiqués n'entame pas les ressources dont il continue à disposer. L'échange des produits du travail contre ceux de la création scientifique et technique, des produits industriels contre des connaissances, voilà ce qui, en dernière analyse, est à la base du clivage de la civilisation moderne, désormais avérée à l'aube du XXI° siècle.

En second lieu, le déplacement du centre de gravité de la consommation de biens matériels à celle des services et de l'information, la baisse des besoins en ressources naturelles et en énergie, l'utilisation à une échelle de plus en plus grande des matières premières récupérées et des matières synthétiques, tous ces résultats de la révolution scientifique et technique ont radicalement réduit la demande pour les produits des pays agraires et proprement industriels. Il en résulte un rétrécissement des débouchés pour leurs produits, la diminution de leurs possibilités d'acquisition des nouvelles technologies, dont est tributaire, en fait, leur avenir. Les pays aspirant à

« rattraper » le monde postindustriel se sont pratiquement révélés incapables de lui proposer quoi que ce soit qui pût servir de base à un échange égal et mutuellement avantageux.

En troisième lieu, ayant achevé pour l'essentiel leur phase de gestation et étant entrées dans celle d'une stabilité interne incontestable, les sociétés postindustrielles attirent désormais prioritairement les investissements, quel que soit le secteur visé. Selon le bilan de 1999, la hausse de la cote des actions des sociétés US de haute technologie a dépassé 80%, ce qui est sans commune mesure avec les indices des marchés en développement caractérisés, sauf rendement épisodiquement élevé, par des risques en permanence excessifs, l'instabilité politique et sociale. L'analyse de la politique d'investissement des plus grandes firmes en 1996-2000 ne peut aboutir qu'à la conclusion que les pays en voie de développement ne sont plus considérés aujourd'hui que comme des succursales des monopoles transnationaux, « ateliers de montage » incapables d'une évolution autonome et peu attractifs pour les gros investissements de portefeuille.

L'analyse des processus qui se sont déroulés dans le monde au cours de la dernière décennie a conduit la plupart des experts occidentaux à des conclusions dont le moins que l'on puisse dire est qu'elles sont sans nuances. Estimant que les années 90 ont été marquées pour l'ensemble de la planète par une concurrence entre les systèmes du capitalisme américain et du capitalisme japonais, entre les pays développés et les adeptes du modèle de développement « de rattrapage », A. Giddens constate, par exemple, que la victoire du capitalisme américain aboutit à ce que « le déroulement ultérieur des processus de globalisation répondra aux intérêts américains en particulier et à ceux du modèle occidental de capitalisme en général »[184]. P. Volcker estime pour sa part qu'à l'aube du XXI° siècle, les Etats-Unis sont le seul protagoniste disposant d'une influence réelle dans le domaine des affaires internationales[185]. Quant à T. Friedman, il affirme que « la mondialisation grandissante exige une structure stable de pouvoir [international] et qu'aucun pays n'est en mesure de faire plus que les Etats-Unis pour sa constitution »[186]. M. Hardt et A. Negri vont plus loin encore : « Les Etats-Unis, écrivent-ils, sont le seul Etat capable de faire triompher la justice dans les relations entre les pays et les peuples, tout en agissant non en conformité avec ses intérêts étroitement nationaux, mais au nom du droit international »[187]. On pourrait aujourd'hui polémiquer avec les auteurs de thèses aussi péremptoires, leur faisant des objections sur tel ou tel point de leurs raisonnements, mais il ne nous semble pas raisonnable de rejeter en bloc une telle position.

A l'aube du XXI° siècle, les pays qui ont opté, il y a de cela plusieurs décennies, pour la voie de développement « de rattrapage » ont constaté qu'elle ne menait pas au succès. A cet égard, on ne pourra guère incriminer telle ou telle circonstance extérieure, une combinaison de facteurs fortuits ayant obvié à leur progression stable. C'est la raison pour laquelle nous examinerons ci-après les tensions majeures consubstantielles au modèle de développement « de rattrapage », ceci quelle que soit la forme sous laquelle il a été mis en œuvre.

1 Cf. *Drucker P. F.* Post-Capitalist Society. Harper Business, New York, 1993. pp. 19-21 ; *Thurow L.* Creating Wealth. The New Rules for Individuals, Compagnies and Countries in a Knowledge-Based Economy. Nicholas Brealey Publishing, London, 1999. pp. 19-20 et al.

2 Cf. *Bellah R. N., Madsen R., Sullivan W. M., Swidler A., Tipton S. M.* The Good Society. Vintage Books, New York, 1992. p. 146.

3 Cf. *Mandel M. J.* The Hight-Risk Society. Peril and Promise in the New Economy. Times Books / Random House, New York, 1996. p. 43.

4 *Winslow Ch. D., Bramer W. L.* Future Work. Putting Knowledge to Work in the Knowledge Economy. Free Press, New York-Toronto, New York, 1994. p. 230.

5 Cf. *Madrick J.* The End of Affluence. The Causes and Consequences of America's Economic Dilemma. Random House, New York, 1995. p. 110.

6 Cf. *Judy R. W., D'Amico C.* Workforce 2000. Work and Workers in the 21th Century. Hudson Institute, Indianapolis (In.). p. 63.

7 Cf. *Nelson J. I.* Post-Industrial Capitalism. Exploring Economic Inequality in America. Sage Publications, Thousand Oaks-London, 1995. pp. 8-9.

8 Cf. *Franck R. H., Cook P. J.* The Winner-Take-All Society. Why the Few at the Top Get So Much More Than the Rest of US. Penguin Books, London, 1996. p. 88.

9 Cf. *H. S. Dent Jr.* The Roaring 2000s. Simon and Schuster, New York, 1998. p. 280.

10 Cf. The Economist. February 8, 1997. p. 57.

11 Cf. Human Development Report 1998. Oxford University Press for the United Nations Development Programme, Oxford-New York, 1998. p. 2.

12 Cf. *Ch.-F. von Braun.* The Innovation War. Industrial R&D … the Arms Race of the 90s. Prentice Hall PTR, Upper Saddle River (N.J.), 1997. p. 57.

13 Cf. *Friedman T. L.* The Lexus and the Olive Tree. Anchor Books, New York, 2000. p. 319.

14 Cf. Human Development Report 1999. Oxford University Press for the United Nations Development Programme, Oxford-New York, 1999. p. 3.

15 Cf. *Rosecrance R.* The Rise of the Virtual State. Wealth and Power in the Coming Century. Basic Books, New York, 1999. p. 188.

16 Cf. *Toynbee P.* Who's Afraid of Global Culture ? // *Hutton W., Giddens*

A. (Eds.) On the Edge. Living with Global Capitalism. Jonathan Cape, London, 2000. p. 206.

17 Cf. World Economic and Social Survey 1996. United Nations Publication, New York, 1966. p. 283.

18 Cf. *Sherer P. M.* Venture Capital Is Hedge Tool // The Wall Street Journal Europe. March 24-25, 2000. p. 24.

19 Cf. *Preston H. H.* Internet Spurs Rumblings of a Venture-Capital Revolution // International Herald Tribune. March 25-26, 2000. p. 118.

20 Cf. The Economist. May 27, 2000. p. 85.

21 Cf. *Fleming C. H.* Venture Capital Floods into Europe // The Wall Street Journal Europe. June 20, 2000. p. 5.

22 Cf. *Davidow W. H., Malone M. S.* The Virtual Corporation. Structuring and Revitalizing the Corporation for the 21th Century. Harper Business, New York, 1992. p. 189.

23 Cf. *Miklethwait J., Wooldridge A.* A Future Perfect. The Essentials of Globalization. Crown Business, New York, 2000. p. 92.

24 Cf. Knowledge for Development. World Development Report 1998/99. Oxford University Press, Washington (D.C.)-Oxford, 1999. p. 20.

25 Cf. *Brown L. R., Renner M., Flavin Ch. et al.* Vital Signs 1997-1998. The Environmental Trends That are Shaping Our Future. Earthscan Publications Ltd., London, 1997. p. 112.

26 Cf. *Castells M.* The Information Age : Economy, Society and Culture. Vol. 1 : The Rise of the Network Society. Blackwell Publishers, Malden (Ma.)-Oxford (UK), 1996. p. 108.

27 Cf. *Rosensweig J. A.* Winning the Global Game. A Strategy for Linking People and Profits. Free Press, New York, 1998. p. 37.

28 Cf. *Perkins A. B., Perkins M. C.* The Internet Bubble. Harper Business, New York, 1999. p. 5.

29 Cf. Business Week. European Edition. April 10, 2000. p. 72.

30 Cf. *Ayres R. U.* Turning Point. An End to the Growth Paradigm. Earthscan Publications Ltd., London, 1998. p. 125 ; pour plus de détails, cf. *Sandler T.* Global Challenges. An Approach to Environmental, Political and Economic Problems. Cambridge University Press, Cambridge, 1997. p. 20.

31 Cf. *Brown L. R., Renner M., Flavin Ch. et al.* Vital Signs 1997-1998. p. 116.

32 *Miklethwait J., Wooldridge A.* A Future Perfect. The Essentials of Globalization. p. 257.

33 Human Development Report 1999. p. 38.

34 Cf. *Adams N. A.* Worlds Apart. The North-South Divide and the International System. Zed Books, Atlantic Highlands (N.J.)-London, 1997. p. 238.

35 Cf. *Bauman Z.* Globalisation. The Human Consequences. Columbia University Press, New York, 1998. p. 257.

36 Cf. *Robinson W. I.* Promoting Polyarchy. Globalisation, US Intervention and Hegemony. Cambridge, 1998. p. 384.

37 Cf. *Porter G., Brown J. W.* Global Environmental Politics. 2nd ed. Boulder (Co.), 1996. pp. 109-110.

38 Cf. *Ayres R.U.* Turning Point. An End to the Growth Paradigm. p. 125.

39 *Hicks J.* Wealth and Welfare. Oxford, 1981. pp. 138-139.

40 Cf. *Chatfield Ch. A.* The Trust Factor. The Art of Doing Business in the Twenty-First Century. Sunstone Press, Santa Fe. (Ca.), 1997. pp. 54-55.

41 Cf. *Rifkin J.* The End of Work. New York, 1995. p. 253.

42 Cf. *Nuernberger Ph.* Mastering the Creative Process // The Futurist, N°4. 1984. Vol. XVIII. p. 34.

43 Cf. *Maslow A. H.* Motivation and Personality. Harper and Row, New York, 1970.

44 Cf. *Toffler A.* Future Shock. Random House, New York, 1971. pp. 220-221.

45 *Inglehart R.* Culture Shift in Advanced Industrial Society. Princeton University Press, Princeton (N.J.), 1990. p. 171.

46 *Boyett J. H., Conn H. P.* Maximum Performance Management. Capstone, Oxford, 1995. p. 32.

47 *Alain Touraine.* Critique de la modernité. Fayard, Paris, 1992. p. 354.

48 *Bell D.* The Cultural Contradictions of Capitalism. Basic Books, New York, 1978. pp. 147-148.

49 Cf. *Davis S., Meyer C.* Future Wealth. Harvard Business School Press, Boston (Ma.), 2000. p. 40.

50 Pour plus de détails, cf. *Inozemtsev V. L.* Les problèmes socio-économiques du XXI° siècle : tentative d'évaluation non traditionnelle. Moscou, 1999; *Inozemtsev V. L.* La civilisation clivée. Prémisses existantes et conséquences éventuelles de la révolution post-économique. Moscou, 1999. pp. 165-297; *Inozemtsev V.* Fin de siècle. Contribution à l'histoire de la mise en place du système économique postindustriel (1973-2000) / / Pensée libre-XXI. N°7. 1999. pp. 3-27 ; N°8. pp. 19-42 (tout en russe).

51 Cf. *Baumohl B.* The Best of Times ? // Time. August 4. 1997. p. 42.

52 Calculé d'après : National Income and Product Accounts, 1947-1965. Government Printing Office, Washington (DC), 1967; Yearbook of Labour Statistics, 1995. OIT Genève, 1996.

53 Calculé d'après : OECD. National Accounts Statistics. Detailed Tables. 1960-1970; Yearbook of Labour Statistics, 1995, OIT Genève, 1996.

54 Cf. *Krugman P.* Pop Internationalism. MIT Press, Cambridge (Ma.)-London, 1998. p. 36.

55 Calculé d'après : International Financial Statistics Yearbook. Washington (D.C.), 1993, 1994, 1995, 1998.

56 Cf. *Hopkins T. K., Wallerstein E. et al.* The Age of Transition. Trajectory of the World-System 1945-2025. Zed Books-Photo Press, London and New Jersy-Australia (Leichhardt), 1996. p. 28.

57 Cf. *Bernstein M. A.* Understanding American Economic Decline : The Contours of the Late-Twenthieth-Century Experience // *Bernstein M. A., Adler D. E.* (Eds.) Understanding American Economic Decline. Cambridg University Press, Cambridge, 1994. p. 18.

58 Cf. *Fridson M. S.* It Was a Very Good Year. Extraordinary Moments in Stock Market History. John Wiley and Sons Inc., New York, 1998. p. 175.

59 Cf. La crise des matières premières du capitalisme contemporain. Moscou, 1980. p. 186 (en russe).

60 Calculé d'après : International Financial Statistics Yearbook. 1993, 1994, 1995, 1998.

61 Cf. *Brockway G. P.* Economists Can Be Bad For Your Health. Second Thoughts on the Dismal Science. Norton and Company, New York-London, 1995. p. 51.

62 *Feldstein M.* (Rd.) American Economic Policy in the 1980s. University of Chicago Press, Chicago-London, 1994. p. 87.

63 Cf. *Mitchell K., Beck P., Grubb M.* The New Geopolitics of Energy. Royal Institute of International Affairs, London, 1996. p. 42.

64 Cf. *McRae H.* The World in 2020. Power, Culture and Prosperity : A Vision of the Future. Harper Collins Publishers, New York-London, 1995. p. 132.

65 Cf. *Schwartz P., Leyden P., Hyatt J.* The Long Boom. A Vision for the Coming Age of Prosperity. Perseus Books, Reading (Ma.), 1999. p. 162.

66 Cf. *Raeburn P.* A Little Energy Conservation Would Go a Long Way // Business Week. July 17, 2000. pp. 46-47.

67 Cf. *Cleveland C. J.* Natural Resource Scarcity and Economic Growth Revisited : Economic and Biophysical Perspectives // Costanza R (Ed.) Ecological Economics. The Science and Management of Sustainability. New York, 1991. pp. 308-309.

68 Cf. *Thurow I.* Head to Head. The Coming Economic Battle Among Japan, Europe and America. Warner Books, New York, 1993. p. 41.

69 Cf. *Taylor J., VanDoren P.* Soft Energy Versus Hard Facts // *Bailey R.* (Ed.) Earth Report 2000. Revisiting the True State of the Planet. McCraw-Hill, New York, 2000. p. 134.

70 Cf. Les problèmes de fourniture d'énergie dans les pays capitalistes dans le contexte de la situation énergétique actuelle. Moscou, 1987. p. 24 (en russe).

71 Cf. *Mazarr M. J.* Global Trends 2005. An Owner's Manual for the Next Decade. St. Martin's Press, New York, 1999. p. 78.

72 Cf. *Cox W. M., Alm R.* Myths of Rich an Poor. Why We're Better Off Than We Think. Basic Books, New York, 1999. p. 145.

73 Cf. *Castells M.* Information Technology and Global Capitalism // *Hutton W., Giddens A.* (Ed.) On the Edge. p. 63.

74 Cf. *Forester T.* Silicon Samurai. How Japan Conquered the World's IT Industry. Blackwell Business, Cambridge (Ma.)-Oxford, 1991. p. 147.

75 Cf. *Kuttner R.* The Economic Illusion. False Choice Between Prosperity and Social Justice. University of Pennsylvania Press, Philadelphia, 1991. pp. 118-119.

76 Cf. *Castells M.* The Informational Economy and the New International Division of Labor // *Carnoy M., Castells M., Cohen S. Cardoso F. H.* The New Global Economy in the Information Age. Pennsylvania State Uni-

versity Press, University Park (Pa.), 1993. p. 25.

77 Cf. *Greider W.* One World Ready or Not. The Manic Logic of Global Capitalism. Simon and Schuster, New York, 1997. p. 22.

78 Cf. *Sayer A., Walker R.* The New Social Economy : Reworking the Division of Labor. Blackwell, Cambridge (Ma.)-Oxford (UK), 1994. p. 154.

79 Cf. *Thurow I.* Head to Head. p. 30.

80 Cf. *Niskanen W. A.* Reaganomics. An Insider's Account of the Policies and the People. Oxford University Press, New York-Oxford, 1988. p. 73.

81 Cf. *Pilzer P. Z.* Unlimited Wealth. The Theory and Practice of Economic Alchemy. Crown Publishers, Inc., New York, 1990. p. 14.

82 Cf. *Feldstein M.* American Economic Policy in the 1980s. p. 7.

83 Cf. *Strange S.* Casino Capitalism. Manchester University Press, Manchester, 1997. p. 17.

84 Cf. *Kiplinger K.* World Boom Ahead. Why Business and Consumers Will Prosper. Kiplinger Books, Washington (D.C.), 1998. p. 46.

85 Cf. *Krugman P.* Peddling Prosperity. Economic Sense and Nonsense in the Age of Diminishing Expectations. W. W. Norton and Company, New York-London, 1994. p. 158.

86 Cf. *Niskanen W. A.* Reaganomics. p. 234.

87 Cf. *Krugman P.* Pop Internationalism. p. 100.

88 Cf. *Shulman S.* Owning the Future. Houghton Mifflin Company, Boston-New York, 1999. p. 15.

89 Cf. Knowledge for Development. World Development Report 1998/99. Oxford University Press for the World Bank, New York-Washington (D.C.), 1999, p. 19.

90 Cf. Entering the 21th Century. World Development Report 1999/2000. Oxford University Press for the World Bank, Washington (D.C.)-Oxford, 2000. p. 64.

91 Cf. *Stewart T. A.* Intellectual Capital. The New Wealth of Organizations. Doubleday // Currency, New York-London, 1997. pp. 20-21.

92 Cf. *Roos J., Roos G., Dragonetti N. C., Edvinsson I.* Intellectual Capital. Navigating the New Business Landscape. Macmillan Business, New York, 1997. p. 10.

93 Cf. Statistical Abstract of the United States 1995. Reference Press,

Inc., Washington (D.C.), 1995. p. 411.

94 Cf. *Perkins A. B., Perkins M. C.* The Internet Bubble. p. 6.

95 Cf. *Doremus P. N. et al.* The Myth of the Global Corporation. Princeton University Press, Princeton (N.J.), 1998. p. 103.

96 Cf. *Sancton T.* The French Connected // Time. June 12, 2000. p. 42.

97 Cf. *Bluestone B., Harrison B.* Growing Prosperity. The Battle for Growth with Equity in the Twenty-First Century. Houghton Mifflin Company, Boston-New York, 2000. p. 28.

98 Cf. *Martin M.* A New Milestone in US Expansion // International Herald Tribune. March 3, 2000. p. 1.

99 Cf. The Economist. April 29, 2000. p. 23.

100 Cf. Financial Times. June 3-4, 2000. p. 6.

101 Cf. *Baker G.* Flight to Safety // Financial Times. August 15, 2000. p. 14.

102 Cf. The Economist. August 12, 2000. p. 45.

103 Cf. *Sanghera S.* US Growth Stronger in First Quarter // Financial Times. May 26, 2000. p. 27.

104 Cf. *Bluestone B., Harrison B.* Growing Prosperity. p. 180.

105 Cf. *Wolf M.* Greenspan Reaps the Whirlwind // Financial Times. May 24, 2000. p. 15.

106 Cf. *Berry J. M.* US Jobless Rate Falls to 3,9% // International Herald Tribune. May 6-7, 2000. p. 1.

107 Cf. *Phelps E.* Europe's Stony Ground for the Seeds of Growth // Financial Times. August 9, 2000. p. 11.

108 Cf. The Wall Street Journal Europe. June 15, 2000. p. 2.

109 Cf. The Economist. June 10, 2000. p. 35.

110 Cf. The Wall Street Journal Europe. August 17, 2000. p. 5.

111 Cf. *Rosenberg N.* Uncertainty and Technological Change // *Landau R., Taylor T., Wright G.* (Eds.) The Mosaic of Economic Growth. Stanford University Press, Stanford (Ca.), 1996. p. 336.

112 Cf. *Drucker P. F.* The New Realities. Oxford, 1996. p. 116.

113 Cf. *Kadlec Ch. W.* Dow 100,000 ; Fact of Fiction. New York Institute of Finance, New York, 1996. pp. 139-140.

114 Cf. *Pilzer P. Z.* Unlimited Wealth. p. 5.

115 Cf. *Kelly K.* New Rules for the New Economy. Ten Radical Strategies for a Connected World. Viking, New York, 1998. p. 3.

116 Cf. *Frank R. H., Cook P. J.* The Winner-Take-All Society. p. 46.

117 Cf. World Resources 1998-1999. Oxford University Press, New York-Oxford, 1998. p. 163.

118 Cf. *Pilzer P. Z.* Unlimited Wealth. p. 14.

119 *Hampden-Turner Ch., Trompenaars F.* The Seven Cultures of Capitalism. Judy Piatkus Publishers, London, 1994. p. 216.

120 Cf. *Meadows D. H., Meadows D. L., Randers J.* Beyond the Limits : Global Collapse or a Sustainable Future ? Earthscan Publications Ltd., London, 1992. p. 181.

121 Calculé d'après : *Mitchell K., Beck P., Grubb M.* The New Geopolitics of Energy. p. 161.

122 Cf. *Brown L. R., Renner M., Flavin Ch. et al.* Vital Signs 1997-1998. p. 103.

123 Cf. *Brown L. R., Flavin Ch., French H. et al.* State of the World 1998. A Worldwatch Institute Report on Progress Toward a Sustainable Society. Earthscan Publications Ltd., New York-London, 1998. p. 114.

124 Cf. *Brown L. R., Renner M., Flavin Ch. et al.* Vital Signs 1997-1998, p. 96, 108.

125 Cf. *Scarlett L.* Doing More With Less // *Bailey R.* (Ed.) Earth Report 2000. Revisiting the True State of the Planet. p. 57.

126 Pour plus de détails, cf. *Axtmann R.* Globalization, Europe and the State : Introductory Reflecxtions // *Axtmann R.* (Ed.) Globalization and Europe. Theoretical and Empirical Investigations. London-Washington (D.C.), 1998. pp. 2-3.

127 Cf. *Krugman P.* Peddling Prosperity. p. 231.

128 Cf. *Fieldhouse D. K.* The West and the Third World. Trade, Colonialism, Dependence and Development. Blackwell Publishers, Oxford-Malden (Ma.), 1999. pp. 102-103.

129 Cf. *Featherstone K., Ginsberg R. H.* The United States and the European Union in the 1990s. Partners in Transition. New York, 1996. p. 115.

130 Cf. *Elliott I., Atkinson D.* The Age of Insecurity. Verso, London-New York, 1998. p. 226.

131 Cf. *Krugman P.* Does Third World Growth Hurt First World Prosperity ?

// *Ohmae K.* (Ed.) The Evolving Global Economy. Making Sense of the New World Order. A Harvard Business Review Book, Boston (Ma.), 1995. p. 117.

132 Cf. World Economic Outlook. A Survey by the Staff of the International Monetary Fund. May 1999, Publication Service, Washington (D.C.), 1999. p. 177.

133 Cf. The Economist, July 15, 2000. p. 20.

134 Cf. The Economist, April 12, 1997. p. 119.

135 Cf. *Ohmae K.* The Borderless World. Harper Collins Publishers, London, 1990. pp. 138-139.

136 Cf. *Burtless G., Lawrence R. Z., Litan R. E., Shapiro R. J.* Globaphobia. Confronting Fears about Open Trade. Brookings Institution, Washington (D.C.), 1998. p. 22.

137 Cf. *O'Rourke K. H., Williamson J. G.* Globalization and History. The Evolution of a Nineteenth-Century Atlantic Economy. MIT Press, Cambridge (Ma.)-London, 1999. p. 30.

138 Cf. *Bairoch P.* Globalization Myths and Realities : One Century of External Trade and Foreign Investment // *Boyer R., Drache D.* (Eds.) States Against Markets : The Limits of Globalization. Routledge, London-New York, 1996. p. 179.

139 Cf. *Mason M.* Development and Disorder. A History of the Third World since 1945. University Press of New England, Hanover-London, 1997. p. 443.

140 Cf. *Miklethwait J., Wooldridge A.* A Future Perfect. The Essentials of Globalization. p. 121.

141 *Mann M.* As the Twentieth Century Ages // New Left Review. November-December, 1995. p. 117.

142 Cf. *Dent Ch. M.* The European Economy : The Global Context. Routledge, London-New York, 1997. p. 169.

143 Cf. *Jovanovic M. N.* European Economic Integration. Limits and Prospects. Routledge, London-New York, 1997. p. 243.

144 Cf. *Hirst P., Thompson G.* Globalization in Question : International Economic Relations and Forms of Public Governance // *Hollingsworth J. R., Boyer R.* (Eds.) Contemporary Capitalism. The Embeddedness of Institutions. Cambridge University Press, Cambridge, 1977. p. 355.

145 Cf. World Economic Outlook. A Survey by the Staff of the International Monetary Fund. October 1997. IMF, Publication Service, Washington (D.C.), 1997. pp. 51-54.

146 Cf. *Mazarr M. J.* Global Trends 2005. p. 161.

147 Cf. The World in 2020. Towards a New Global Age. OECD Publications, Paris, 1997. p. 32.

148 Cf. *Sutherland P. D.* Managing the International Economy in the Age of Globalisation. The Per Jacobsson Foundation, Washington (D.C.), 1998. p. 5.

149 Cf. *Castells M.* Information Technology and Global Capitalism. pp. 60-61.

150 Cf. *Plender J.* A Stake in the Future. The Stakeholding Solution. Nicholas Brealey Publishing, London, 1997. p. 118.

151 Cf. *Boland V.* Paris Exchange Seeks to Woo New Partners // Financial Times. April 26, 2000. p. 15.

152 Cf. *Calian S.* London Holds On to Top Spot in Ranking of Equity Centers // The Wall Street Journal Europe. June 13, 2000. p. 14.

153 Cf. *Weiss I.* The Myth of the Powerless State. Governing the Economy in a Global Era. Polity Press, Cambridge, 1998. p. 186.

154 Cf. *Collins P.* Regional Trading Blocks and Foreign Direct Investment // *Dunning J. H.* (Ed.) Globalization, Trade and Foreign Direct Investment. Elsevier Science Ltd., Kinglington (UK), 1998. pp. 31, 38.

155 Cf. *Castells M.* Information Technology and Global Capitalism. p. 54.

156 Cf. *Ratner J.* Europeans Enjoy US Shopping Spree // Financial Times. August 16, 2000. p. 13.

157 Cf. *Hopkins T. K., Wallerstein E. et al.* The Age of Transition. p. 51.

158 Cf. *Burtless G., Lawrence R. Z., Litan R. E., Shapiro R. J.* Globaphobia. pp. 36, 39, 29, 85, 86.

159 Cf. *Deogun N., Scannell K.* European Mergers Pick-Up Amid Slowdown in US Deals // The Wall Street Journal Europe. July 5, 2000. p. 24.

160 Cf. *Wessel D.* Western Europe Leads Surge in Cross-Border M&A Deals // The Wall Street Journal Europe. July 19, 2000. p. 2.

161 Cf. *Emshwiller J. R., Cooper C.* European Investors Discover Dark Side of American Stocks // The Wall Street Journal Europe. August 16, 2000. pp. 1-2.

162 Cf. *Paterson M.* Global Warming and Global Politics. Routledge, London-New York, 1996. pp. 175-176.

163 Cf. *Heilbroner R., Milberg W.* The Making of Economic Society. 10th ed. Prentice Hall, Upper Saddle River (N.J.), 1998. p. 159.

164 Cf. *Hirst P., Thompson G.* Globalization in Question. The International Economy and the Possibilities of Governance. Cambridge, 1996. p. 53.

165 Cf. *Kobrin S. J.* The Architecture of Globalization : State Sovereignity in a Networked Global Economy // *Dunning J. H.* (Ed.) Governments, Globalization and International Business. Oxford University Press, Oxford, 1997. p. 150.

166 Cf. *Castells M.* Information Technology and Global Capitalism. p. 54.

167 Cf. *Mazarr M. J.* Global Trends 2005. p. 172.

168 Cf. *Valladao A. G.* A. The Twenty-First Century Will be American. Verso, London-New York, 1996. p. 104.

169 Cf. The World in 2020. Towards a New Global Age. p. 52.

170 Cf. *Miklethwait J., Wooldridge A.* A Future Perfect. The Essentials of Globalization. p. 5.

171 Cf. *Gilpin R. with Gilpin J. M.* The Challenge of Global Capitalism. The World Economy in the 21th Century. Princeton University Press, Princeton (N.J.), 2000. p. 295.

172 Cf. *O'Rourke K. H., Williamson J. G.* Globalization and History. p. 152.

173 Cf. *Arrighi J., Silver B. J.* Chaos and Governance in the Modern World System. University of Minnesota Press, Minneapolis-London, 1999. p. 283.

174 Cf. *McRae H.* The World in 2020. p. 271.

175 Cf. *Lind M.* The Next American Nation. The New Nationalism and the Fourth American Revolution. Free Press Paperbacks / Simon and Schuster, New York, 1995. pp. 132-133.

176 Cf. *Burtless G., Lawrence R. Z., Litan R. E., Shapiro R. J.* Globaphobia. pp. 86-87.

177 Cf. *Morgan G.* Images of Organization. Sage Publication, Thousand Oaks, London, 1997. p. 313.

178 Cf. *Pierson Ch.* Beyond the Welfare State ? The New Political Economy of Welfare. Polity Press, Cambridge 1995. pp. 87-88.

179 Cf. Newsweek. Special Issue. November 1998-February 1999. p. 76.

180 Cf. *Rex J.* Transnational Migrant Communities and the Modern Nation-State // *Axtmann R.* (Ed.) Globalization and Europe. pp. 68-69.

181 Cf. *Ryrie W.* First World, Third World. New York, 1995. p. 36.

182 Cf. *Cox W. M., Alm R.* Myths of Rich and Poor. p. 92.

183 Cf. *Friedman A.* IMF Lifts Forecast of Global Economy // International Herald Tribune. April 13, 2000. p. 1.

184 Cf. *Hutton W., Giddens A.* (Eds.) On the Edge. Living with Global Capitalism. p. 41.

185 Cf. *Volcker P.* The Sea of Global Finance // *Hutton W., Giddens A.* (Eds.) On the Edge. Living with Global Capitalism. p. 84.

186 Cf. *Friedman T. I.* The Lexus and the Olive Tree. p. 84.

187 Cf. *Hardt M., Negri A.* Empire. Harvard University Press, Cambridge (Ma.)-London, 2000. p. 180.

CHAPITRE III

LES TENSIONS INTERNES DU MODELE DE DEVELOPPEMENT « DE RATTRAPAGE »

Au seuil du XXI° siècle, il s'est avéré que la prospérité des sociétés occidentales de tradition libérale procède pour une bonne part du caractère « spontané » (non volontariste) de leur évolution. A l'inverse, on s'explique les échecs des pays de l'ancien « camp socialiste » aussi bien que des pays du « Tiers monde » par le fait qu'ils n'ont jamais pu accéder à un développement spontané et autosuffisant.

Au cours du siècle qui s'en va, le monde a connu deux modèles de développement « de rattrapage ». L'un d'entre eux est proprement industriel à l'exemple de l'URSS des années 30, de l'Allemagne des années 30 et 40, des pays du « camp socialiste » des années 50 et 60. L'autre modèle « calquait » plus ou moins certaines facettes du développement postindustriel des sociétés occidentales à l'exemple du Japon des années 70 et 80 et des pays émergents du Sud-Est asiatique des années 80 et 90. Ces deux modèles recelaient une tension interne entre l'autosuffisance et le développement spontané, tension qui n'était pas grosse d'une solution constructive du conflit, mais faisait obstacle à la réalisation des objectifs mêmes que l'on se fixait.

Dans le premier cas de figure, où prévalait (essentiellement pour des raisons idéologiques ou politiques) le principe de l'appui sur ses propres forces, l'économie autosuffisante conduisait à une autarcie permise par la radicalisation de régimes autoritaires. Cela exigeait l'utilisation de mesures de mobilisation drastiques, provoquait sinon la révolte, du moins l'apathie sociale et, en dernière analyse, instaurait un système économique retardataire et stagnant, incapable de soutenir la concurrence avec les économies de marché.

Dans le second cas de figure, où une certaine ouverture se combinait avec les principes du développement accéléré, la détermination à s'inspirer de l'expérience occidentale se traduisait par l'adoption sur une grande échelle de systèmes technologiques et organisationnels alliée à une orientation délibérée vers les marchés extérieurs en qualité de fournisseurs de capitaux et de consommateurs illimités de produits manufacturés. Dans cette version du modèle, le caractère beaucoup plus spontané du développement et n'exigeant donc pas de contrainte politique rigoureuse ne pouvait cependant compenser les faiblesses d'une économie tributaire de facteurs extérieurs et peu réceptrices aux nouvelles tendances d'évolution du monde postindustriel. Prenant en compte les succès importants obtenus durant ces dernières décennies justement par les pays qui ont suivi ce deuxième modèle, nous nous pencherons avant tout sur les tensions du type de développement « de rattrapage » mis en œuvre au Japon, dans les pays émergents du Sud-Est asiatique et en Chine. Dans le présent chapitre, nous nous proposons d'examiner six de ces tensions et les groupes de facteurs qui les génèrent.

La première est liée *au caractère manifestement unilatéral du développement industriel* de l'ensemble des pays en mal de « rattrapage ». Ainsi, dans les Etats du bloc soviétique, à l'instar de Allemagne nazie, prédominait soit le secteur militaire, soit l'industrie lourde, dont les progrès ne se répercutaient pas positivement sur la prospérité de la population. En revanche, au Japon et plus encore dans les pays émergents d'Asie, tout observateur est frappé par le développement prioritaire des constructions mécaniques et de l'électronique. Grâce à l'acquisition massive de brevets américains et européens, les industriels japonais et asiatiques ont pu inonder les marchés occidentaux de produits de consommation courante relativement peu onéreux. Nous avons déjà rappelé que, vers le milieu des années 80, le Japon fournissait 82% de la production mondiale de motocyclettes, 80,7% des magnétoscopes grand public et près de 66% des photocopieuses[1], mais ces chiffres ne donnent qu'une idée partielle de l'étroite spécialisation des économies asiatiques. En Corée du Sud à la même époque, la part des constructions mécaniques dans l'ensemble de sa production industrielle a dépassé les 25% et celle de l'électronique atteignait 17,8%[2], ces deux branches fournissant plus de 60% des exportations sud-coréennes[3]. En Malaisie, la part des employés dans l'électronique est passée de 0,2% de la main-d'œuvre industrielle du pays en 1970 à 21% à la fin des années 80, la production de ce secteur représentant alors plus de 44% du total des exportations[4]. Taiwan est devenu le 5e fabricant de microprocesseurs du monde, les recettes que tiraient de leur commercialisation les grandes firmes taiwanaises étant passé de pratiquement zéro en 1989 à 2,5 milliards de dollars en 1993[5]. Alors qu'en 1970, la part de l'agriculture dans le PNB de la Corée du Sud, de la Thaïlande et de l'Indonésie était respectivement de 29,8, 30,2 et 35,0%, soit de trois à cinq points au-dessus de la part du secteur industriel, dès 1993, ces chiffres étaient respectivement de 6,4, 12,2 et 17,6%, inférieurs à la part du secteur industriel de 40, 28 et 22 points[6].

On pourrait se féliciter de cette marche triomphale de l'industrialisation s"il n'était l'incapacité du marché intérieur de ces pays en mal de « rattrapage » à absorber les produits qu'ils fabriquent. Dès la fin des années 60, alors que le parc automobile de la Corée du Sud ne comptait pas plus de 165 000 véhicules, on n'hésitait pas à y inaugurer une usine d'une capacité de 300 000 véhicules par an[7]. Dans les années 80, la production du secteur de l'électronique à Singapour, en Malaisie et à Hongkong dépassait constamment les besoins du marché intérieur de 6 à 7 fois, alors que 60 à 70% des biens immobiliers de ces pays étaient acquis par des investisseurs étrangers. Par conséquent, si l'industrialisation accélérée ne pouvait s'effectuer qu'au prix d'efforts convergents des pays en mal de « rattrapage », il est non moins évident que cette stratégie comportait potentiellement certaines conséquences négatives.

Le deuxième important groupe de facteurs est lié à *une sous-consommation des ménages* en relation avec le type industriel de développement « de rattrapage », ce qui constitue, de fait, un obstacle insurmontable à la formation d'un marché intérieur important. On sait que la population des pays du « Tiers monde » ayant opté pour la voie de développement « de rattrapage » avait un faible niveau de vie. L'option du développement industriel accéléré a généralement été prise alors que le PNB par habitant ne dépassait pas 300 dollars/an. Indépendamment de la période de lancement de la nouvelle politique économique (à la fin des années 40 pour la Malaisie, Singapour et Taiwan, au début des années 60 pour la Corée du Sud et l'Indonésie, à la fin des années 60 pour la Thaïlande, au début des années 80 pour la Chine et au seuil des années 90 pour le Vietnam et le Laos), ce chiffre n'était dépassé nulle part. En Malaisie, il ne dépassait pas 300 dollars au début des années 50[8], se situait à près de 100 dollars dans la Corée ravagée par la guerre à la fin des années 50[9], à 160 dollars à Taiwan au début des années 60[10], à 280 dollars en 1978 dans une Chine qui était entrée dans la voie des réformes, alors qu'au Vietnam, le niveau de 220 dollars de PNB par habitant n'a été atteint qu'au milieu des années 80[11].

En effet, les bas revenus de la population ont été l'une des conditions de l'industrialisation accélérée, dont la réalisation requérait d'ailleurs que l'amélioration de ces revenus soit freinée. Au milieu des années 90, alors que le salaire *horaire* moyen d'un ouvrier de l'industrie oscillait entre 12 et 30 dollars dans les pays développés, il n'était que de 7 dollars pour un spécialiste hautement qualifié en Corée et à Singapour, de 1,5 dollar en Malaisie. Durant la même période, le salaire *journalier* d'un ouvrier était de 3 dollars en Chine et en Inde, de pas plus de 1,5 dollars au Vietnam[12]. Du milieu des années 70 à la fin des années 80, le salaire réel n'a pratiquement pas bougé en Thaïlande, en Malaisie et en Indonésie[13]. Même dans la Corée du Sud émergente de la fin des années 80, le salaire moyen dans l'industrie n'atteignait que 15% du salaire japonais et 11% du salaire américain[14]. Si bien qu'au cours des années 80, le PNB par habitant *a baissé* en Thaïlande, en Malaisie et en Indonésie respectivement de 7, 23 et 34% par rapport au PNB par habitant calculé pour les « Sept Grands »[15]. Le boom des années 90 ne s'est pas non plus répercuté sur la situation du gros de la population de ces pays émergents. C'est ainsi qu'en Thaïlande, les revenus des 10% les plus aisés de la population ont triplé au cours de cette période, alors que ceux des 10% les plus pauvres restaient inchangés[16]. Pourtant, la plupart des études portant sur les problèmes actuels de concurrence montrent que « les entreprises dont *le seul avantage* est constitué par de faibles coûts de production supplantent très rarement les leaders de [tel ou tel] secteur[17]. Ce qui est valable, selon nous, non seulement pour les entreprises, mais aussi pour les Etats. Les pays en développement ne peuvent s'implanter sur les marchés des puissances postindustrielles qu'en tirant avantage du caractère relativement rudimentaire de leurs économies. Or, faute de s'y implanter, ils ne peuvent bénéficier des impulsions nécessaires à leur progression ultérieure.

Malgré la prospérité apparente des pays émergents du Sud-Est asiatique et les revenus élevés de leur classe dirigeante (c'est ainsi qu'en 1996, Singapour a pu se targuer du PNB par habitant le plus élevé du monde ; l'Indonésie, la Malaisie, la Thaïlande et les Philippines avaient un chiffre record de milliardaires en Asie en 1997 et chacun de ces pays dépassait à cet égard de près du double la Corée du Sud, pourtant plus peuplée et plus développée[18] ; les habitants de Hongkong à la veille du rattachement à la Chine continentale consommaient plus de cognac, de vins fins, d'automobiles et de meubles de luxe que leur métropole britannique de 60 millions d'âmes et sa gentry[19]), la classe moyenne, pilier des nations industrielles, restait étique en Asie. Au début des années 90, elle représentait 4% des Indonésiens seulement. En Thaïlande, ouvriers qualifiés, techniciens, gestionnaires et cadres ne représentaient que 7,6% de la population. En Corée du Sud, les effectifs de la classe moyenne oscillent, selon les experts, entre 10,5 et un peu plus de 11% de la population[20]. A cet égard, il est parfaitement exact que la classe moyenne, telle qu'elle s'est constituée dans les années 60 et 70, éminemment gage de la stabilité des puissances postindustrielles, fait largement défaut dans tous les pays émergents du Sud-Est asiatique[21], dont le retard par rapport au monde occidental reste énorme. Si l'on prend pour critère d'un niveau de consommation proche de ceux des pays postindustriels un revenu annuel de 25 000 dollars par foyer, on constate que sur 181 millions de ces foyers aisés que compte la planète, 79% vivent dans les pays développés. Inversement, le nombre de ces foyers aisés dans 5 pays émergents d'Asie parmi les « nouveaux tigres » : Chine, Corée du Sud, Taiwan, Indonésie et Thaïlande, dont la population totale dépasse de 6 fois celle des Etats-Unis, ne dépasse pas le quart du nombre des foyers aisés américains[22]. Dès lors, la demande intérieure dans les pays émergents ne peut être que fort limitée, ce qui prive leur développement ultérieur d'une base stable.

Le troisième groupe de facteurs dont on ne peut faire l'économie dans le cadre de notre analyse est associé à *la prédominance du développement de type extensif dans les modèles « de rattrapage »*, ce qui constitue un frein important à leur progression. Nous avons signalé précédemment que le développement stable des puissances postindustrielles dans les années 90 s'effectue sur fond de consommation croissante par leurs populations de biens matériels et « virtuels », assortie d'une baisse régulière de la part de la thésaurisation dans le revenu national. Or, c'est une tendance diamétralement opposée que l'on observe en Asie du Sud-Est. Malgré le niveau déjà bas en soi du PNB par habitant, les pays de la zone ont été contraints d'en consacrer une fraction importante au développement de la production, car la croissance industrielle traditionnelle est inconcevable sans un accroissement quantitatif en proportion des ressources utilisées. Il en résulte que malgré un stade avancé d'industrialisation, le taux d'épargne était, au début des années 90, de 24% à Taiwan, de 30% à Hongkong, de 35% respectivement en Malaisie, en Thaïlande et en Corée du Sud, de 37% en Indonésie, de 47% à Singapour, atteignant en Chine, selon certaines sources, le niveau fantastique de 50% du PNB[23]. De surcroît, à la différence du reste du monde, l'Asie méridionale et l'Asie orientale demeurent les seules zones du monde où, de 1965 à 1993, la part de l'épargne dans le PNB évolue tendanciellement non à la baisse, mais au contraire très sensiblement à la hausse (à raison de 12 à 21% et de 22 à 35% respectivement)[24].

A nos yeux, cette tendance à la thésaurisation ne peut être considérée comme tout uniment positive. Certes, les gros investissements productifs sont nécessaires aux étapes initiales de l'industrialisation, mais leur emballement peut avoir des effets clairement négatifs. Comme le soulignent les experts de la Banque mondiale, « bien que les investissements soient plutôt le facteur le plus étroitement corrélé avec la croissance [des pays en voie de développement] au cours des quatre dernières décennies, ils ne peuvent entièrement rendre compte des disparités concernant les rythmes de cette croissance »[25], disparités qui restent fort considérables. Or, si des taux élevés d'épargne ne peuvent être le préalable suffisant à l'entrée d'un pays dans le club des Etats industriels avancés, ils sont aussi susceptibles d'« anémier » le marché intérieur en réduisant sensiblement la demande des ménages, ce qui constitue un obstacle indéniable à la progression de l'économie.

Mais les faibles revenus des ménages et le taux élevé de thésaurisation n'ont pas été les seules préalables à la percée industrielle spectaculaire des pays ayant opté pour la voie de développement « de rattrapage ». Dans tout pays agraire, l'industrialisation réclame une main-d'œuvre abondante recrutée parmi les paysans et les artisans. L'accroissement de la part de l'industrie dans le PNB est significativement accompagné d'une élévation en proportion du pourcentage de population active engagé dans le secteur industriel. A Singapour, ce chiffre est passé de 27 à 51% de 1966 à 1990[26] ; en Corée du Sud, de 22 à 48% du début des années 60 au début des années 90 ; à Taiwan, de 17% en 1952 à 40% en 1993[27]. Parallèlement aux effectifs globaux de la main-d'œuvre industrielle, on a également vu progresser sa féminisation, mais aussi s'allonger la durée de la journée de travail. En Corée du Sud et à Taiwan, la durée du travail moyenne était de près de 2500 h/an dans le secteur industriel au cours de la première moitié des années 90 contre une durée légale de 1500 h/an dans la plupart des pays européens[28]. Favorisant les succès spectaculaires des pays de l'Asie du Sud-Est à la première étape de leur industrialisation, ce caractère d'expansion quantitative de la classe ouvrière industrielle a fait dépendre durablement les économies locales du bas coût de la main-d'œuvre. Si bien que lorsque, vers le milieu des années 90, les revenus des ménages ont commencé à augmenter, du même coup, les systèmes économiques de ces pays ont perdu un atout capital en matière de compétitivité et se sont trouvés au bord de la crise[29].

Tout cela atteste que malgré de larges transferts technologiques en provenance des pays postindustriels, les économies asiatiques se sont développées jusqu'à la crise de 1997 uniquement sur le mode extensif[30]. Si l'on compare la contribution du facteur « productivité » à la dynamique générale de croissance du PNB selon les pays dans les années 50 à 70, on peut constater qu'à Taiwan, sur une croissance moyenne de 9,4%, 2,6% seulement de l'augmentation du PNB par an sont imputables à une progression de la productivité; en Corée du Sud, ce chiffre n'est que 1,2% sur une croissance du PNB de 10,3% ; à Singapour, 0,2% seulement sur 8,7%, mais en France, 3,0% sur 5,0% respectivement[31]. Ainsi, malgré toute une série de disparités fondamentales entre les pays ayant opté aussi bien pour un modèle relativement fermé que pour un modèle relativement ouvert au monde extérieur de développement « de rattrapage », les procédures d'industrialisation accélérée restent relativement similaires. Il faut donc reconnaître que P. Krugman a fort objectivement décrit la différence majeure entre le type de développement postindustriel et la pratique du développement « de rattrapage » lorsqu'il souligne que « les pays émergents d'Asie, à l'instar de l'Union Soviétique dans les années 50, ont obtenu une croissance rapide essentiellement grâce à une mobilisation extraordinaire des ressources ; leur progression, de même que le développement de l'URSS dans la période des records de croissance, a été impulsée en premier lieu par un effort d'investissement sans précédent en travail et capital et non l'amélioration de la productivité du travail »[32].

Le quatrième groupe de facteurs ayant sensiblement aggravé les problèmes des pays en mal de « rattrapage » est associé à *l'importation massive de capital* qui accompagne ce type de développement dès ses premiers pas. Dans les années 50 et la première moitié des années 60, les Etats-Unis ont prêté une aide économique massive atteignant respectivement 5 à 6% et 10% du PNB de ces pays[33]. Par la suite, l'afflux de capital occidental s'est accru sur une base commerciale, pour devenir si intensif (surtout dans les années 80 et au début des années 90) que les crédits anciens étaient remboursés grâce aux nouveaux prêts et que les investisseurs acquéraient parfois les titres des sociétés du Sud-Est asiatique sans même analyser en détails leur situation financière. Certes, en soi, les investissements étrangers ne peuvent ni ne doivent être considérés comme un phénomène négatif. Bien au contraire, ils constituent l'instrument le plus efficace de transfert des technologies de production postindustrielles dans les pays du « Tiers monde ». Pourtant, au sein des pays en mal de « rattrapage », l'extension des investissements étrangers est souvent à l'origine d'un déséquilibre accentué de leurs économies. Dès la première phase de son développement accéléré, l'Asie du Sud-Est a commencé à se transformer en un vaste atelier d'assemblage pour les sociétés transnationales. On sait, par exemple, que dans les années 80, le nombre d'ordinateurs fabriqués en Corée du Sud a été multiplié par 20, mais à 95% sur licence. Par ailleurs, le coût des pièces détachées de fabrication locale ne dépassait pas 15% du total, les logiciels étant intégralement importés de l'étranger[34]. Dès lors, l'envers des investissements étrangers est une dépendance excessive vis-à-vis des fournitures de pièces détachées et de technologies : en 1995, les importations de dix pays émergents d'Asie se chiffraient à 478 milliards de dollars, soit 12 milliards de dollars de plus que les importations de l'UE[35].

Néanmoins, comme le soulignent aujourd'hui les analystes occidentaux, les lois du développement économique veulent que « même si les pays du « Tiers monde » pouvaient « rattraper » l'Occident, il leur faudrait pour cela des capitaux plus importants d'un facteur 10 que ceux qu'ils peuvent générer en leur sein »[36]. C'est pourquoi la voie choisie en Asie du Sud-Est non seulement ne présupposait pas une réorientation graduelle vers l'appui sur ses propres forces, mais au contraire exigeait continuellement l'afflux de nouveaux investissements, une sorte d' « abondement » qui d'ailleurs ne se démentait pas, du moins provisoirement. Au cours de la seule période 1987-1992, les investissements étrangers directs dans l'économie malaise ont été presque multipliés par 9[37], dans l'économie thaïe de 12 à 15 fois[38], dans l'économie indonésienne de 16 fois[39]. L'afflux de fonds gigantesques dans ces pays (le taux de croissance des investissements étrangers dans les années 80 et 90 y a constamment dépassé celui du PNB) rendait pratiquement « superfétatoire » une efficacité accrue de la production, suppléée par l'importation croissante d'innovations technologiques de l'étranger. De ce fait, on enregistre dès le milieu des années 90 une baisse du taux de croissance, mais celle-ci est passé inaperçue pour la plupart des investisseurs : les investissements directs des sociétés étrangères dans cette région du monde se sont élevés à 93 milliards de dollars au cours de la seule année 1996, ceci après avoir plus que triplé au cours du lustre précédent[40].

Il faut signaler à cet égard comme particulièrement significatif le « vertige du succès » qu'ont connu les pays de la région. Surfant sur la crête du développement « de rattrapage », le Japon, Singapour, Hongkong et Taiwan étaient si sûrs de leur fait qu'ils ont accentué encore leur politique d'investissements même lorsque le risque était devenu patent. En 1993, ils ont assuré 59,7% des investissements étrangers en Thaïlande, alors que la part des Etats-Unis ne dépassait pas les 20%. Les chiffres analogues ont été, respectivement, de 62,2 et 11,6% pour la Malaisie en 1994, de 68,1 et 5,9% pour le Vietnam fin 1995. Bien plus, alors que de 1994 à 1996, les investissements japonais et singapouriens dans les pays de la région croissaient à des cadences de 30% par an, les investissements américains stagnaient, voire diminuaient (comme en Indonésie)[41]. Les capitaux investis dans les places boursières locales augmentaient d'une manière plus incroyable encore. Ne dépassant pas les 2 milliards de dollars en 1990, ils ont totalisé 42 milliards de dollars en 1990-1994[42]. Si bien qu'en 1994, alors que la capitalisation boursière des firmes chinoises émanant d'un pays de plus d'un milliard d'habitants au potentiel économique gigantesque se chiffrait à près de 44 milliards de dollars, l'indice similaire atteignait 200 milliards de dollars pour un pays de 19 millions d'habitants comme la Malaisie, soit 300% du PNB, c'est-à-dire 2,5 fois plus qu'en Grande-Bretagne et aux Etats-Unis[43]. En 1995, en plein boom des investissements, la capitalisation boursière des pays du Sud-Est asiatique représentait 58% de celle de l'ensemble des pays en développement de la planète[44].

D'où une réévaluation importante de l'ensemble des actifs nationaux et une valorisation artificielle de la demande en termes de terrains, de biens immobiliers et de biens de consommation durables. Dans ces conditions, le problème de l'efficacité de la production passait au second plan, cédant la vedette à la croissance quantitative, à la production pour la production, dont l'extension était fonction des nouveaux investissements. Ce cercle vicieux ne pouvait perdurer. Ajoutons qu'au cours des années 90, on a vu se modifier sensiblement la composition des investissements effectués dans les pays en voie de développement: en 1996, malgré l'essor rapide des places financières, la somme des capitaux investis dans les actions et les crédits commerciaux a été inférieure aux investissements directs étrangers[45]. L'Occident postindustriel est alors passé d'une politique de profits spéculatifs sur les places financières de ces pays à une expansion des activités de production. Dès lors, *le développement industriel des pays d'Asie de l'Est s'est largement mué en développement* du potentiel des firmes occidentales qui y sont implantées.

Le cinquième groupe de facteurs définissant le caractère non autosuffisant du développement « de rattrapage » nous paraît particulièrement important dans la mesure où il détermine *une dépendance vis-à-vis des exportations*. L'une des spécificités du modèle asiatique d'industrialisation a toujours été et reste tourné vers les marchés extérieurs. Pour autant, ce modèle présente au moins deux inconvénients de fond. D'une part, les pays qui professent ce concept de développement « de rattrapage » sont extrêmement vulnérables aux fluctuations de la demande sur les marchés occidentaux. Un exemple classique en est offert par les conséquences de la réduction considérable de la demande de matières premières dans la première partie des années 80, conséquences fort douloureuses pour l'économie de la plupart des pays du « Tiers monde »[46] et déterminantes pour le nouveau visage du système économique mondial au cours des dernières années du XX° siècle. D'autre part, on voit alors réclamer une politique protectionniste rigoureuse susceptible de permettre une hausse sensible des prix intérieurs (à la fin des années 80, les prix des produits alimentaires au Japon étaient en moyenne de 20 fois (!) plus élevés qu'aux Etats-Unis[47], ce qui revenait annuellement à 40 milliards de dollars aux consommateurs japonais[48]), mais aussi la pratique d'un dumping non dissimulé sur les marchés mondiaux, appelé à assurer le positionnement stable des produits de tel ou tel pays sur ceux des puissances postindustrielles. Pourtant, dans les années 90, cette politique a cessé de porter ses fruits, car le maintien de niveaux élevés d'exportations exigeait, d'une part, de nouveaux investissements (dont le rendement s'annonçait faible) et, de l'autre, accentuait la dépendance vis-à-vis des fluctuations de la conjoncture mondiale.

De ce fait, les pays en mal de « rattrapage » créent une situation où les paramètres de leur développement diffèrent radicalement de ceux des pays « à rattraper ». En effet, les exportations des pays postindustriels ne représentent que 7 à 8% du PNB contre 21,2% pour la Chine, 21,9% pour l'Indonésie, 24,4% pour les Philippines, 26,8% pour la Corée du Sud, 30,2% pour la Thaïlande, 42,5% pour Taiwan, 78,8% pour la Malaisie. Mais cet indice a véritablement atteint des sommets à Hongkong et à Singapour, où il se chiffre respectivement à 117,3 et 132,9%[49]. Le principe érigé en absolu d'une économie tournée vers l'extérieur pour les pays en développement a abouti à ce que, dans les années 80, la croissance de la Corée du Sud et de Taiwan était imputable respectivement pour 42 et 74% aux achats américains des produits industriels de ces pays[50]. Les achats américains assuraient plus de 50% de l'excédent de la balance commerciale du Brésil, près de 85% de celui de la balance commerciale du Mexique[51]. Il est évident que la dépendance des pays en développement vis-à-vis du monde postindustriel prend un caractère outrageusement disproportionné. La part des produits exportés par ces pays vers les Etats-Unis, l'Europe occidentale et le Japon oscille généralement entre 45 et 60%, alors que celle des exportations vers les pays en développement dans les échanges commerciaux de la France et de l'Italie est de 4,3%, de 5,5% pour l'Allemagne, de 7,7% pour la Grande-Bretagne, de 16,3% pour les Etats-Unis, cet indice n'étant sensiblement plus élevé (30,4%) que pour le Japon[52]. Par conséquent, dans les conditions actuelles, la perte des débouchés dans les pays en développement serait beaucoup moins désastreuse pour les pays postindustriels que la baisse des exportations vers l'Europe et les Etats-Unis pour les pays en mal de « rattrapage ». C'est ce que l'on a constaté dans les faits au milieu des années 90 : d'une année à l'autre (1995-1996), le taux de croissance des exportations de la Corée du Sud, de la Malaisie, de la Chine et de la

Thaïlande est tombé respectivement de 30 à 4,2%, de 26 à 4,0%, de 25 à 1,5% et de 23 à 0,5%[53]. Concurremment, ils restaient extrêmement dépendants des fournitures de brevets et de pièces de rechange. D'où le financement du développement industriel par le recours aux crédits pour combler les déficits, ce qui annonçait une crise imminente. En 1996, le déficit courant de la balance des paiements des pays du Sud-Est asiatique atteignait 36,5 milliards de dollars, soit une aggravation de plus de 10%, dont près des 2/3 imputables à la Corée du Sud[54].

Vers le milieu des années 90, l'évolution économique des pays en mal de « rattrapage », qu'il s'agisse des pays du Sud-Est asiatique, des pays d'Amérique latine ou des économies en transition de l'Europe de l'Est, a fait la démonstration sans ambiguïté d'une dépendance complète vis-à-vis des importations de technologies et de capitaux occidentaux aussi bien que des exportations de produits vers les pays postindustriels. Par conséquent, même les thuriféraires du développement « de rattrapage » ont commencé à comprendre que l'on pouvait progresser aussi vite et aussi loin dans cette voie que cela plairait au monde développé lui-même.

Et enfin, *le sixième* groupe de facteurs mis en évidence dans le présent chapitre détermine *la dépendance absolue d'ordre technologique, intellectuel et culturel des pays en mal de « rattrapage » vis-à-vis du monde postindustriel.* Tous ces pays présentent un déficit de la balance des échanges technologiques avec l'Occident. L'état embryonnaire de la classe moyenne ne peut servir de base à la formation d'une couche sociale où la formation est valorisée et l'esprit créatif devient un impératif comme dans les sociétés postindustrielles. Bien qu'au Japon ou en Corée du Sud, la quasi totalité des enfants soient aujourd'hui scolarisés, cela demeure plutôt une tradition qu'une motivation intériorisée. Car comment expliquer autrement que 60% des cadres dirigeants américains aient un doctorat, alors que 30% des cadres japonais n'ont même pas accédé au « collège »[55] ? En Chine et en Indonésie, 45-50% seulement des jeunes, moins de 40% en Thaïlande sont scolarisés[56]. Bien plus, alors qu'en France, 44% des élèves issus du secondaire entre dans des établissements d'enseignement supérieur, ce chiffre étant de 65% aux Etats-Unis[57], il ne dépasse pas 12% en Malaisie[58], où l'enseignement supérieur n'accueille ainsi que 5% des jeunes de 20 à 24 ans[59].

Le modèle industriel stricto sensu de progrès ne permet pas que les investissements dans la formation soient « profitables » : alors qu'aux Etats-Unis de 1973 à 1987, le salaire d'un homme n'ayant pas terminé ses études au « collège » avait baissé de 12%, au Japon au cours de la même période, les personnes ayant une instruction secondaire complète voyaient leurs revenus augmenter de 13%[60] et le facteur d'amélioration de la qualification des travailleurs restait bon dernier dans la liste des dix principales composantes de la croissance[61]. Initiée aux valeurs de la société de l'information, la jeunesse talentueuse des pays en développement y adhère sans réserve : au début des années 90, plus du quart des étudiants sud-coréens, du tiers des étudiants taiwanais et 95% (!) des étudiants chinois en formation à l'étranger ne rentraient pas chez eux après la fin de leurs études[62]. Dès lors, les objectifs majeurs jalonnant le cheminement vers la société postindustrielle (à savoir une amélioration rapide des niveaux de vie et la diffusion des connaissances scientifiques érigées en valeur sociale fondamentale) dans les pays émergents sont dans le meilleur cas fixés, mais loin d'être atteints. Rien ne vient donc démentir F. Fukuyama affirmant que « l'expérience de l'Union Soviétique, de la Chine et des autres pays socialistes atteste que les systèmes économiques centralisés, suffisamment efficaces pour atteindre le niveau d'industrialisation conforme au modèle européen des années 50, s'est avérée totalement inconsistante pour créer un organisme aussi complexe que l'économie « postindustrielle » où l'information et l'innovation jouent un rôle beaucoup plus important »[63]. La source de décollage économique si efficacement utilisée par les puissances occidentales dans les années 90 reste pratiquement inconnue dans ces pays.

Telles sont les causes principales qui définissent le caractère non autosuffisant du modèle de développement « de rattrapage », et qui sont à l'origine de ses tensions internes, de son incapacité à émanciper les pays qui adhèrent à ce modèle du diktat des puissances postindustrielles. A cet égard, il faut mettre à part un facteur particulier commun à tous les pays en mal de « rattrapage ». En effet, non seulement il découle des six types de tensions ou groupes de facteurs que nous avons répertoriés, mais encore il les surdétermine. Nous ne pouvons donc le mettre sur le même plan ni en faire l'étude hors du contexte spécifique de chaque pays. Il s'agit *du rôle tout à fait singulier de l'Etat, qui intervient inévitablement dans tout modèle de développement de mobilisation.*

Le rôle de ce facteur est si important que l'on a pu introduire dans les années 80 la notion de *« developmental state »* pour désigner *un Etat prônant et mettant en pratique le développement accéléré.* Mais dès le milieu des années 90, il est apparu que les constructions théoriques bâties autour de ce concept ne donnaient pas de réponse à de nombreuses questions, notamment aussi fondamentales que celles-ci : quels secteurs de l'économie sont-ils les plus bénéficiaires de l'application de ce modèle, sur quelles strates sociales doit s'appuyer une telle machine étatique et enfin ce modèle est-il susceptible d'assurer la transition à un développement spontané, auto-généré, n'impliquant pas une stimulation artificielle[64] ? Aujourd'hui, la plupart des analystes sont enclins à diviser tous les systèmes économiques existant dans le monde en trois types de base : *les systèmes complexes* capables de s'auto-entretenir entièrement en fournissant tout le nécessaire et constituant la source des innovations technologiques ; *les systèmes transférant la production industrielle dans d'autres pays* et se spécialisant dans l'exportation des services et l'importation des biens matériels produits ; et enfin, les systèmes uniquement susceptibles de *servir de récipiendaires des unités industrielles délocalisées des pays développés*[65]. Pourtant, ces dernières années, on relève de plus en plus fréquemment que si actifs que soient les efforts de l'Etat en vue d'assurer une croissance rapide, « aucun pays du monde n'a encore pu obtenir *un développement* authentique en réalisant *des projets* isolés (les italiques sont de moi. V. Inozemtsev) »[66]. Nous estimons également que la société postindustrielle actuelle ne peut se former que sur la voie d'un progrès économique spontané, voire harmonieux, *s'effectuant* parallèlement à une mutation des relations sociales et des motivations des activités humaines, c'est-à-dire *par le* moyen *d'une évolution graduelle, mais en aucun cas sur la base d'un plan proposé au préalable* par un centre unique d'administration de l'économie.

L'expérience montre que l'intervention de l'Etat dans l'économie des pays en développement s'effectue sur plusieurs axes. C'est l'Etat, à l'origine du développement « de rattrapage », qui définit les priorités majeures de la politique économique. C'est encore lui qui, utilisant aussi bien les contraintes que les subventions, s'ingère largement dans les affaires des sociétés privées, biaisant la formation des prix et mettant artificiellement au premier plan certains secteurs de l'économie ou certains programmes de développement[67]. Ainsi, au début des années 60, le ministère du Commerce extérieur et de l'Industrie du Japon crée un conglomérat réunissant des géants comme Sony, Hitachi, Toshiba, NEC et Mitsubishi, octroyant au nouveau consortium un crédit colossal très avantageux permettant de jeter les bases de l'industrie informatique nippone[68]. C'est l'Etat qui encourage la sous-consommation, soit en initiant les dépôts des ménages dans les banques qu'il contrôle, soit en lançant une politique d'inflation contrôlée réduisant le pouvoir d'achat des ménages. C'est ainsi qu'en Indonésie de 1990 à 1995, le salaire nominal a crû de 10% par an, l'équivalent en dollars restant inchangé à hauteur de 30 cents de l'heure[69]. Le tableau est similaire en Chine. L'Etat est essentiellement responsable des méthodes extensives de développement préconisées en Asie. A preuve, la politique délibérée de subventions au bénéfice des plus grandes entreprises en dépit du faible rendement de leurs activités : au début des années 80 par exemple, plus de 70% des crédits mobilisables étaient dispensés au profit de quelques grandes sociétés dont la profitabilité était minimale (en 1988, pour un montant des ventes de 32 milliards de dollars, la marge bénéficiaire de Samsung n'a été que de 439 millions de dollars, soit une rentabilité de 1,5%). A Taiwan dans les années 80, les crédits octroyés pour impulser les branches exportatrices étaient fournis à des taux inférieurs de deux fois au taux d'escompte et de près de quatre fois inférieurs au loyer moyen de l'argent pratiqué sur le marché[70]. L'Etat a encouragé l'afflux des investissements étrangers, tout en restreignant la libre concurrence sur les marchés intérieurs. Et enfin, l'Etat a créé une bureaucratie pléthorique fort peu efficace (dans un Japon relativement prospère, on compte, pour 170 000 fermiers, 420 000 petits employés et 90 000 fonctionnaires du ministère de l'Agriculture et de la Pêche[71]), qui est souvent un frein à la croissance ou une menace directe à la sécurité économique du pays (voir le réseau de sociétés semi-étatiques indonésiennes qui a permis au clan Suharto de s'approprier le plus gros patrimoine de l'Asie, estimé par certains experts à 40 milliards de dollars[72]). La crise qui a éclaté dans les pays de la région en 1997 témoigne avant tout de l'inefficacité et de la non-viabilité du modèle étatiste de progrès industriel, qui semblait pourtant optimal il y a seulement quelques années.

Ce bref aperçu des problèmes de fond qui se posent aux pays ayant opté pour le développement « de rattrapage » montre que même les Etats les plus avancés dans cette voie n'ont pu atteindre tout un ensemble d'objectifs majeurs. A savoir, prioritairement, surmonter l'indisponibilité au progrès scientifique et technique, acquérir une plate-forme propre de R&D et opérer la transition au type intensif de croissance économique. Surmonter la dépendance vis-à-vis du marché des capitaux et des technologies, l'incapacité à développer la production sans un accroissement continu des exportations des biens produits, le retard des structures sociales. Abaisser un taux d'épargne entravant la formation d'une classe moyenne moderne et enfin surmonter la dépendance vis-à-vis du potentiel intellectuel situé au-delà des pays en voie d'industrialisation.

Dans ce contexte, il faut mettre en exergue deux aspects importants. *En premier lieu*, au cours des dernières décennies, l'interdépendance des différents centres de l'économie mondiale s'est sensiblement renforcée, mais pour se muer de plus en plus en dépendance unilatérale. La crise de 1997, certes générée essentiellement par les problèmes internes des pays en développement (inefficacité de la production, surévaluation des devises nationales, faiblesse du système bancaire, bureaucratisation excessive, abus des crédits à court terme, etc. [73]), n'en a pas moins été favorisée par l'attractivité nouvelle du monde postindustriel aux yeux des investisseurs. De nombreux experts soulignent qu'auparavant, les capitaux prenaient le chemin des Etats-Unis et de l'Europe occidentale du fait de leur sécurisation relative vis-à-vis des aléas politiques et des crises cataclysmiques, mais aujourd'hui en raison de la prééminence technologique et économique avérée de ces pays[74] . C'est le fossé technologique sans précédent qui s'est creusé entre le « Premier » et le « Tiers monde », l'impatronisation d'une nouvelle économie postindustrielle en Occident qui rendent manifeste l'impasse relative du modèle de développement « de rattrapage »[75].

En second lieu, les succès du développement « de rattrapage » paraissent aujourd'hui fort contestables. Nous ne pouvons adhérer sans réserve au point de vue des analystes les plus radicaux qui estiment, notamment, que « la mondialisation ... marque un « horizon du développement », ... provoquant marginalisation économique et déstabilisation politique dans les pays situés au-delà de la triade USA-UE-Japon »[76], mais il faut bien reconnaître que le développement « de rattrapage » d'une manière générale *ne comble pas l'écart entre les centres du monde postindustriel et les régions périphériques.* On voit surgir des systèmes économiques parfois qualifiés d'économies subordonnées. Tout en notant que « l'assertion selon laquelle les économies subordonnées ne se développent pas ne signifie pas qu'elles n'évoluent pas ou ne croissent pas. Cela implique qu'*elles restent subordonnées relativement au système global* et, par conséquent, n'accéderont jamais au statut ambitionné de structures économiques dominantes, développées »[77]. L'exemple des pays du Sud-Est asiatique est très significatif à cet égard. Ainsi, en 1976, le PNB par habitant à Hongkong et à Singapour était respectivement de 2 790 et de 2 860 dollars, alors qu'il se chiffrait en Malaisie, aux Philippines, en Thaïlande et en Indonésie à respectivement 950, 410, 380 et 270 dollars. En 1996, à la veille de la crise, le PNB par habitant des deux premiers pays cités atteignaient respectivement 21 600 et 23 400 dollars, contre respectivement à 3520, 960, 2210 et 880 dollars pour les autres[78]. On constate donc que le PNB moyen par habitant a été multiplié par 8 dans les pays ayant atteint un niveau plus élevé de développement il y a un quart de siècle, alors que ce chiffre n'était multiplié dans les autres pays déjà moins avancés que par des coefficients respectifs de 3,6 ; 2,3 ; 5,9 et 3,6 fois. Tout commentaire est sans doute superflu.

En conclusion, il faut le répéter : la société postindustrielle ne peut être *construite*. La seule voie de sa formation est *une évolution graduelle* s'effectuant sur une base propre, sa composante majeure étant l'épanouissement du potentiel individuel des citoyens, lesquels ont atteint un niveau élevé de prospérité matérielle. Là où les valeurs post-matérielles sont sacrifiées au développement industriel, une telle société ne peut naître. Mais le caractère dramatique de la situation actuelle tient à ce qu'aucun des pays susceptibles de progresser aujourd'hui dans la voie du développement « de démarrage » (et nous pourrons le vérifier au fil des chapitres suivants) ne peut élaborer ni contrôler d'une manière autonome les étendues d'information et de connaissances qui permettent aux pays européens et aux Etats-Unis de rester dans le peloton de tête. En effet, des décennies de transfert de technologies nouvelles ne génèrent pas l'innovation. Il est décidément impossible de rattraper la société postindustrielle en recourant à des méthodes industrielles stricto sensu. La construction accélérée de la base matérielle nécessaire à cet effet génère des mentalités dont l'éradication exigera plus de temps que le progrès économique proprement dit. C'est ce qui ressort, selon nous, de l'analyse de la pratique du développement « de rattrapage », dont les exemples les plus éloquents nous sont offerts par l'expérience du Japon, des pays émergents et de la Chine.

1 Cf. *Forester T.* Silicon Samurai. How Japan Conquered the World's IT Industry. Blackwell Business, Cambridge (Ma.)-Oxford, 1993. p. 147.

2 Cf. *Hobday M.* Innovation in East Asia : The Challenge to Japan. Cheltenham (UK) – Lyme (US), 1997. pp. 31, 57.

3 Cf. *Bello W., Rosenfeld S.* Dragons in Distress. Asia's Miracle Economies in Crisis. A Food First Book, San Francisco, 1990. p. 59.

4 Cf. *Robinson R., Goodman D. S. G.* (Eds.). The New Rich in Asia. Mobile Phones, McDonald's and Middle-Class Revolution. Routledge, London-New York, 1996, pp. 57-58.

5 Cf. *Yip G. S.* Asian Advantage. Key Strategies for Winning in the Asia-Pacific Region. Addison-Wesley, Reading (Ma.), 1998. p. 119.

6 Cf. *Islam I., Chowdhury A.* Asia-Pacific Economies. A Survey. London-New York, 1997. p. 8.

7 Cf. *Yergin D., Stanislaw J.* The Commanding Heights. The Battle Between Government and the Marketplace That Is Remaking the Modern World. Simon and Schuster, New York, 1998. p. 170.

8 Cf. *Mahathir bin Mohammed.* The Way Forward. Weidenfeld and Nicolson, London, 1998. p. 19.

9 Cf. *Yergin D., Stanislaw J.* The Commanding Heights. p. 169.

10 Cf. *Robinson R., Goodman D. S. G.* (Eds.). The New Rich in Asia. p. 207.

11 Cf. *Murray G.* Vietnam : Dawn of a New Market. St. Martin's Press, New York, 1997. p. 2.

12 Cf. *Boyett J. H., Boyett J. T.* Behind Workplace 2000. Essential Strategies for the New American Corporation. New York, 1996. p. XV ; *Garten J.* The Big Ten. The Big Emerging Markets and How They Will Change Our Lives. New York, 1997. p. 45 ; *Naisbitt J.* Megatrends Asia. The Eight Asian Megatrends That Are Changing the World. Nicholas Brealey Publishing, London, 1996. p. 110.

13 Cf. *Phongpaichit P., Baker Ch.* Thailand's Boom and Bust. Silkworm Books, Chaing Mai (Thailand), 1998. pp. 31-32 ; *McLeod R. H., Garnaut R.* East Asia in Crisis : From Being a Miracle to Needing One ? Routledge, London-New York, 1998, pp. 56-58.

14 Cf. *Bello W., Rosenfeld S.* Dragons in Distress. p. 24.

15 Cf. *Palat R. A.* (Ed.) Pacific-Asia and the Future of the World System. Westport (Ct.), 1993. pp. 77-78.

16 Cf. *Phongpaichit P., Baker Ch.* Thailand's Boom and Bust. pp. 284-285.

17 *Porter M. E.* The Competitive Advantage of Nations. Macmillan, Houndmills-London, 1990. p. 64.

18 Cf. *Hiscock G.* Asia's Wealth Club. Nicholas Brealey Publishing, London, 1997, pp. 107, 161.

19 Cf. *McRae H.* The World in 2020. Power, Culture and Prosperity : A Vision of the Future. Harper Collins Publishers, London, 1995. pp. 7, 20.

20 Cf. *Robinson R., Goodman D. S. G.* (Eds.) The New Rich in Asia. Routledge, London-New York, 1996. pp. 84, 143, 187.

21 Cf. *Rowen H. S.* The Political and Social Foundations of the Rise of East Asia : An Overview // *Rowen H. S.* (Ed.) Behind East Asian Growth. The Political and Social Foundations of Prosperity. Routledge, London-New York, 1998. p. 29.

22 Cf. *Morrison I.* The Second Curve. Managing the Velocity of Change. Nicholas Brealey Publishing, London, 1996. pp. 122-123, 167.

23 Cf. *Robinson R., Goodman D. S. G.* (Eds.) The New Rich in Asia. pp. 205, 161, 47, 135, 183, 77, 17.

24 Plus en détails, cf. Kosai Y., Takeuchi F. Japan's Influence on the East Asian Economies // *Rowen H. S.* (Ed.) Behind East Asian Growth. p. 312.

25 Cf. Entering the 21th Century. World Development Report 1999/2000. Oxford University Press for the World Bank, Washington (D.C.)-Oxford, 2000. p. 15.

26 Cf. *Krugman P.* The Myth of Asia's Miracle // Foreign Affairs. N°6. 1994. p. 70.

27 Cf. *Islam I., Chowdhury A.* Asia-Pacific Economies. A Survey. p. 31.

28 Cf. *Maddison A.* Growth Acceleration and Slowdown in Historical and Comparative Perspective // *Myers R. H.* (Ed.) The Wealth of Nations in the Twentieth Century : The Policies and Institutional Determinants of Economic Development. Hoover Institution Press, Stanford (Ca.), 1996. p. 35.

29 Cf. *Vogel E. F.* The Four Little Dragons. The Spread of Industrialization in East Asia. Harvard University Press, Cambridge (Ma.)-London, 1991. p. 104.

30 Pour plus de détails, cf. *Islam I., Chowdhury A.* Asia-Pacific Economies. A Survey. pp. 58-60.

31 Cf. *Cohen D.* The Wealth of the World and the Poverty of Nations. Cambridge (Ma.)-London, 1998. p. 24.

32 *Krugman P.* The Myth of Asia's Miracle // Foreign Affairs. N°6. 1994. p. 70 ; pour plus de détails, cf. *Krugman P.* Pop Internationalism. MIT Press, Cambridge (Ma.) - London, 1996. pp. 175-176.

33 Cf. *Vogel E. F.* The Four Little Dragons. p. 21.

34 Cf. *Bello W., Rosenfeld S.* Dragons in Distress. pp. 152-153, 155.

35 Cf. *Plender J.* A Stake in the Future. The Stakeholding Solution. Nicholas Brealey Publishing, London, 1997. p. 224.

36 *Fieldhouse D. K.* The West and the Third World. Trade, Colonialism, Dependence and Development. Blackwell Publishers, Oxford-Malden (Ma.), 1999. p. 227.

37 Cf. *Islam I., Chowdhury A.* Asia-Pacific Economies. A Survey. p. 230.

38 Cf. *McLeod R. H., Garnaut R.* East Asia in Crisis. From Being a Miracle to Needing One ? London-New York, 1998. p. 50.

39 Cf. *Yip G. S.* Asian Advantage. p. 225 ; pour plus de détails, cf. The Economist. July 26, 1997. Survey « Indonesia ». p. 13.

40 Cf. The Economist. February 7, 1998. p. 142.

41 Cf. *Islam I., Chowdhury A.* Asia-Pacific Economies. A Survey. pp. 203-205, 230-232, 259-260 ; *Yip G. S.* Asian Advantage. pp. 65, 225 ; *Murray G.* Dawn of a New Market. p. 41.

42 Cf. *Islam I., Chowdhury A.* Asia-Pacific Economies. A Survey. p. 56.

43 Cf. *Henderson C.* Asia Falling. Making Sense of the Asian Crisis and Its Aftermath. Business Week Books / McGraw-Hill, New York, 1999. p. 21.

44 Cf. *Mobius M.* Mobius on Emerging Markets. Pitman Publishing, London, 1996. p. 182.

45 Pour plus de détails, cf. The World in 2020. Towards a New Global Age. OECD Publications, Paris, 1997. p. 39.

46 Pour plus de détails, cf. *Adams N. A.* Worlds Apart. The North-South Divide and the International System. Zed Books, Atlantic Highlands (N.J.)-London, 1997. pp. 155-156.

47 Cf. *Kuttner R.* The End of Laisez-Faire. National Purpose and the Global Economy After the Cold War. University of Pennsylvania Press, Philadelphia (Pa.), 1991. pp. 178-179.

48 Cf. *Ohmae K.* The End of the Nation-State : The Rise of Regional Economies. Free Press, New York, 1995. pp. 48-49, 98-99.

49 Cf. *Goldstein M.* The Asian Financial Crisis : Causes, Cures and Systemic Implications. Institute for International Economics, Washington (D.C.), 1998. p. 27.

50 Cf. *Thurow L.* Head to Head. The Coming Economic Battle Among Japan, Europe and America. Warner Books, New York, 1993. p. 62.

51 Cf. *Reich R. B.* Tales of a New America. The Anxious Liberal's Guide to the Future. Vintage Books, New York, 1987. p. 56.

52 Cf. *Goldstein M.* The Asian Financial Crisis. p. 22.

53 Cf. *Henderson C.* Asia Falling. p. 54 ; Cf. *Goldstein M.* The Asian Financial Crisis. p. 16.

54 Cf. *Moody K.* Workers in a Lean World. Unions in the International Economy. Verso, London-New York, 1997. p. 13.

55 Cf. *Sakaiya T.* What is Japan ? Contradictions and Transformations. Kodansha International, New York-Tokyo, 1993. p. 8.

56 Cf. The Economist. August 16, 1997. p. 47.

57 Cf. *McRae H.* The World in 2020. p. 77.

58 Cf. The Economist. August 16, 1997. p. 48.

59 Cf. *Snodgrass D. R.* Education in Korea and Malaysia // *Rowen H. S.* (Ed.) Behind East Asian Growth. The Political and Social Foundations of Prosperity. p. 176.

60 Cf. *Reich R. B.* The Work of Nations. Preparing Ourselves to 21th Century Capitalism. Vintage Books, New York, 1992. pp. 205-206.

61 Cf. *Katz R.* Japan : The System That Soured. The Rise and Fall of Japanese Economic Miracle. An East Gate Book, Armonk (New York)-London, 1998. p. 135.

62 Cf. *Morrison I.* The Second Curve. pp. 17, 16.

63 Cité d'après *Koch R.* The Third Revolution. Creating Unprecedented Wealth and Happiness for Everyone in the New Millennium. Capstone, Oxford, 1998. p. 161.

64 Cf. *Pempel T. J.* The Developmental Regime in Changing World Economy // *Woo-Cumings M.* (Ed.) The Developmental State. Ithaca (New York)-London, 1999. pp. 144-145.

65 Pour plus de détails, cf. *Rosecrance R.* The Rise of the Virtual State. Wealth and Power in the Coming Century. Basic Book, New York, 1999. pp. 43-44.

66 Cité d'après *Edwards M.* Future Positive. International Co-operation in the 21th Century. Earthscan Publications Ltd., London, 1999. p. 70.

67 Pour plus de détails, cf. *Amsden A. H.* Asia's Next Giant. South Korea and Late Industrialization. Oxford University Press, New York-Oxford, 1989. p. 8.

68 Cf. *Kuttner R.* The Economic Illusion. False Choices Between Prosperity and Social Justice. University of Pennsylvania Press, Philadelphia, 1991. pp. 118-119.

69 Cf. *Yip G. S.* Asian Advantage. p. 241.

70 Cf. *Bello W., Rosenfeld S.* Dragons in Distress. pp. 66, 242.

71 Cf. *Ohmae K.* The End of the Nation-State. pp. 48-49, 98-99.

72 Cf. *Mayer M.* Suharto Family Values // Newsweek. May 18, 1998. p. 41.

73 Pour plus de détails, cf. *Gilpin R. with Gilpin J. M.* The Challenge of Global Capitalism. The World Economy in the 21th Century. Princeton University Press, Princeton (N.J.), 2000. pp. 144-145.

74 Cf. *Rosecrance R.* The Rise of the Virtual State. p. 196.

75 Cf. *Schwartz P., Leyden P., Hyatt J.* The Long Boom. A Vision for the Coming Age of Prosperity. Perseus Books, Reading (Ma.), 1999. pp. 50-51.

76 *Amoroso B.* On Globalization. Capitalism in the 21th Century. Macmillan, Houndmills-London, 1998. p. 52.

77 Cf. *Hardt M., Negri A.* Empire. Harvard University Press, Cambridge (Ma.)-London, 2000. p. 283.

78 Cf. *Hamlin M. A.* Asia's Best. The Myth and Reality of Asia's Most Successful Companies. Prentice Hall / Simon and Schuster (Asia) Pte Ltd., Singapore-New York, 1998. p. 17.

CHAPITRE IV

LE « MIRACLE ECONOMIQUE » JAPONAIS : SUCCES ECLATANT OU ECHEC STRATEGIQUE ?

Si l'on évalue l'expérience des pays engagés dans la voie du développement « de rattrapage », il faut reconnaître que les succès de l'économie japonaise sont particulièrement éclatants. Ayant entamé une restructuration de grande ampleur de son économie nationale sous l'occupation américaine à la fin des années 40, le Japon est devenu en l'espace de 30 ans l'une des plus grandes nations industrielles. Un précédent historique était ainsi créé avec l'apparition dans l'arène mondiale de deux superpuissances économiques (Japon et URSS) ayant accédé à ce statut par le moyen d'une modernisation accélérée. La troisième (ou première) superpuissance, les Etats-Unis, y était parvenue à l'issue d'une évolution graduelle.

Le Japon a effectué le parcours d'un pays industriel modèle. Dépourvu de ressources minières importantes et saigné à blanc par la guerre, il n'en a pas moins retrouvé le niveau d'avant-guerre 8 ans après la fin des hostilités, puis a conservé, 20 ans durant, de 1951 à 1972, un taux de croissance du PNB à hauteur de 9,4% avec une croissance de la production industrielle de 13,1%. Au cours de la même période, la productivité a connu une progression annuelle de 9,7% dans le secteur industriel, la hausse de salaire annuelle étant en moyenne de 10,2%[1]. Le modèle japonais de développement économique a été soumis à rude épreuve durant la crise pétrolière de 1973-1974, lorsqu'on est passé d'un excédent de la balance commerciale de 7 milliards de dollars en 1972 à un solde négatif de 5 milliards de dollars en 1974, mais pour entrer dans une période d'expansion, semblait-il illimitée, dès la deuxième moitié des années 70[2]. Vers le milieu des années 80, l'économie japonaise était sans conteste la plus « prometteuse » de la planète en termes de prospective, nettement en tête quant à l'indicateur global de compétitivité.

Les succès du Japon ont alors inspiré les théoriciens du monde multipolaire, également multiculturel dans la mesure où ils affirmaient que les valeurs culturelles occidentales perdaient leur prééminence. Occultant certains faits « gênants », ils voyaient dans l'ascension du Pays du Soleil Levant un témoignage de la supériorité des valeurs confucéennes sur l'éthique protestante[3]. De nombreux analystes considéraient qu'il n'était nullement fortuit que ce soit dans cet archipel dépourvu de ressources naturelles que l'on ait atteint le niveau maximal d'utilisation du capital humain[4]. En fait, il aurait été beaucoup plus judicieux de penser que dans une société ne faisant traditionnellement pas la différence entre *Gesellschaft* (société commerciale) et *Gemeinschaft* (collectivité)[5], l'appui sur le facteur humain est par définition impossible. Pourtant, d'une façon ou d'une autre, jusqu'à la fin des années 80, avant que S. Huntington émette ses premières appréhensions quant à l'autosuffisance du modèle de développement japonais[6], la plupart des analystes occidentaux étaient enclins à reconnaître l'originalité de l'aventure économique japonaise et l'aptitude du Japon à dépasser les Etats-Unis sur ce terrain. En 1991 encore, certains auteurs écrivaient que la rivalité Etats-Unis – Japon à la fin du XX° siècle était un véritable calque de la rivalité Etats-Unis – Grande-Bretagne à la fin du XIX°[7]. Comme les événements devaient le montrer, il était difficile de se tromper plus lourdement.

Les bases du succès du modèle japonais dans les années 60 et 70

La réforme de l'économie nippone a été initiée à un stade où le Japon, à l'instar de tout pays en mal de « rattrapage », se trouvait à un bas niveau de développement économique. Le PNB par habitant ne dépassait pas 3500 dollars, ce qui correspond au niveau de l'Inde au début des années 90. Pourtant, en l'espace de 15 ans, à la veille du « choc pétrolier » de 1973, cet indicateur avait quadruplé à 13 500 dollars[8], ce qui est aujourd'hui inaccessible pour la plupart des pays asiatiques. Du coup, le Japon était devenu la deuxième puissance économique du monde et les Etats-Unis expérimentaient pour la première fois le phénomène d'un solde négatif de leur balance commerciale dans les échanges bilatéraux nippo-américains[9].

Les causes d'une percée aussi spectaculaire sont à chercher dans la mise en œuvre efficace d'un système de mobilisation pour les besoins d'une industrialisation accélérée. D'une part, plusieurs mesures ont été prises pour soutenir les industriels nationaux. Le gouvernement a subventionné la recherche, octroyé des crédits avantageux aux firmes, favorisé le maintien d'un taux d'épargne élevé et conduit une politique protectionniste vigilante. Cela a abouti à la création de syndicats patronaux financiers et industriels dont l'inefficacité était compensée à la fois par l'effet d'échelle et l'importance des soutiens de l'Etat. D'autre part, la conjoncture économique des premières décennies d'après-guerre était fort propice. Dans le contexte de coûts de production élevés aux Etats-Unis et en Europe, de bas prix des ressources naturelles et de technologies relativement peu onéreuses, de larges perspectives s'ouvraient à un pays disposant d'une main-d'œuvre relativement qualifiée et assez bon marché, mais aussi doté de traditions permettant de procéder à la mobilisation nécessaire. Pourtant, il faut bien noter que les impulsions qui étaient à l'origine de la percée économique du Japon contenaient en germe les tensions internes du développement « de rattrapage » analysées dans le chapitre précédent.

Le premier facteur de mobilisation a été le niveau extrêmement élevé des investissements, ne retombant jamais au-dessous de 35% du PNB. Leurs sources étaient fort traditionnelles. En freinant artificiellement les hausses de salaire tout en favorisant les industriels, le gouvernement a maintenu les investissements des ménages, dans la période 1955-1970, à hauteur de 10% du PNB, alors que dans le même temps les mises de fonds des sociétés passaient de 7 à plus de 20% du PNB. Ceci a engendré des taux de croissance élevés dont l'extrapolation permettait d'envisager que le Japon puisse dépasser les Etats-Unis quant au PNB par habitant dès 1985 et en 1998 pour le volume global de la production industrielle[10]. Néanmoins, une telle politique était grosse de graves périls : le drainage artificiel des capitaux faisait négliger l'efficacité de la production et le retour sur investissement est tombé de 34% en 1955 à 28% en 1960, 18% en 1970 et 8% en 1980[11]. Alors qu'en 1950-1955, le taux d'investissement était de 10,8% et la croissance annuelle moyenne du PNB de 10,9%, le premier indicateur atteignait 18,5 et le deuxième était tombé à 9,7% en 1960-1965, et enfin en 1970-1975, le taux d'investissement baissait très légèrement à 17,8%, mais la croissance annuelle chutait de près de moitié à 5,1%[12].

Il est significatif que la réponse à cette baisse d'efficacité ait été une nouvelle croissance des investissements. A cet égard, le Japon se modelait entièrement sur le comportement de l'URSS à la même époque. A cet effet, les revenus des salariés ont été rognés en usant essentiellement de trois procédés. D'abord, la part du salaire proprement dit dans le PNB, indicateur essentiel de l'orientation sociale de l'économie, est resté constamment au Japon de 15 à 17 points au-dessous de l'indicateur américain (40% contre 58% dans les années 60 et 52% contre 64–67% dans les années 70[13]). Ensuite, la durée de la journée de travail restait plus élevée qu'aux Etats-Unis et en Europe (le Japonais moyen travaillait 2044 h/an dans les années 80, soit 10% de plus que l'Américain, 20% de plus que le Britannique ou le Français, 30% de plus que l'Allemand moyen[14]). Et enfin, les sociétés japonaises, à l'abri derrière des barrières protectionnistes, proposaient leurs produits sur le marché intérieur à des prix manifestement majorés (à la fin des années 80, les prix de l'électronique grand public aux Etats-Unis étaient inférieurs de 40% aux prix japonais, l'écart étant de 70% (!) pour l'automobile[15]). Du fait de cette stratégie essentiellement extensive et malgré la croissance rapide des années 60 et 70, la productivité du travail dans l'industrie lourde et l'électronique japonaises ne dépassaient pas, à la fin des années 80, la butée des 65% de la productivité américaine, pour tomber à 35% seulement dans l'industrie alimentaire et même 18% de la productivité américaine dans l'agriculture[16]. On a donc eu recours à un autre levier pour accroître les investissements, à savoir la situation de monopole de certaines firmes. Dès 1950, le gouvernement nippon pratiqua l'octroi à certaines grandes sociétés de l'exclusivité de l'acquisition de technologies nouvelles à l'étranger. En 1951, la Toyo Rayon en a bénéficié pour le nylon pour une période de trois ans. En 1958-1962, la Sumitomo, la Mitsubishi et la Mitsui ont eu l'exclusivité pour la fabrication du polyéthylène jusqu'à la fin des années 60. Pour l'acquisition des brevets, les sociétés ainsi privilégiées pouvaient se procurer des devises fortes à bon compte à la Banque du Japon, ce qui équivalait à une subvention cachée aux investissements dans les technologies nouvelles. A telle enseigne que dans les années 50, les technologies représentaient 28% des importations et le chiffre au premier abord étonnant de 9% du total des investissements[17]. On a vu alors se constituer un système de monopoles (keiretsu), gigantesques groupes attirant les capitaux par l'intermédiaire des banques et institutions financières qu'ils contrôlaient. On constate donc que la croissance rapide des firmes japonaises était assurée par le cumul de fonds de toute provenance (fonds propres, prêts et même crédits de l'Etat) en vue d'investissements massifs dans des branches où une situation de monopole leur était garantie par le gouvernement.

Le deuxième facteur de la croissance industrielle rapide du Japon a été la participation directe de l'Etat dans le développement et le financement de secteurs stratégiquement importants. Le pivot de cette politique fut le MITI (ministère japonais du Commerce extérieur et de l'Industrie), qui exerçait une tutelle de fait sur les sociétés industrielles et les géraient avec une efficacité surpassant de loin les performances du Gosplan soviétique. Le pouvoir central encourageait la création de sociétés capables d'initier de nouvelles branches de l'industrie. D'autres ministères furent restructurés à la ressemblance du MITI et les relations entre, d'une part, le ministère des Finances, et de l'autre, la Banque du Japon, les banques commerciales et les sociétés financières rappelaient étrangement celles qui s'étaient établies entre le MITI et les groupes industriels[18]. A partir des années 50, le gouvernement a subventionné les achats d'équipements japonais par les sociétés japonaises à hauteur de 50% de leur prix nominal. Les autorités nippones n'étaient pas avares de crédits pour les grandes sociétés. Jusqu'au milieu des années 70, les crédits de la Banque de Développement japonaise ou de la Banque du Japon couvraient jusqu'à 50% de leurs emprunts et étaient généralement accordés à des taux de 3 à 5 points inférieurs au taux moyen à la même époque[19].

Un des objectifs majeurs de cette politique était la conquête des marchés extérieurs, car l'afflux des capitaux ne pouvai se stabiliser que sous réserve d'un excédent de la balance commerciale. Disposant de ressources bon marché et d'un accès aux grandes lignes de crédit gouvernementales, les sociétés japonaises s'implantaient avec beaucoup de pugnacité sur les marchés étrangers, mais cela au moyen d'un dumping non dissimulé. C'est ainsi que dans les années 70 et 80, les prix de l'acier étaient supérieurs de 30% sur le marché intérieur aux prix mondiaux, cet écart de pàssant 50% pour le polyéthylène et d'autres produits chimiques[20]. Dans ces conditions, le gouvernement recourut à des mesures protectionnistes en faveur des sociétés japonaises. Si 6,6% du PNB sont imputables à des secteurs réglementés par l'Etat aux Etats-Unis, ce chiffre est au Japon de 16,8% dans l'industrie, de 86% dans l'agriculture et tout simplement de 100% dans le domaine financier, l'indicateur moyen étant de 50,4%[21]. Les droits de douane frappant les importations de produits étrangers excédaient généralement leur coût, atteignant même 800% sur les importations de riz américain[22]. Dès lors, rien d'étonnant à ce que les 3/4 des revenus des fermiers japonais proviennent directement des subventions de l'Etat[23]. Au début des années 90, selon les experts du MITI, les prix des matières premières et des équipements étaient de 30% plus élevés au Japon qu'aux Etats-Unis, de 19% plus élevés qu'en Allemagne et de 46% plus élevés qu'en Corée du Sud, mais ces chiffres étaient respectivement de 51%, 96% et 475% (!) pour les produits finis de consommation et les services[24]. Selon une étude du MITI (octobre 1989), 60% des produits les plus courants étaient mis en vente au Japon à des prix supérieurs aux prix pratiqués aux Etats-Unis et en Europe, alors que 90% des produits importés étaient commercialisés dans leurs pays d'origine à des prix inférieurs à ceux auxquels ils coûtaient aux consommateurs japonais[25]. Cette politique protectionniste revenait annuellement aux ménages japonais à 110 milliards de dollars, soit près de 4% du PNB nippon[26].

La troisième composante majeure de la croissance rapide de l'économie japonaise a été le développement foudroyant des exportations, aussi bien des produits que des capitaux japonais. Alors qu'en 1950, l'industrie automobile nippone ne fabriquait que 32 000 véhicules par an, soit une journée et demie de la production des usines automobiles américaines, dès 1960 ce chiffre était passé à 482 000 véhicules, dont 32 000 à l'exportation, mais en 1970, respectivement, 5,3 millions et 1,1 million de véhicules par an. En 1974, le Japon supplanta l'Allemagne au premier rang des exportateurs et en 1980 les Etats-Unis au premier rang des fabricants d'automobiles[27]. Dans les années 70, les exportations étaient à l'origine de 70 à 83% de l'accroissement de la production dans la construction automobile, la construction navale et d'autres branches des constructions mécaniques[28]. Vers le début des années 80, le PNB du Japon atteignait ceux de la Grande-Bretagne et de la France cumulés, à hauteur d'environ 55% du PNB des Etats-Unis[29].

Pourtant, les Japonais avaient surestimé les capacités d'accueil de leurs produits par les marchés des pays développés. Exportant leurs automobiles aux Etats-Unis à la fin des années 80 à raison de 2,3 millions de véhicules par an en moyenne, les sociétés nippones ont, de surcroît, créé dans ce pays des unités d'une capacité de 2,5 millions de véhicules, ceci alors que le marché de l'automobile américain ne totalise pas plus de 10 millions de véhicules par an[30]. Toujours est-il que l'industrie automobile nippone se tournait de plus en plus vers le marché américain, qui absorbait jusqu'à 75% des exportations de voitures japonaises[31]. A cet égard, il est très significatif que l'évolution du solde négatif américain et celle du solde positif japonais soient symétriques dans les échanges commerciaux entre les deux pays (1 milliard de dollars de solde négatif américain contre 2 milliards de solde positif japonais en 1970, 8 milliards contre 11 milliards en 1977, 19 milliards contre 21 milliards en 1983 et 46 milliards contre 49 milliards de dollars en 1985[32]). Cela aurait dû sans aucun doute servir de signal d'alarme quant à la dépendance grandissante du Japon vis-à-vis de l'ouverture de l'économie américaine, ainsi que de la parité yen - dollar. Désormais, le développement économique du Japon était étroitement fonction de facteurs hors de portée du puissant MITI. Le vertige des succès à l'exportation devait être l'une des causes de la chute qui suivit.

L'exploration des possibilités nouvelles conduisit les entrepreneurs japonais à l'idée qu'il était opportun d'intensifier leurs exportations de capitaux et ce fut là, sans doute, leur erreur décisive. L'exode des capitaux a nui à la concurrence sur le marché intérieur nippon et favorisé ainsi des proportions de prix anormales faisant obstacle aux bonnes décisions d'investissement. Excipant du fait que les meilleurs rendements étaient obtenus, au Japon, par les investissements effectués dans le secteur bancaire, le commerce et les opérations immobilières, les hommes d'affaires nippons s'attaquèrent à ces mêmes branches aux Etats-Unis et en Europe. Dans le courant des seules années 80, ils s'emparèrent de 11% des actifs bancaires sur le territoire des Etats-Unis[33] , alors qu'en Europe, leurs investissements étaient moins importants dans l'industrie que dans l'immobilier et le commerce, inférieurs même de deux fois aux capitaux placés dans les assurances et le secteur bancaire[34] . Vers 1985, « les 3/4 des investissements japonais à l'étranger se sont trouvés placés dans des actifs constituant des sources de revenus passives »[35] aux faibles marges bénéficiaires aussi bien aux Etats-Unis qu'en Europe. Cet aspect revêtait une importance considérable, car on constatait pour la première fois qu'*un pays industriel ne peut investir efficacement dans les économies post-industrielles.* Evidemment, les Japonais ont alors redoublé d'activité dans les pays d'Asie, les incitant à se développer à leur exemple. Alors qu'en 1971, les investissements américains constituaient 36,4% de l'ensemble des investissements directs étrangers dans le Sud-Est asiatique contre 15,4% pour les investissements japonais, à la fin des années 80, les investissements japonais en Asie dépassaient de près de 2,5 fois les investissements américains[36]. Les procédés traditionnels de dumping, de subventions gouvernementales et d'aides directes avaient trouvé un terrain favorable dans les pays d'Asie. Il est à noter que le gros des capitaux nippons, soit 47 milliards de dollars de 1986 à 1993[37], ont été investis dans les branches d'exportation des pays d'Asie et, par conséquent, loin de réduire la dépendance de l'économie japonaise vis-à-vis des marchés occidentaux, l'aggravait bien au contraire. Vers le milieu des années 90, les pays asiatiques absorbaient donc 45% des exportations japonaises de produits (essentiellement des équipements et des pièces de rechange) et 47% des exportations japonaises de technologies. Les institutions financières nippones possédaient de 25 à 40% des créances de ces pays et de leurs plus importantes sociétés[38]. Les conséquences de ces développements sont bien connues.

Mais les problèmes de l'économie japonaise se sont posés avec une acuité nouvelle dans la période inaugurée par la crise de 1989. Des succès économiques incontestables étaient alors à mettre à l'actif du Japon. Certes, certains experts occidentaux se plaisaient à souligner que son développement était largement artificiel et faisaient ressortir les disparités qualitatives entre les systèmes économiques des pays occidentaux et du Japon comme entre le « capitalist regulatory state » et le « capitalist development state »[39], mais il aurait été absurde de nier le fait même de succès spectaculaires. Le Japon avait sérieusement bousculé les Etats-Unis sur les marchés mondiaux de biens et de capitaux (en 1991, 353 des 1000 plus importantes sociétés transnationales étaient américaines, mais 345 étaient nippones[40] et le Japon possédait 24 des plus grandes banques du monde contre 17 dans les pays de l'UE et seulement 5 aux Etats-Unis, mais également 9 des 10 plus importantes sociétés de services[41]), tout en enregistrant un excédent croissant dans ses échanges commerciaux aussi bien avec les Etats-Unis qu'avec les pays d'Asie. A la fin des années 80, à l'apogée de sa puissance économique, le Japon s'adjugeait 20% des investissements étrangers directs des pays développés et 25% de leurs capitaux en actions, ses banques accordaient 50% des crédits à court terme et ses firmes industrielles mettaient sur le marché 55% des obligations de sociétés[42] . Pourtant, ces chiffres se référaient essentiellement à des aspects apparents des succès obtenus par le Japon sur la voie de l'industrialisation accélérée. Les mécanismes de mobilisation en matière de développement économique ont continué à fonctionner à plein jusqu'au milieu des années 80 et le Japon prétendait conserver sa prééminence dans le contexte de la libre concurrence et d'un système économique ouvert. Comme l'expérience l'a montré, le caractère second du progrès économique au Japon était un vice rédhibitoire qui rendait illusoire la poursuite d'un tel objectif.

Au seuil de la crise

Pendant une période prolongée, le modèle japonais a permis la croissance grâce aux modalités de l'économie « extensive ». Opérant des transferts intensifs d'innovations scientifiques en provenance des Etats-Unis et d'Europe, le Japon ne générait pratiquement pas de technologies propres : la balance import-export d'informations et de brevets est restée passive pendant plus de 40 ans. Comme nous l'avons vu, les objectifs « industrialistes » assignés au Japon ne prenaient pas en compte un critère de profitabilité pour les investissements effectués dans la formation. On valorisait par-dessus tout la loyauté du personnel envers la firme et ses dirigeants. D'ailleurs, dans les années 80 encore, environ 43% des employés avaient plus de 10 ans d'ancienneté dans la même société[43]. Privilégiant les investissements plutôt dans les actifs matériels que dans l'épanouissement du potentiel individuel de leurs employés, les firmes se finançaient à tour de bras auprès des banques, lesquelles couvraient dès la fin des années 80 plus du quart de l'accroissement des crédits mobilisables dans le monde[44].

La pression sur le marché des biens immobiliers et des actions a suscité, dans la deuxième moitié des années 80, un boom qui, comme devaient le montrer les événements ultérieurs, annonçait le crépuscule du « miracle économique » japonais. De 1980 à 1987, l'indice de référence de la Bourse de Tokyo, dit indice Nikkei, a quasiment quintuplé, sans réagir *de facto* aux séismes qui ébranlaient les bourses du monde occidental fin 1987. A la fin de 1989, la valorisation des actions cotées à la Bourse de Tokyo atteignait 5,2 trillions contre 4,3 trillions de dollars pour les trois établissements boursiers de la place de New York et seulement 1,3 trillion de dollars pour la Bourse de Londres[45]. La montée des prix dans l'immobilier et le foncier a été plus spectaculaire encore : en 1990, la valorisation du foncier atteignait, selon les estimations des experts nippons, près de 2 400 trillions de yens, soit 5,6 fois le PNB du Japon[46], alors que les prêts accordés par les banques pour des opérations de construction et d'acquisition de biens immobiliers ont augmenté en moyenne, pendant la deuxième moitié des années 80, deux fois plus vite que les crédits d'investissements dans l'ensemble de l'économie[47]. Pour illustrer l'ampleur de ces processus, relevons simplement que l'archipel nippon, soit 3% des terres émergées, était alors plus valorisé dans le foncier que les 97% restants et que la valorisation du seul parc immobilier de Tokyo dépassait celle de l'ensemble des bâtiments jamais construits à l'intérieur des frontières des Etats-Unis[48]. Exemple parlant, en 1990, un billet de cent dollars ne suffisait pas, alors, à acheter une superficie de terrain égale à celle dudit billet[49] en plein centre-ville de la capitale. Il est vrai que le gouvernement nippon s'efforçait de tirer un maximum d'avantages de ce boom : au début des années 90, les budgets de 44 des 47 préfectures du Japon étaient subventionnés, les trois préfectures non budgétivores faisant partie du « Grand Tokyo »[50].

Le caractère surréaliste de cette situation devint évident lorsque le taux de croissance commença à baisser. En 1990, il était encore de près de 5%, pour tomber à 4% en 1991, mais ce fut ensuite la « descente aux enfers » : 1% en 1992 et quasiment 0% en 1993[51]. Les prix du foncier et des actions ne pouvant déjà plus être soutenus par des anticipations spéculatives, l'indice Nikkei, qui avait atteint les sommets en 1989 avec 38 915 points, chuta brutalement, tomba à près de 20 000 points en 1990 avant de toucher le fond avec 15 000 points en 1922[52], sans pour autant cesser d'être substantiellement surévalué au sentiment de nombreux experts. Bien que les prix de l'immobilier aient continué à monter, par inertie, jusqu'à l'hiver 1990/91, ils devaient également chuter de plus de deux fois vers l'hiver 1994/95[53]. Au terme de la seule période 1990-1994, les pertes dues à la dévalorisation des actions des firmes industrielles japonaises cotées à la Bourse de Tokyo atteignaient le chiffre abyssal de 2,6 trillons de dollars (les réserves de devises fortes de la Banque du Japon ne dépassaient pas alors les 100 milliards de dollars). Quant aux pertes comptables dues à la chute des prix du foncier et de l'immobilier, elles excédaient le montant vertigineux de 5,6 trillions de dollars[54].

Bien entendu, les entreprises ne pouvaient désormais faire aussi aisément appel au crédit. Les banques acceptant pour nantissement biens immobiliers, terrains et titres étaient donc confrontées à de graves difficultés. Quant aux particuliers qui avaient acheté leurs logements à crédit, ils devaient régler les échéances sur la base de leur ancien prix et étaient donc amenés soit à tenter de vendre, soit à consacrer quasiment tous leurs revenus au paiement des traites[55]. Simultanément, les recettes fiscales diminuaient considérablement, car avant la crise les entreprises étaient, notamment, imposées sur le produit de la réalisation des titres, des actions ou des biens fonciers (en 1988, les activités de production proprement dites ne fournissaient que 40% des recettes fiscales[56]). Mais même dans le contexte de la crise, le gouvernement japonais ne pouvait renoncer à sa volonté d'intervention dans la vie économique du pays et le seul moyen de s'en donner les moyens financiers était, dès lors, l'augmentation continue de la dette publique.

La dette publique au Japon a une longue histoire. Au début des années 70, à la première étape de l'industrialisation à marche forcée, elle ne dépassait pas 100 milliards de yens, soit moins de 10% du PNB. Mais dix ans plus tard seulement, elle avait plus que décuplé, atteignant près de 40% du PNB[57]. Par la suite, l'accroissement de la dette extérieure et intérieure avait pris des proportions irrationnelles. En effet, la Banque du japon était la seule banque centrale parmi celles des pays développés à ne pas être libre de prendre les décisions clefs en matière de politique financière, entièrement tributaire qu'elle était de la volonté du gouvernement[58]. Or, dès le début de la crise, ce dernier exigea de la Banque du Japon les nouveaux prêts et garanties nécessaires au financement massif de l'économie réelle par le truchement du MITI. En 1992, alors que l'économie était clairement entrée dans une phase de stagnation, la dette publique atteignit les 90% du PNB[59], mais 140% du PNB début 1999[60]. A ceci près que les chiffres cités sont plus indicatifs qu'ils ne rendent vraiment compte de la situation de l'économie japonaise. En cette même année 1992, le nantissement public uniquement pour l'endettement dû à la privatisation des chemins de fer de 1990 s'élevait à 270 milliards de dollars et les subventions dispensées au secteur agricole à près de 700 milliards de dollars. Les crédits bancaires accordés en 1992 aux firmes industrielles totalisèrent 262% du PNB[61] et ils n'ont guère diminué depuis. Tout cela n'a été possible que du fait de l'absence d'indépendance réelle de la Banque du Japon vis-à-vis de l'Etat, comme d'ailleurs des grandes banques commerciales vis-à-vis des conglomérats auxquels elles appartenaient. La Banque du Japon se comportait comme une succursale du ministère des Finances : au milieu des années 90, les obligations du Trésor constituaient 80% (!) de ses actifs[62], ce qui était sans précédent. Conscientes du risque élevé des prêts commerciaux, les banques étaient de plus en plus demandeuses de titres du Trésor, dont le rendement est ainsi tombé de 8% par an en 1990 à quasiment zéro aujourd'hui. Mais cette situation ne changeait rien dès lors que le gouvernement lui-même, ayant accès à des emprunts avantageux, n'hésitait pas à y recourir lui-même dans une mesure croissante pour faire bénéficier de financements sans cesse nouveaux le secteur de l'économie réelle.

Désireux d'enrayer la crise, le gouvernement prit toute une série de mesures totalement inadmissibles dans un Etat démocratique à économie de marché. Lorsque l'indice Nikkei fut tombé au-dessous du niveau symbolique de 16 000 points en novembre 1992, les fonctionnaires du MITI « recommandèrent » à la direction des grandes compagnies d'assurances de placer leurs liquidités à la Bourse, ce qui fit remonter le chiffre des transactions de 80 points et l'indice de 785 points en une séance. Par la suite, ces investisseurs institutionnels ont été les opérateurs les plus actifs à la Bourse, accroissant en moyenne leurs placements de 18% par an de 1992 à 1995[63] . Les mesures énergiques du gouvernement pour stimuler les exportations et pérenniser le solde positif important des échanges commerciaux avec les Etats-Unis, les colossales dépenses improductives des travaux publics, ainsi qu'un taux d'escompte très bas facilitant le financement des entreprises semblaient avoir donné des résultats. Le taux de croissance du PNB augmenta à nouveau, atteignant 3,9% en 1996[64] (mais 1,3% seulement en moyenne pour la période 1990-1995[65]), la profitabilité des entreprises augmenta (mais à 60% grâce à la baisse du loyer de l'argent[66]) et on assista également à une certaine reprise sur le marché intérieur.

Pourtant, tous les bons résultats temporaires de 1995-1996 étaient dus, en fait, à la même politique gouvernementale que lors de l'industrialisation antérieure. A la différence près que, cette fois, les possibilités réelles de l'Etat étaient pratiquement épuisées. Au cours des décennies précédentes, celui-ci n'avait pu jeter les bases d'un système économique susceptible d'assurer un progrès économique autonome. Tous les succès japonais avait été obtenus sur la base de « l'Industrialisation sans l'Education »[67] et cette voie choisie par le Pays du Soleil Levant différait qualitativement de celle qu'avait empruntée la vieille Europe. Dès lors, l'Etat ne pouvait que poursuivre ses tentatives de faire surnager l'économie nationale grâce aux ressources complémentaires vitales encore fournies par les investissements temporairement profitables effectués dans les pays émergents du Sud-Est asiatique. Tentatives notoirement vouées à l'échec, elles aussi.

Sic transit gloria mundi

Les années 90 ont vu le crépuscule du « miracle économique » nippon. En 1991, le Japon perdait sa première place mondiale au titre de la compétitivité, chutant à la cinquième place en 1995, à la neuvième en 1997 et à la dix-huitième en 1998, devancé désormais non seulement par tous les pays développés d'Europe, mais aussi par Taiwan, l'Australie et la Nouvelle-Zélande[68]. En 1995, le Japon cédait au profit des Etats-Unis, qui reprenait ainsi la palme, ce qui faisait véritablement leur orgueil : la primauté sur le marché mondial de l'automobile[69]. Plus cruelle encore fut la défaite essuyée dans le secteur des télécommunications et de l'informatique. Alors qu'en 1988, six des 10 premiers fabricants de semi-conducteurs étaient japonais, dont les trois premiers, en 1992, une seule firme nippone se maintenait dans le trio de tête et en 1998, les quatre compagnies japonaises rescapées sur dix, à savoir NEC, Toshiba, Hitachi et Fujitsu, avaient ensemble une part du marché mondial inférieure à celle d'Intel[70]. A la différence de l'expérience américaine des années 80, lorsque l'on avait observé un large recours aux investissements étrangers pour la modernisation de l'industrie, les Japonais ont opté, dans un contexte nouveau, pour une politique du dollar bon marché avec une parité record de 79 yens par dollar en 1995, si bien que les pertes du Japon se chiffraient à 50 milliards de dollars pour le seul premier semestre 1995[71]. Simultanément, les sociétés américaines renforçaient leur présence sur le marché japonais, augmentant de près de 2,5 fois, de 27 à 65 milliards de dollars, leurs exportations pour la période 1986-1996[72].

Pour la première fois, le gouvernement japonais a alors tenté de stimuler non pas tant la production que la demande afin d'harmoniser quelque peu le cycle économique. Mais le paradoxe du type de développement que T. Sakayia a si bien caractérisé comme un industrialisme non pas « *avancé* », mais « *ultime* »[73] était que toutes les mesures d'encouragement des dépenses de consommation n'atteignaient pas le but recherché du fait qu'une grande partie des fonds injectés étaient réinvestis ou placés dans des projets profitables à l'étranger. Au cours de la période 1992-1997, la consommation interne finale était restée pratiquement inchangée, passant de 349 600 à 357 600 yens par foyer et par trimestre. Lorsqu'en 1998, en pleine crise asiatique, on annonça l'injection de 123 milliards de yens supplémentaires, les dépenses de consommation non seulement n'ont pas augmenté, mais bien chuté jusqu'au niveau le plus bas depuis le milieu des années 80 de 338 000 yens par famille et par trimestre[74]. Au cours du premier trimestre de l'année relativement « grasse » 1999, cet indicateur est tombé à 320 000 yens et au premier trimestre 2000 à 312 000 yens[75]. Malgré des efforts véritablement titanesques du gouvernement japonais, les revenus moyens des ménages n'ont pas augmenté depuis 1991, ce qui permet aux experts d'affirmer que les dépenses de consommation resteront figées au niveau de 1996 au moins jusqu'en 2005, alors qu'aux Etats-Unis, cet indicateur augmentera au moins du tiers à l'issue de la même période[76]. Au cours de la dernière décennie, le gouvernement japonais a réalisé le plus vaste programme de l'histoire économique en matière de stimulation de la demande au prix d'une injection de près de 1,2 trillion de dollars d'août 1992 à avril 2000, mais la croissance annuelle moyenne ne dépassa pas 1,7%[77].

La cause principale de ces phénomènes est à chercher dans la hausse du chômage (avec un « dégraissage » de plus de 630 000 emplois au cours de la même période dans l'industrie[78]), entraînant une baisse des dépenses de consommation et de l'épargne. A son tour, la hausse du chômage est due à une réduction de la production et aux faillites de PME (près de 110 000 faillites en 1991-1997). Malgré tous les efforts du gouvernement, le chômage a augmenté de près de 10% par an en moyenne dans la période 1992-1998[79], atteignant pour la première fois, peu après le début de la crise asiatique, le niveau de chômage américain[80], le dépassant en novembre 1998 avec 4,4% de la population active[81]. En 1999, les tendances négatives ont persisté et au printemps 2000 le nombre de chômeurs atteignait

3,29 millions de personnes, soit 4,9% de la population active[82]. Significativement, le nombre de suicides parmi les salariés et les chômeurs a augmenté de 53% de 1991 à 1999[83].

Au début des années 90, le gouvernement nippon avait encore l'opportunité de surmonter efficacement la crise sur la base d'une plus grande ouverture de l'économie et de l'adhésion aux valeurs occidentales. Mais au contraire, l'accent fut mis sur le renforcement de l'influence japonaise dans une région du monde où les régimes dirigeants professaient la doctrine du développement « de rattrapage », reprenant à peu de choses près l'expérience japonaise des années 70 et 80.

La réorientation japonaise du marché américain vers le marché asiatique a été réalisée avec la précision et l'envergure propres aux Nippons. Alors qu'à la fin des années 80, les fonds d'investissement japonais mettaient 60% de leurs actifs dans les valeurs américaines, cette proportion avait diminué de cinq fois à 13% vers 1994. Simultanément, les investissements japonais dans les actions et valeurs des « tigres » asiatiques passaient de 18 à 75%[84]. En 1991, les exportations japonaises de biens et services vers l'Asie du Sud-Est se chiffraient à 96 milliards de dollars, dépassant les exportations vers les Etats-Unis. Le taux d'accroissement des exportations japonaises vers les pays émergents du Sud-Est asiatique a atteint les 25% par an[85]. De 1990 à 1996, le nombre de banques japonaises ayant des succursales dans les pays asiatiques est passé de 83 à 161 et le montant des crédits investis dans leurs économies a atteint 119 milliards de dollars, soit 43% des actifs du système bancaire nippon[86] ou 20% de plus que les crédits investis dans cette région du monde par les banques américaines, britanniques et allemandes prises ensemble[87]. Dans la même période, les exportations annuelles de produits japonais dans les pays d'Asie du Sud-Est atteignaient 170 milliards de dollars, dont la plus grande partie prenait le chemin, début 1997, de cinq pays ayant particulièrement souffert de la crise financière : la Thaïlande, l'Indonésie, la Malaisie, la Corée du Sud et les Philippines[88].

Les investissements directs ont crû plus rapidement encore, impliquant d'ailleurs au premier chef les PME désireuses d'augmenter leurs marges bénéficiaires de quelque manière que ce soit : de 1990 à 1994, la part des investissements directs de ces PME vers les pays d'Asie est passée de 40 à 81,3% et il faut souligner que dès 1995, plus de la moitié des entreprises fondées en Asie avec une participation japonaise étaient dédiées à la production industrielle (contre respectivement 31,6 et 20,7% pour les Etats-Unis et l'UE)[89]. Les grandes firmes avaient également pris ce nouveau cap. En 1996, le groupe Mitsubishi tirait 26 milliards de dollars de recettes de ses exportations vers l'Asie. C'était aussi la mission privilégiée de 25% du personnel de Sony. En Thaïlande, en Malaisie et en Indonésie, les firmes japonaises occupaient jusqu'à 7% de la population active. Comme auparavant, banques et firmes industrielles entendaient tirer des superprofits spéculatifs des secteurs les plus « en surchauffe » du marché : malgré les prix manifestement gonflés de l'immobilier dans les pays de l'Asie du Sud-Est, les investisseurs japonais ont consacré 5,7 milliards de dollars, sur un total de 10 milliards de dollars investis en Thaïlande, Malaisie, Indonésie et Philippines, à l'acquisition ou à la construction de bâtiments industriels et d'immeubles de bureaux[90]. Tout cela montre à l'envi que l'on n'avait pas tiré les conclusions qui s'imposaient de l'évolution de la conjoncture au Japon même.

Une des causes importantes de la détérioration rapide de la situation économique au Japon était l'absence de fait de liens avec le monde extérieur sous forme d'investissements étrangers dans l'industrie nippone. La fermeture du pays a constitué, à cet égard, un facteur extrêmement négatif obviant à l'obtention en temps utile d'une information objective sur les mutations en cours sur les marchés mondiaux et retardant, du même coup, les réactions indispensables des industriels japonais à ces mutations. Autre facteur non négligeable, le fait que le Japon n'ait pas adopté les nouvelles méthodes de gestion qui s'étaient imposées en Occident dès le début des années 90. En 1986, 1% seulement des actifs des firmes japonaises appartenait à des étrangers et les succursales des sociétés occidentales n'employaient que 0,4% de la population active japonaise (contre respectivement 9% et 4% pour les Etats-Unis[91]). Au début des années 90, Canon était la grande firme japonaise où la participation étrangère était la plus importante, mais celle-ci n'était que de 14%. Et Sony était la seule à admettre des étrangers à son conseil d'administration[92] . Fin 1992, les investissements japonais à l'étranger atteignaient 246 milliards de dollars contre seulement 15,5 milliards de dollars d'investissements étrangers dans l'économie nippone[93] . En 1995, on comptait 135 dollars d'investissements étrangers par habitant de l'archipel nippon contre 1700 dollars par Américain, 2200 dollars par Français et 3400 dollars par Britannique[94] .

En août 1997, la crise financière asiatique éclatait. Nous y reviendrons plus en détails, mais notons tout de suite qu'elle a ressemblé à s'y méprendre à la crise japonaise de 1989-1993. L'ébranlement fut terrible pour l'économie nippone. Dans le courant du seul deuxième semestre 1997, les actions des banques nippones ont subi une décote de 40% de leur valorisation d'avant la crise[95]. L'indice Nikkei était tombé au-dessous de 13000 points, ce qui causait aux investisseurs des pertes évaluées, au bas mot, à 260 milliards de dollars[96]. Deux des plus grandes institutions financières du pays, la Hokkaido Takushoku et la Yamaichi Securities, ont fait faillite dès les premiers mois qui ont suivi le début de la crise dans les pays d'Asie[97]. Un grave préjudice a été causé aux gigantesques conglomérats dits keiretsu : en 1997-1998, les deux principaux centres de la holding Mitsubishi, à savoir le centre financier Bank of Tokyo-Mitsubishi et le centre industriel Mitsubishi Motors, subirent des pertes évaluées respectivement à 6,7 milliards et 900 millions de dollars[98]. A partir du milieu de 1997, les faillites étaient devenues le péril majeur pour la stabilité de l'économie japonaise. L'endettement des firmes en faillite est passé de près de 8 trillions de yens (près de 64 milliards de dollars) en 1996 à 14,38 milliards de yens (plus de 100 milliards de dollars) en 1998[99]. Les crédits colossaux octroyés à ces sociétés en faillite par les banques commerciales devant être passés par profits et pertes, la valorisation des actions de ces banques chuta de 2,5 fois entre le début de 1996 et le milieu de 2000[100]. Dans ces conditions, il fallut déployer d'immenses efforts pour éviter un effondrement financier dans la deuxième économie du monde par son importance, mais la plupart des banques japonaises n'en avaient pas moins fait étalage de leur insolvabilité de fait.

Apparues ces dernières années, les difficultés du secteur

bancaire japonais remontent au début des années 90. *Le premier coup* assené à ce secteur fut porté par le krach boursier et la baisse des prix du foncier et de l'immobilier. Certes, il a été partiellement amorti par l'injection de fonds nouveaux sur le marché des actions, mais également par des programmes importants de dépenses publiques, soit au bas mot 500 milliards de dollars de crédits uniquement de 1991 à 1995 inclus. *Le deuxième coup* fut assené en 1995 par la hausse de la parité du yen par rapport au dollar, ce qui entraîna une chute brutale de la profitabilité des sociétés et des banques. C'est alors que se profila la menace d'un effondrement du système financier japonais, menace qui se précisa quand, à la fin de 1995, les créances irrécouvrables des banques japonaises dépassèrent de plus de 20% la totalité de leur capital - actions[101]. Une fois de plus, le gouvernement volait alors au secours du système bancaire, faisant adopter une loi aux termes de laquelle les dépôts effectués dans toutes les sociétés financières et banques étaient garantis par l'Etat jusqu'au 31 mars 2001[102], ce qui permettait de réduire le taux de rémunération annuel des dépôts au chiffre dérisoire de 0,34%[103]. Mais aussi de réduire les taux d'imposition marginaux, ce qui offrait aux grandes sociétés de nouvelles possibilités pour rembourser leur endettement bancaire. Et enfin, le gouvernement consacra une part de ses crédits à l'assainissement du système bancaire[104]. Le troisième coup, assené par la crise financière asiatique, fut le plus meurtrier, largement du fait de la sous-estimation des problèmes financiers, de l'accumulation en 1994-1998 des créances douteuses et du gonflement des investissements peu rentables.

Cette dérive a été également favorisée par la baisse artificielle des taux multiplicateurs de la masse monétaire et gros du mirage des possibilités financières illimitées des investisseurs nippons. En 1995, l'argent capté pratiquement sans frais par les banquiers permettait au Japon d'assurer 60% des exportations nettes mondiales de capitaux. Compte tenu de la chute du yen, qui passait d'une parité de 79 yens en 1995[105] à 147 yens pour un dollar en octobre 1998, on peut supposer que la profitabilité des investissements effectués dans l'économie des Etats-Unis ou de l'UE en yens convertis une première fois au début de la période considérée et une seconde fois à la fin de ladite période ne devait pas, par définition, chuter au-dessous d'un taux annuel de 30%. Or, au Japon même, la profitabilité des investissements restait dérisoire. Ainsi, au cours de la période 1985-1993, les placements dans un fonds de pension américain moyen rapportaient 16,5% d'intérêts annuels contre seulement 5,5% pour un fonds de pension japonais[106]. Pourtant, le problème n'est pas tant financier que social, car dans aucun pays du monde, les questions de sécurité sociale d'une population vieillissante ne se posent avec autant d'acuité qu'au Japon, où dès 2010 on ne comptera que 25 actifs pour 10 retraités[107]. Les investissements dans les « comptes postaux » offraient un exemple flagrant d'utilisation des liquidités des épargnants par l'Etat, car début 2000, il fallait 300 ans (!) pour doubler le montant d'un dépôt de ce type[108]. Mais dans les années 90, les investisseurs nippons accoutumés aux produits financiers de leur pays n'avaient pratiquement pas le choix : en 1989, l'indice Nikkei atteignait 39 000 points, alors que le Dow Jones ne dépassait pas 2500 points, mais dix ans plus tard le premier avait chuté de 70% et le second faisait un bond de près de 300%[109]. Si l'on se penche sur les sociétés financières, la situation est encore plus dramatique :

du début de 1987 à 1996 inclus, la valorisation des actifs des fonds mutualistes a augmenté de 480% aux Etats-Unis, de 260% en Grande-Bretagne, mais seulement de 13% (!) au Japon[110].

Pourtant, l'activité des investisseurs dépassait les limites du raisonnable même dans ces conditions. Fin février 1997, lorsque les symptômes de la crise asiatique étaient déjà peu équivoques, le montant global des prêts accordés par les banques japonaises aux sociétés commerciales dépassait 4,5 trillions de dollars (!) contre 2,8 trillions de dollars aux Etats-Unis où la structure des investissements du système bancaire était beaucoup moins risquée et où la capitalisation dépassait de près de 2,5 fois celle du Japon[111].

L'estimation du montant des créances douteuses des banques japonaises varie considérablement, la plus élevée étant de 3 trillions de dollars[112]. Mais cela inclut également les créances irrécouvrables de longue date. Aussi bien, selon des calculs plus réalistes, le montant des créances douteuses des banques japonaises est passé de 46 trillions de yens à l'automne 1995[113] à 77-80 trillions de yens vers le milieu de 1998, soit 550-570 milliards de dollars (certains experts donnent le chiffre de 600 milliards de dollars au minimum pour cette période[114]). Aujourd'hui, alors que la parité du yen a atteint 103-110 yens pour un dollar, le montant en dollars de ces créances doit osciller entre 800 milliards et 1 trillion de dollars[115], soit près de 20% du PNB et plus de 60% des recettes budgétaires. Les tentatives de combler le trou en puisant dans les fonds publics risquent fort de ne pas être couronnées de succès, car les limites de l'emprunt public sont d'ores et déjà atteintes et les taux d'intérêts, déjà proches de zéro, ne peuvent guère descendre plus bas.

L'économie japonaise est désormais enfermée dans un cercle vicieux dont les éléments constitutifs sont la baisse du PNB, une consommation intérieure stagnante et la baisse, dans ce contexte, des taux d'intérêt entraînant, d'une part, la chute de l'efficacité de la production et, de l'autre, la croissance de la dette publique. L'influence conjuguée de tous ces facteurs négatifs font penser à certains analystes que la présente récession « est la deuxième dans l'histoire du capitalisme par son degré de gravité après le Grand krach de 1929 »[116] et il est plus facile d'abonder dans ce sens que de tenter de la minimiser.

« Bagage » économique pour le siècle nouveau

Depuis 1945, les dernières années du siècle qui s'en va ont effectivement été les plus défavorables pour l'économie japonaise. Dès les premiers mois de 1997, le taux de croissance diminuait et le FMI révisait à la baisse ses prévisions pour la croissance du PNB nippon (le taux annuel prévisionnel passait de 2,7 à 2,2%[117]). Le gouvernement japonais tenta alors, une nouvelle fois, de stimuler la croissance, mais en avril et en mai le PNB connut un recul correspondant à une baisse annuelle de 11,2%[118]. Le deuxième trimestre 1997 fut le plus désastreux depuis la période du premier choc pétrolier. Le PNB chuta de 2,9% par rapport à la même période de 1996, la consommation de 5,7% par rapport au trimestre précédent, les investissements industriels de 1,5% et les placements dans l'immobilier de 11,5%[119]. Malgré une certaine stabilisation de la conjoncture à l'été 1997, les nouvelles prévisions du FMI, publiées en août, fixaient le taux de croissance de l'économie japonaise à 1,2%. Mais la crise qui éclata en septembre - novembre fit litière de toutes les anticipations : en 1997, le PNB se contracta pour la première fois de 1,4%, mais de 2,3% encore en 1998. Ces trois dernières années, à partir du deuxième trimestre de 1997, le PNB n'a connu que trois trimestres de croissance contre neuf trimestres de baisse. Dans la deuxième moitié de 1998, le taux de baisse moyen trimestriel du PNB atteignit 3%, chute sans précédent dans toute l'histoire de l'industrialisation japonaise. Si bien qu'à la fin de 1998, le PNB a diminué de 5,25% par rapport au pic du printemps 1997[120]. Au début de 2000, lorsque l'on eut fait le bilan de la baisse du PNB dans le quatrième trimestre de 1999, les experts purent relever que le PNB avait, sur l'année, diminué de 5,5%, et les dépenses des ménages de 6,3%[121]. Selon des évaluations alternatives du Centre japonais de recherches économiques, fin 1999 le PNB avait baissé à un rythme correspondant à un taux annuel de 7%. D'ailleurs, les autres indicateurs étaient aussi désastreux. C'était notamment le cas pour la baisse de la demande étrangère des produits de l'industrie japonaise, à telle enseigne qu'en 1999 les exportations n'avaient augmenté que de 1,5% contre 6,8% pour les importations[122]. Le début de l'an 2000 apporta un certain mieux : le premier trimestre fut marqué par une légère tendance à la remontée du PNB à raison de 0,7%, mais d'une part les experts n'étaient guère optimistes quant à son caractère durable et estimaient même qu'elle retomberait à zéro au deuxième trimestre[123]. Et d'autre part, à elle seule cette tendance n'était pas décisive compte tenu des problèmes graves au niveau de la microéconomie.

L'industrie japonaise restait peu compétitive. Au milieu de l'an 2000, la productivité, par exemple, dans diverses branches de l'industrie alimentaire n'atteignait que 40 à 55% de l'indicateur américain, alors que les droits de douane frappant l'importation de produits concurrents étrangers oscillaient entre 160 et 700%[124]. Les faillites continuaient à se multiplier. Alors qu'en 1998, l'endettement des sociétés en faillite s'élevait à 14,38 trillions de yens (plus de 100 milliards de dollars), ce chiffre a dépassé 11,2 trillions de yens (près de 103,6 milliards de dollars) uniquement au cours des sept premiers mois 2000[125]. Selon les prévisions pour 2001, la vague des faillites peut concerner 5 à 6% des sociétés enregistrées au Japon[126]. Juin 2000 a été marquée par la faillite particulièrement retentissante de la chaîne commerciale Sogo, qui laissait une addition astronomique de 1,87 trillions de yens (près de 17,3 milliards de dollars) aux banques et à d'autres créanciers[127]. Le gouvernement s'empressa de proposer un plan de sauvetage, dont la première étape revint aux contribuables à près de 92 milliards de dollars[128], mais sans résultats probants. Quelques semaines plus tard, on annonçait la faillite de la Seiyo, dont l'endettement est évalué à 517 milliards de yens (près de 4,78 milliards de dollars)[129]. Mais on pourrait multiplier les exemples.

Le gouvernement japonais tente de parer à l'aggravation de la crise en dispensant largement des crédits ou même en finançant directement le secteur industriel. Au cours de la période 1990-1995, la Banque du Japon a baissé à neuf reprises le taux d'escompte de 6 à 0,5%, niveau qui se maintient depuis septembre 1995. Malgré les exhortations des pays occidentaux à renoncer à la « politique du taux d'intérêt nul », la Banque du Japon persiste et signe, consciente du fait qu'en renonçant à cette stratégie, elle porterait un coup fatal à l'économie nippone[130]. Mais la spécificité de la situation actuelle tient à ce que, comme le soulignent les experts, même dans l'éventualité d'une mise en œuvre conséquente d'une telle politique, « la Banque du Japon ne peut réinjecter des fonds dans l'économie pour la simple raison que celle-ci n'en a plus besoin »[131]. Dans un pays où durant des décennies la ligne directrice était restée l'extension de la production plutôt que l'amélioration de son efficacité, on comptait 87% d'unités insuffisamment compétitives selon les critères internationaux et un nouvel accroissement de leur nombre était susceptible de paralyser l'économie[132]. Dès lors, il convient de se tourner vers des solutions comportant une dévaluation brutale du yen, le feu vert aux faillites massives et l'ouverture de l'économie aux investisseurs étrangers. Or, la volonté politique nécessaire pour mettre en œuvre un tel train de mesures fait totalement défaut au sein de la direction du pays.

L'accroissement des financements publics entraîne, bien entendu, un gonflement de la dette publique du Japon. De nombreux experts estiment aujourd'hui que la part du PNB redistribuée par le biais des affectations budgétaires pourrait passer de 40% à 50-55% comme dans la plupart des pays développés d'Europe. Certes, mais deux facteurs font obstacle à une telle dynamique.

En premier lieu, le cas de figure du Japon est singulier en matière de régulation monétaire. D'une part, les dépenses de consommation en recul exigent une baisse des prix, éventuellement anti-inflationniste, mais plus probablement déflationniste et donc contraire aux objectifs de croissance économique. D'autre part, le déficit budgétaire (abyssal selon les critères occidentaux, voire même russes: pour l'exercice 2000, il atteindrait 38,4% (!) d'un budget de 84,98 trillions de yens, soit près de 800 milliards de dollars[133]) conduit à de nouveaux emprunts et à une demande accrue de yens ne permettant pas de baisser sa parité par rapport aux autres devises mondiales (de mars 1999 à mars 2000, la parité du yen est montée de 148 à 103 yens pour un dollar, atteignant un pic historique par rapport à l'euro). Le cours élevé du yen a eu pour conséquence une contraction des exportations, la progression des importations et de nouveaux emprunts publics pour le soutien des producteurs japonais.

En deuxième lieu, l'accroissement de la dette publique est aujourd'hui le péril national n°1. Selon le bilan de 1999, le Japon est devenu le premier émetteur mondial d'obligations d'Etat, supplantant les USA à la plus haute marche de ce peu glorieux podium. Au 1er janvier 2000, le montant total des bons du Trésor US en circulation atteignait 3,28 trillions de dollars (352 trillions de yens), soit 40% du PNB américain, ceci d'ailleurs après une baisse de 2% en 1999. A contrario, pour la même année, ce montant a augmenté de 14% au Japon pour culminer à 359 trillions de yens (3,293 trillions de dollars), soit près de 100% du PNB nippon[134] . Nombre de prévisionnistes envisagent une dette publique de 315% du PNB japonais vers 2030[135] . Dès à présent, le service de la dette publique représente 22% des dépenses budgétaires, soit plus que les postes réunis de la Défense, des pensions de retraites et de l'Instruction publique[136] , montant sans précédent alors que le déficit budgétaire atteint 7,9% du PNB[137]. Fin juin 2000, l'agence d'évaluation Fitch IBCA baissait la notation de solvabilité du Japon de AAA à AA+, le reléguant ainsi au dernier rang des pays industrialisés[138]. D'ailleurs, sa dette publique réelle est beaucoup plus élevée encore que celle qu'indiquent les statistiques officielles, celle-ci ne prenant pas en compte les bons émis par les municipalités et les nombreux cautionnements gouvernementaux. C'est ainsi qu'en 1996-1997, les préfectures japonaises avaient des budgets locaux affichant des déficits comparables à ceux de l'Etat. Quant à l'endettement du Grand Tokyo, naguère principale vache à lait du pays, il atteignait, à la fin du premier semestre de 1997, près de 60 milliards de dollars, soit 80% du produit brut régional[139]. Là encore, on pourrait multiplier les exemples à l'infini.

En 1999-2000, les mesures gouvernementales visant à une reprise économique ont rencontré un succès apparent. L'indice Nikkei a augmenté de plus de 50% par rapport à son plancher, dépassant en janvier 2000 le seuil psychologique de 20 000 points (mais pour rechuter de 20-25% en avril). Une certaine reprise économique dans les pays du Sud-Est asiatique éloigna la perspective d'un krach financier et le développement stable de l'économie américaine, capable d'absorber d'importantes importations de produits, soutint également les producteurs japonais. Pourtant l'épreuve majeure que le Japon devra affronter demeure sa libéralisation inévitable et l'ouverture du marché aux investisseurs occidentaux. Le nombre d'absorptions de firmes japonaises par le capital occidental est passé de 417 au premier trimestre 1999 à 439 au premier trimestre 2000. A noter qu'il n'y avait que deux sociétés financières parmi les dix premières au chevet de ces fusions dans le premier cas et aucune dans le second[140]. A l'été 2000, les investissements étrangers directs dans l'économie japonaise (s'effectuant essentiellement sous forme d'absorptions de sociétés locales) ont plus que doublé par rapport aux chiffres de 1997[141]. Les plus grandes compagnies automobiles du pays – Nissan et Mitsubishi – ont enregistré, dans l'exercice 1999/2000, des pertes de 684 et 23 milliards de yens respectivement[142]. Dans ces conditions, de grandes compagnies automobiles européennes comme la société française Renault et la société germano-américaine Daimler - Chrysler n'ont eu aucune peine à prendre leur contrôle, Nissan ayant été acquise par Renault pour 5,3 milliards de dollars et Mitsubishi par Daimler – Chrysler pour 2,2 milliards de dollars[143], à comparer avec les 60 milliards de dollars ou presque que Daimler avait déboursés pour Chrysler un an auparavant. Aujourd'hui, les managers nippons eux-mêmes sont pessimistes quant aux perspectives de l'économie de leur pays : plus de 70% d'entre eux estiment que le Japon ne pourra rivaliser avec les Etats-Unis dans le siècle qui vient, alors que les Américains eux-mêmes sont beaucoup plus réservés : 35% seulement des managers américains partagent ce point de vue.

Au seuil du XXI° siècle, le Japon est plongé dans une profonde crise systémique. Ayant essuyé une défaite dans son affrontement économique avec le monde postindustriel, il subit en même temps une forte pression de la part des économies industrielles d'Asie et doit lutter avec la Chine pour le rôle de superpuissance régionale. Comme naguère, les dirigeants nippons sont soucieux d'accroître l'efficacité de la production de biens industriels standards (non innovants), sans prendre conscience de l'environnement postindustriel de leur pays et des nouvelles lois économiques qui régissent désormais ce monde postindustriel. Comme le dit un ouvrage récent, « la productivité bien comprise exige de prendre en compte le coût (prix) du marché pour les produits fabriqués par chaque nation aussi bien que de l'efficacité de la production. L'amélioration de celle-ci à elle seule, c'est-à-dire l'accroissement de la production au prorata du travail fourni ou du capital investi, ne permet la hausse des salaires et des profits qu'à la condition que les prix des biens et services restent stables ou augmentent. Du fait qu'aujourd'hui la concurrence mondialisée influe d'une manière grandissante sur les prix des produits standards, l'efficacité à elle seule ne résout plus le problème »[144]. Dans ces conditions nouvelles, les chances du Japon paraissent illusoires dans la mesure où il a déjà perdu les avantages des pays spécifiquement industriels bénéficiant d'une main-d'œuvre bon marché et de transferts de technologies face au monde postindustriel, sans pour autant devenir lui-même un pays postindustriel se développant sur la base de valeurs non matérialistes. Comme le prophétise P. Krugman, « dans un proche avenir, le timide optimisme récemment exprimé quant aux perspectives de l'économie japonaise s'évanouira et l'abîme qui s'ouvre devant ce pays se révélera plus profond que jamais »[145]. Nous aurons bientôt l'occasion de vérifier ces prévisions de cet éminent spécialiste des problèmes de la mondialisation.

L'histoire de l'essor économique du Japon après 1945 offre un exemple idéal de développement « de rattrapage ». Sur cette voie, il a réussi à user de tous les avantages de sa situation de pays industriel avancé se trouvant dans un environnement de pays postindustriels en gestation afin de bénéficier d'un afflux gigantesque de fonds et du transfert sans précédent des technologies de pointe. Selon le Prix Nobel d'économie 1998 A. Sen, le Japon a été « la seule nation organisée sur le mode communiste à obtenir des résultats importants »[146]. Mais dans le même temps, l'exemple du Japon a montré qu'un pays ayant atteint les chiffres mondiaux parmi les plus élevés en matière de PNB par habitant, de niveaux de vie, d'équipement technologique de l'industrie n'en est pas devenu pour autant une puissance postindustrielle au développement auto-entretenu. Ce qui atteste que le passage du modèle industriel au modèle postindustriel se détermine par des facteurs non seulement quantitatifs, mais au premier chef subjectifs et ne peut couronner un développement économique de mobilisation. Cela signifie également que dans un pays se fixant pour objectif d'atteindre le niveau le plus élevé de développement industriel, l'esprit public ne se dégage pas de l'orientation imprimée pas plus que l'esprit d'un individu élevé depuis sa prime enfance dans l'ambition d'atteindre à l'aisance matérielle ne peut accéder à un système cohérent de motivations non matérialistes.

Malgré tous les résultats positifs obtenus, le modèle japonais a fait la preuve (et il ne pouvait en être autrement) des limites inhérentes au développement « de rattrapage ».

En premier lieu, à l'instar de toute économie « de rattrapage », le modèle économique nippon s'est constitué dans un contexte où la croissance industrielle se poursuivait grâce à une certaine sous-consommation des ménages. De ce fait, il manquait le lien entre l'élévation du niveau de vie et une nouvelle échelle des valeurs, lien absolument indispensable pour l'impatronisation du système de motivations propre à une société postindustrielle. A la fin des années 80, le Japon est devenu la plus grande puissance industrielle du monde, mais cela dans une période où la société de type industriel devenait l'apanage d'une ère révolue et cessait déjà d'être l'objectif auquel tendait le progrès social.

En second lieu, le développement « de rattrapage » exige évidemment des investissements massifs, ce qui n'est possible que grâce à une coordination centralisée des efforts consentis. Encourageant la croissance industrielle, le gouvernement s'astreint à rechercher des sources d'investissements excédant largement les montants susceptibles d'être réinvestis dans le contexte d'un taux d'épargne normal dans le monde développé. Outre une limitation de la consommation des ménages, l'une des sources d'investissements est constituée par les recettes tirées des exportations, ce qui implique une économie tournée vers les marchés extérieurs et la réduction systématique des coûts de production, y compris grâce à l'exportation des capitaux, à la « délocalisation » dans des pays moins développés, qui deviennent inévitablement, par la suite, les concurrents les plus âpres. La dette extérieure et une prodigalité sans précédent en matière de crédits masquaient un système économique inefficace et fort vulnérable.

En troisième lieu, l'exemple du Japon a montré que la prééminence dans l'économie mondiale ne peut, aujourd'hui, revenir à un pays qui ne soit pas une source puissante d'innovations technologiques et ne dispose pas d'un solde positif dans le commerce des brevets, des inventions, des technologies et des moyens de les mettre en œuvre. L'industrie japonaise s'est bâtie dans un contexte où l'accès aux technologies était aisé en soi et de surcroît facilité par la politique du MITI. Cela explique largement aussi bien le fait que les problèmes de formation et de recherche scientifique aient notoirement été négligés que la prédominance, au sein de la société, de valeurs et de traditions contraires aux manifestations de cet individualisme qui seul peut permettre des réalisations scientifiques, techniques et économiques à la hauteur des impératifs du siècle qui commence. Les limites du développement « de rattrapage » ont sautés aux yeux dès les années 90, lorsque l'information et le savoir sont devenus la source principale de valeur ajoutée dans les économies développées. Cela a entraîné une mutation profonde de la composition des coûts de production, l'exportation des résultats scientifiques et des technologies étant désormais beaucoup plus profitable que le commerce des produits de consommation et d'autres produits fabriquées en grandes séries. Or, les industriels japonais, si aptes à répondre à la demande du consommateur de base en Asie et en Amérique, ont été incapables de promouvoir une offre susceptible d'intéresser la « classe intellectuelle », qui devient le principal groupe social déterminant l'offre et la demande sur les marchés du XXI° siècle.

En conclusion, il convient de noter que toutes les contradictions et insuffisances du modèle japonais de développement « de rattrapage » se sont manifestées avec beaucoup plus de relief encore dans les pays d'Asie qui ont copié ce modèle dans les années 80. Aussi bien le chapitre suivant sera-t-il consacré à un bref examen de leur expérience et de la « crise financière asiatique » à laquelle celle-ci a abouti en 1997.

1 Cf. *McKinnon R. I., Ohno K.* Dollar and Yen. Resolving Economic Conflict between the United States and Japan. MIT Press, Cambridge (Ma.)-London, 1997, pp. 75-76.

2 Cf. *Callon S.* Divided Sun. MITI and the Breakdown of Japanese High-Tech Industrial Policy, 1975-1993. Stanford University Press, Stanford (Ca.), 1995. p. 149.

3 Cf. *Hobsbawn E.* On History. Weidenfeld and Nicolson, London, 1997. p. 218.

4 Cf. *Becker G. S.* Human Capital. A Theoretical and Empirical Analysis with Special Reference to Education. 3rd ed. Chicago-London, 1993. p. 24.

5 Cf. *Hampden-Turner Ch., Trompenaars F.* The Seven Cultures of Capitalism. Value Systems for Creating Wealth in the United States, Britain, Japan, Germany, France, Sweden and the Netherlands. Judy Piatkus Publishers, London, 1994. p. 159 ; pour plus de détails, cf. *Ohmae K.* The Borderless World. Power and Strategy in the Global Marketplace. Harper Collins Publishers, New York, 1994. pp. 17-18.

6 Cf. *Huntington S. P.* The Third Wave. Democratization in the Late Twentieth Century. Norman (Ok.)- London, 1991. p. 310.

7 Cf. *Wallerstein I.* Geopolitics and Geoculture. Essays on the Changing World-System. Cambridge University Press. Maison des Sciences de l'Homme, Cambridge, 1991, p. 20.

8 Cf. *Katz R.* Japan : The System That Soured. The Rise and Fall of Japanese Economic Miracle. An East Gate Book, Armonk (New York)-London, 1998. p. 55.

9 Cf. *LaFeber W.* The Clash. US-Japanese Relations Throughout History. W. W. Norton and Company, New York-London, 1997. p. 327.

10 Cf. *Krugman P.* Pop Internationalism. MIT Press, Cambridge (Ma.)-London, 1998. p. 179.

11 Cf. *Katz R.* Japan : The System That Soured. p. 71.

12 Cf. *Kosai Y.* The Era of High-Speed Growth : Notes on the Postwar Japanese Economic System. Tokyo, 1986. p. 5.

13 Cf. *Spulber N.* The American Economy. The Struggle for Supremacy in the 21th Century. Cambridge University Press, Cambridge, 1997. p. 93.

14 *Sakaiya T.* What is Japan ? Contradictions and Transformations. Kodansha International, New York-Tokyo, 1993. p. 30.

15 Cf. *Kuttner R.* The End of Laissez-Faire. National Purpose and the Global Economy After the Cold War. University of Pennsylvania Press, Philadelphia (Pa.), 1991. pp. 178-179.

16 Cf. *Abramowitz M., David P. A.* Convergence and Deferred Catch-Up : Productivity Leadership and the Waning of American Exceptionalism // *Landau R., Taylor T., Wright G.* (Eds.) The Mosaic of Economic Growth. Stanford University Press, Stanford (Ca.), 1996. p. 33.

17 Cf. *Katz R.* Japan : The System That Soured. pp. 90, 89.

18 Cf. *Vogel E.* Japan as Number One : Lessons for America. Harvard University Press, Cambridge (Ma.)-London, 1979. pp. 78-79.

19 Cf. *Katz R.* Japan : The System That Soured. p. 154.

20 Cf. *Katz R.* Japan : The System That Soured. pp. 185-187.

21 Cf. *Hartcher P.* The Ministry. How Japan's Most Powerful Institution Endangers World Markets. Harvard Business School Press, Boston (Ma.), 1998. p. 192.

22 Cf. *Ohmae K.* The End of the Nation-State : The Rise of Regional Economies. Free Press, New York, 1995. pp. 48-49, 98-99.

23 Cf. *Johnson Ch.* Japan : Who Governs ? The Rise of the Developmental State. W. W. Norton and Company, New York-London, 1995. p. 75.

24 Cf. *Tilton M. C.* Regulatory Reform and Market Opening in Japan // *Carlile L. E., Tilton M. C.* (Eds.) Is Japan Really Changing Its Ways ? Regulatory Reform and the Japanese Economy. Brookings Institution Press, Washington (D. C.), 1998. pp. 163-164.

25 Cf. *Johnson Ch.* Japan : Who Governs ? pp. 72-73.

26 Cf. *Fields G., Katahira H., Wind J., Cunther R. E.* Leveraging Japan : Marketing to the New Asia. Jossey-Bass Publishers, San Francisco (Ca.), 2000. p. 186.

27 Cf. *Landes D. S.* The Wealth and Poverty of Nations. Why Some Are So Rich and Some So Poor. Little, Brown and Company, London, 1998. p. 483.

28 Cf. *Katz R.* Japan : The System That Soured. pp. 143-144.

29 Cf. *Kennedy P.* The Rise and Fall of the Great Powers. Economic Change and Military Conflict from 1500 to 2000. Fontana Press (An Imprint of Harper Collins Publishers), London, 1988. pp. 539-540.

30 Cf. *Ohmae K.* The Borderless World. pp. 49-50.

31 Cf. *Ohmae K.* The Borderless World. p. VIII.

32 Cf. *Callon S.* Divided Sun. p. 165, tableau 27.

33 Cf. *Barnet R. J., Cavanagh J.* Global Dreams. Imperial Corporations and the New World Order. Touchstone / Simon and Schuster, New York, 1994. p. 405.

34 Cf. *Mason M.* Historical Perspectives of Japanese Direct Investment in Europe // *Mason M., Encarnation D.* (Eds.) Does Ownership Matters ? Japanese Multinationals in Europe. Clarendon Press, Oxford, 1995. p. 31.

35 Cf. *Krugman P.* The Age of Diminishing Expectations-MIT Press. Cambridge (Ma.)-London, 1998. p. 142.

36 Cf. *LaFeber W.* The Clash. pp. 366-367.

37 Cf. *Phongpaichit P., Baker Ch.* Thailand's Boom and Bust. Silkworm Books, Chiang Mai, Thailand, 1998. p. 3.

38 Cf. *Henderson C.* Asia Falling. Making Sense of the Asian Crisis and Its Aftermath. Business Week Books, New York, 1999. p. 172.

39 Cf. *Johnson Ch.* MITI and the Japanese Miracle : The Growth of Industrial Policy 1925-1975. Stanford University Press, Stanford (Ca.), 1982. p. 19.

40 Cf. *Sayer A., Walker R.* The New Social Economy : Reworking the Division of Labor. Blackwell, Cambridge (Ma.)-Oxford (UK), 1994. p. 154.

41 Cf. *Thurow I.* Head to Head. The Coming Economic Battle Among Japan, Europe and America. Warner Books, New York, 1993. p. 30.

42 Cf. *Pempel T. J.* Regime Shift. Comparative Dynamics of the Japanese Political Economy. Cornell University Press, Ithaca (New York)-London, 1998. p. 147.

43 Cf. *Gray J.* False Dawn. The Delusions of Global Capitalism. Granta Books, London, 1998. p. 173.

44 Cf. *Davidson J. D., Lord William Rees-Mogg.* The Great Reckoning. Protect Yourself in the Coming Depression. Touchstone / Simon and Schuster, New York, 1993. p. 161.

45 Cf. *Luttwak E.* Turbo-Capitalism. Winners and Losers in the Global Economy. Weidenfeld and Nicolson, London, 1998. p. 117.

46 Cf. *Hartcher P.* The Ministry. pp. 69-70.

47 Cf. *Cargill T. F., Hutchinson M. M., Ito T.* The Political Economy of the Japanese Monetary Policy. MIT Press Cambridge (Ma.)-London,

1997. p. 109.

48 Cf. *Dent Ch. M.* The European Economy : The Global Context. Routledge, London-New York, 1997. p. 147.

49 Cf. *Hayes D.* Japan's Big Bang. The Deregulation and Revitalization of the Japanese Economy. Tuttle Publishing, Boston (Ma.)-Tokyo, 2000. p. 42.

50 Cf. *Morton C.* Beyond World Class. Macmillan Business, Houndsmills-London, 1998. p. 226.

51 Cf. The Economist, September 26. 1998. p. 24.

52 Cf. The Economist, September 25. 1993. p. 92.

53 Cf. *Cargill T. F., Hutchinson M. M., Ito T.* The Political Economy of the Japanese Monetary Policy. p. 91.

54 Cf. *Hartcher P.* The Ministry. p. 100.

55 Cf. *MacIntyre D.* Spend, Japan, Spend // Time. April 20. 1988. p. 29.

56 Cf. *Hartcher P.* The Ministry. p. 68.

57 Cf. *Strange S.* Mad Money. Manchester University Press, Manchester, 1998. p. 148.

58 Cf. *Cargill T. F., Hutchinson M. M., Ito T.* The Political Economy of the Japanese Monetary Policy. p. 184.

59 Cf. *Ayres R. U.* Turning Point. An End to the Growth Paradigm. Earthscan Publications Ltd., London, 1998. p. 33.

60 Cf. The Economist, September 26. 1998. p. 27.

61 Cf. *Davidson J. D., Lord William Rees-Mogg.* The Great Reckoning. p. 155.

62 Cf. *Hayes D.* Japan's Big Bang. p. 7.

63 Cf. *Hartcher P.* The Ministry. pp. 111, 113.

64 Cf. The Economist, June 20. 1998. p. 24.

65 Cf. *McLeod R., Garnaut R.* (Eds.) East Asia in Crisis. From Being a Miracle to Needing One ? Routledge, London-New York, 1998. p. 22.

66 Cf. The Economist, April 11. 1998. p. 15.

67 Cf. *Cumings B.* Parallax Visions. Making Sense of American-East Asian Relations at the End of the Century. Duke University Press, Durham (N.C.)-London, 1999. p. 32.

68 Cf. The Economist, April 25. 1998. p. 122.

69 Cf. *Steers R. M.* Made in Korea. Chung Ju Yung and the Rise of Hyundai. Routledge, New York-London, 1999. p. 91.

70 Cf. *Porter M.* Japan's Twin Demons // Financial Times. July 5, 2000. p. 12.

71 Cf. *Hartcher P.* The Ministry. p. 174.

72 Cf. *Gough L.* Asia Meltdown. The End of the Miracle ? Capstone, Oxford, 1998. p. 25.

73 *Sakayia T.* What Is Japan ? p. 264.

74 Cf. *MacIntyre D.* Spend, Japan, Spend. Time. April 20, 1998, p. 30.

75 Cf. *Landers P.* Consumer Spending Continues to Languish Among Japanese // The Wall Street Journal Europe. August 8, 2000. p. 6.

76 Cf. *Wehrfritz G.* Shop Till You Drop – Please // Newsweek. November 30, 1998. p. 25.

77 Cf. *Abrahams P.* Japan Gambles on Chance // Financial Times. April 3, 2000. p. 17.

78 Cf. *Powell B., Kattoulas V.* The Lost Decade // Newsweek. July 27, 1998. pp. 16-17.

79 Cf. The Economist. September 26, 1998. p. 24.

80 Cf. The Economist, June 20, 1998. p. 23.

81 Cf. *Kattoulas V.* Midnight Run // Newsweek. January 11, 1999. p. 40.

82 Cf. *Strom S.* Japanese Joblessness Hits a Record, but Government is Optimistic // International Herald Tribune. April 1-2, 2000. p. 1.

83 Cf. The Economist, July 1, 2000. p. 25.

84 Cf. *Hartcher P.* The Ministry. p. 229.

85 Cf. *Cargill T. F., Hutchinson M. M., Ito T.* The Political Economy of the Japanese Monetary Policy. p. 87.

86 Cf. *Goldstein M.* The Asian Financial Crisis : Causes, Cures and Systemic Implications. Institute for International Economics, Washington (D.C.), 1998. p. 21.

87 Cf. *McLeod R. H., Garnaut R.* (Eds.) East Asia in Crisis. p. 275.

88 Cf. World Economic Outlook. A Survey by the Staff of the International Monetary Fund. May 1998. IMF, Publication Service, Washington (D.C.), 1998. p. 44.

89 Cf. *Hatch W., Yamamura K.* Asia in Japan's Embrace. Building a Regional Production Alliance. Cambridge University Press, Cambridge-New York, 1996. pp. 6-7.

90 Cf. *Spaeth A.* Calling Japan // Time. February 16, 1998. pp. 37-38.

91 Cf. *Pempel T. J.* Regime Shift. p. 149.

92 Cf. *Grant W.* Perspectives on Globalization and Economic Coordination // *Hollingsworth J. R., Boyer R.* (Eds.) Contemporary Capitalism : The Embeddedness of Institutions. Cambridge University Press, Cambridge, 1997. p. 324.

93 Cf. *Johnson Ch.* Japan : Who Governs ? p. 106.

94 Cf. *Pempel T. J.* Regime Shift. p. 149.

95 Cf. The Economist. June 27. 1998. p. 88.

96 Cf. *Gibney F.* Stumbling Giants // Time. November 24, 1997. p. 55.

97 Pour plus de détails, cf. The Economist. November 29, 1997. pp. 85-87.

98 Cf. The Economist. May 9. 1998. p. 76 ; *Gibney F.* Is Japan About to Crumble ? // Time. June 8, 1998. p. 30.

99 Cf. *Nakamoto M.* Surge in Japanese Bankruptcies // Financial Times. August 15, 2000. p. 16.

100 Cf. *Tett G.* Japanese Investors Haunted by Turmoil of '98 // Financial Times. July 20. 2000. p. 16.

101 Cf. *Hartcher P.* The Ministry. p. 150.

102 Cf. *Ohmae K.* Not Another Hashimoto, Please ! Newsweek. July 20, 1998. p. 19.

103 Cf. Japanese Finance. A Survey // The Economist. June 27, 1998. p. S-8.

104 Cf. The Economist. August 30, 1997. p. 68.

105 Pour plus de détails, cf. *Soros G.* The Crisis of Global Capitalism [Open Society Endangered]. Little, Brown and Company, London, 1998. p. 189.

106 Cf. *Hartcher P.* The Ministry. p. 164.

107 Cf. *Mazarr M. J.* Global Trends 2005. An Owner's Manual for the Next Decade. St. Martin's Press, New York, 1999. p. 39.

108 Cf. *Bremner B.* A Nation of Risk-Takers ? // Business Week. European Edition. May 8, 2000. p. 49.

109 Cf. *Davis S., Meyer C.* Future Wealth. Harvard Business School Press,

Boston (Ma.), 2000. pp. 153-154.

110 Cf. Japanese Finance. A Survey. p. S-8.

111 Cf. Japanese Finance. A Survey. p. S-6.

112 Cf. *Ohmae K.* Not Another Hashimoto, Please ! Newsweek. July 27, 1998, p. 19.

113 Cf. *Cargill T. F., Hutchinson M. M., Ito T.* The Political Economy of the Japanese Monetary Policy. p. 118.

114 Cf. *Pempel T. J.* Regime Shift. p. 149.

115 Cf. *Cumings B.* The Asian Crisis. Democracy and the End of « Late » Development // *Pempel T. J.* (Ed.) The Politics of the Asian Economic Crisis. Cornell University Press, Ithaca (New York)-London, 1999. p. 118.

116 Ce point de vue de l'économiste P. Ormerod est cité in *Perkins A. B., Perkins M. C.* The Internet Bubble. Harper Business, New York, 1999. p. 188.

117 Cf. The Economist. April 26, 1997. p. 79.

118 Cf. *Henderson C.* Asia Falling. p. 169.

119 Cf. The Economist. September 20, 1997. p. 101.

120 Cf. World Economic Outlook. A Survey by the Staff of the International Monetary Fund. May 1999. IMF, Publication Service, Washington (D.C.), 1999. p. 15.

121 Cf. *Landers P.* Japan's GNP Contracted 1,4% in Fourth Quarter of 1999 // The Wall Street Journal Europe. March 14, 2000. p. 3.

122 Cf. The Nikkei Weekly. March 6, 2000. p. 4.

123 Cf. *Trett G., Crooks E.* Japan's Gesture // Financial Times. August 14, 2000. p. 12.

124 Cf. The Economist. August 19, 2000. p. 60.

125 Cf. *Nakamoto M.* Surge in Japanese Bankruptcies. p. 16.

126 Cf. The Economist. June 17, 2000. p. 103.

127 Cf. The Economist. July 15. 2000. p. 89.

128 Cf. *Strom S.* Japan Takes Risky Step to Bail Out Ailing Retailer // International Herald Tribune. July 1-2, 2000. p. 14.

129 Cf. *Tett G.* Japanese Investors Haunted by Turmoil of '98. p. 19.

130 Cf. Financial Times. 2000. April 26. p. 4 ; pour plus de détails sur l'évolution des taux d'intérêt en 1994-1999, cf. *Murphy R.* T. Japan's Economic Crisis // New Left Review. Second Series. January-February 2000. p. 42.

131 Cf. *Ueda K.* Why the Bank of Japan Can't Target Inflation // The Wall Street Journal Europe. March 6, 2000. p. 10.

132 Cf. *Hamlin M. A.* Asia's Best. The Myth and Reality of Asia's Most Successful Companies. Prentice Hall/Simon and Schuster (Asia) Pte Ltd. Singapore-New York, 1998. p. 8.

133 Cf. The Nikkei Weekly. March 6, 2000. p. 4

134 Cf. *Tett J.* Japan Passes US as Top Issuer of Public Debt // Fiancial Times. March 4-5, 2000. p. 4.

135 Cf. *Hayes D.* Japan's Big Bang. p. 140.

136 Cf. The Economist. March 21, 1998. p. 26.

137 Cf. *Melloan G.* Japan Needs More than a New Political Shuffle // The Wall Street Journal Europe. June 6, 2000. p. 9.

138 Cf. International Herald Tribune. June 30, 2000. p. 19.

139 Cf. Business Week. October 19, 1998. p. 30.

140 Cf. *Abrahams P.* A Revolution is Well Under Way // Financial Times May 8, 2000. Survey « Japanese Investment Banking ». p. 1.

141 Cf. *D'Andrea Tyson L.* Don't Look Now, But a New Japan Is Taking Shape // Business Week. European Edition. May 29, 2000. p. 14.

142 Cf. *Ono Y.* Nissan Motor Posts a Large Net Loss for Latest Year // The Wall Street Journal Europe. May 22, 2000. p. 7 ; *Jaggi R.* Mitsubishi Motors Reports Loss of Y23bn // Financial Times. May 26, 2000. p. 24.

143 Cf. *R. Ernsberger Jr.* On the Road to Regret ? // Newsweek. March 29, 1999. p. 58.

144 *Porter M. E., Takeuchi H., Sakakibara M.* Can Japan Compete ? Houndmills-London, 2000. pp. 100-101.

145 *Krugman P.* From Japan, Lessons on How Not to Run an Economy // International Herald Tribune. August 14, 2000. p. 8.

146 Cf. *Sen A.* Development as Freedom. Oxford, 1999. p. 266.

CHAPITRE V

ASIE DU SUD-EST : DU BOOM A LA CRISE

L'expérience des pays du Sud-Est asiatique offre un exemple classique de développement « de rattrapage », et ceci pour plusieurs raisons. En premier lieu, à la différence du Japon, qui était une superpuissance économique régionale dès l'avant-guerre, tous ces Etats n'avaient aucune expérience industrielle. En deuxième lieu, plusieurs d'entre eux avaient longtemps été soumis à l'influence de l'idéologie communiste ou avaient emprunté une voie de développement « socialiste ». En troisième lieu, en se fixant l'objectif de l'industrialisation, ils se proposaient, avec beaucoup d'ambition, de sortir du « Tiers monde » pour rejoindre le club des pays développés. En quatrième lieu, dans aucune autre région du monde, le processus du développement industriel n'a été aussi puissamment soutenu par des investissements étrangers et des injections de crédits aussi massifs. Et enfin, en cinquième lieu, jamais auparavant une économie de marché n'a connu une crise systémique régionale aussi profonde de la société industrielle que la crise de 1997, dont les séquelles se font d'ailleurs toujours sentir.

C'est sur l'exemple des pays du Sud-Est asiatique que l'on peut suivre avec le plus de plénitude et de précision les six « foyers de tensions » du modèle de développement « de rattrapage » répertoriés au chapitre III du présent ouvrage : caractère unilatéral du système économique en formation ; prééminence des facteurs extensifs de développement ; sous-consommation des ménages appartenant à la classe moyenne ;

importation massive des capitaux et des technologies ; dépendance critique vis-à-vis des exportations de produits finis dans les pays du monde postindustriel ; retard dans le domaine de la recherche et de la formation. Tous ces aspects ont été illustrés par des statistiques et des faits saillants de la vie socio-économique de ces pays. Plutôt que d'y revenir, nous nous pencherons, d'une part, sur les paramètres généraux du développement des économies asiatiques dans les années 70 et, de l'autre, sur une évaluation des épisodes majeurs et de la gravité de la crise qui a frappé la région.

Il faut noter que, malgré les traits communs relevés, les types de développement des différents pays du Sud-Est asiatique sont sensiblement divergents. Néanmoins, on peut distinguer trois types principaux, dont chacun aboutit à des résultats spécifiques et offrent des perspectives différentes.

Le premier type est représenté par les pays qui, après avoir entamé leur industrialisation intensive dans les années 60, ont mis l'accent sur l'accession à un niveau de vie élevé et la constitution d'une base technologique propre tout en acquérant le statut de centres financiers et d'affaires de l'Asie du Sud-Est et développant des opérations de commerce extérieur. Offrant le modèle le plus réussi de percée vers la société postindustrielle, ces pays n'en sont pas moins dépendants de l'intérêt que leur porte le monde occidental qui voit en eux des avant-postes financiers asiatiques et des îlots de stabilité dans la région. Ces pays sont principalement Hongkong (possession britannique jusqu'en 1997), Singapour et Taiwan.

Le deuxième type de développement est représenté par les pays ayant abordé leur industrialisation à un stade essentiellement agraire et la réalisant par le moyen d'une surexploitation de leur propre population et d'un appel constant aux investisseurs étrangers. Tous ces Etats, et au premier chef la Corée du Sud, la Thaïlande, la Malaisie, l'Indonésie et les Philippines, sont devenus, dans les années 80 et 90, de gros exportateurs de produits manufacturés sur les marchés mondiaux avant d'être victimes des cataclysmes que l'on regroupe aujourd'hui sous la rubrique de « crise asiatique de 1997 ». Sortant maintenant de la récession, la plupart de ces pays n'en restent pas moins des adeptes d'une politique d'industrialisation extensive.

Le troisième type est associé avant tout à la Chine, la plus grande puissance de la région et la plus paradoxale, car malgré un niveau fort bas de développement économique, ce pays possède un marché intérieur important tout en restant largement à l'écart des transactions mondialisées. On peut donc dire que les prémisses majeures de la crise asiatique de 1997 n'existent qu'à un stade embryonnaire dans l'économie chinoise et que, pour l'heure, elles ne font pas peser sur celle-ci la menace de perturbations majeures. Pourtant, l'ambition de la politique chinoise, la complexité des mutations sociales et le caractère extrêmement extensif du progrès économique restent des facteurs dont on ne peut s'abstraire quand on évalue les perspectives de développement de la République populaire de Chine. D'une manière ou d'une autre, la spécificité de la voie chinoise, ainsi que l'idée assez communément répandue selon laquelle la Chine pourrait être l'alliée stratégique de la Russie dans un monde

« multipolaire », tout cela nous incitera à nous pencher plus en détails, dans le chapitre suivant, sur les modalités et le premier bilan des réformes économiques chinoises.

Industrialisation des pays asiatiques dans les années 70 et 90

Les pays asiatiques ont jeté les bases de leur économie industrielle chacun à des périodes différentes (en Malaisie, à Singapour et à Taiwan dès la fin des années 40, la plupart des autres Etats de la région dans les années 60 et la Chine socialiste au début des années 80), mais comme nous l'avons dit, ils étaient tous caractérisés par un niveau de développement très bas. Associé à une main-d'œuvre bon marché et à l'absence de fait de produits occidentaux susceptibles de concurrencer la production de l'industrie nationale, ce facteur favorise une croissance économique rapide dont les taux ont frappé l'imagination des économistes du monde entier durant des décennies.

Dans les années 70, première décennie de l'industrialisation dans la plupart des pays asiatiques, le taux de croissance du PNB s'est chiffré à 7-8% en Thaïlande et en Indonésie, à 8,1% en Malaisie, à 9,4-9,5% à Hongkong, en Corée du Sud et à Singapour, à 10,2% à Taiwan[1]. Ce taux ne devait généralement pas tomber au-dessous de 7% dans les années 80 malgré la hausse brutale des prix du pétrole et d'autres matières premières, ainsi que deux crises économiques mondiales au début et à la fin de cette décennie. Le progrès économique en Asie représente statistiquement depuis vingt ans la plus grande part de la croissance globale des indicateurs économiques des pays en développement, faisant chuter la part des pays postindustriels dans la production mondiale de 72% en 1953 à 64% en 1985 et à 59% en 1992[2]. De 1991 à 1995, huit des dix économies enregistrant une croissance de plus de 50% étaient localisées dans la région Asie-Pacifique, cet indicateur étant respectivement de 136% et de 124% pour la Chine et l'Indonésie[3]. Au début de 1996, la Chine, le Japon, l'Inde, l'Indonésie et la Corée du Sud faisent partie du peloton des douze plus grandes économies du monde[4], et quatre autres pays de la région de celui des vingt premières. Hongkong, Taiwan, Singapour, la Malaisie et la Corée du Sud se classent parmi les vingt premiers pays du monde pour les échanges commerciaux, à telle enseigne que la Malaisie avec ses 19 millions d'habitants dépassait en 1996, pour cet indicateur, la Russie de plus de 20% et l'Inde de deux fois[5]. La région du Sud-Est asiatique, dont la part dans le produit brut mondial ne dépassait pas 4% en 1960, l'a portée à 25% en 1991 et, en extrapolant, à 30% vers 2000[6]. En 1993, la Banque mondiale proclama cette zone économique « quatrième pôle de croissance » avec les Etats-Unis, le Japon et l'Allemagne. D'ailleurs, selon ses prévisions, l'Asie, où sont localisés le deuxième et le troisième empires économiques par ordre d'importance, abordera le cap de 2020 avec quatre des cinq économies mondiales prédominantes[7]. Selon certaines évaluations, le produit brut des pays asiatiques (sans le Japon) atteindra 25,8% du produit brut mondial, dépassant ainsi le produit brut de l'Amérique du Nord (23,9%), de l'UE (22,1%) et du Japon (11,3%)[8]. Selon d'autres prévisions, parfaitement fantastiques, vers 2050, les pays émergents du Sud-Est asiatique pourraient fournir 57% de la production mondiale de biens et services, alors que les pays de l'OCDE, y compris le Japon, ne pourraient prétendre qu'à 12% de ce chiffre[9].

Dans le domaine de la production industrielle en grandes séries, les pays du Sud-Est asiatique concurrençaient sévèrement le monde postindustriel et le Japon. De 1980 à 1993, l'augmentation annuelle de la valeur ajoutée dans l'industrie a été de 11% en Malaisie, de 12% en Thaïlande, de 12,6% en Corée du Sud et de 15-16% en Chine[10]. Les « tigres » asiatiques accroissaient constamment leur part dans la production mondiale d'acier et de laminés, de matériels audio et vidéo, d'automobiles et de semi-conducteurs. Au début des années 90, Taiwan venait au cinquième rang des fabricants de microprocesseurs et les recettes des grandes sociétés de l'île dans ce secteur sont passées de pratiquement zéro en 1989 à 2,5 milliards de dollars en 1993[11]. Dans la même période, les exportations de l'industrie électronique de la Corée du Sud, de Singapour, de Taiwan et de Hongkong ont dépassé 45 milliards de dollars par an[12]. A la fin des années 80, près de 2,8% du PNB sud-coréen étaient consacrés à la recherche et aux applications technologiques, soit pratiquement l'équivalent de l'indicateur japonais[13]. Grâce à ces succès spectaculaires, vers le milieu des années 90, la Corée du Sud, Taiwan, Hongkong et Singapour pouvaient se targuer d'un produit brut annuel par habitant dépassant les 10 000 dollars, se rapprochant ainsi des pays moyennement développés tout en constituant des réserves de change parmi les plus importantes du monde[14]. En 1996, la Corée du Sud est entrée au club des pays de l'OCDE.

Il ne faudrait pourtant pas oublier que tant en ce qui concerne le Japon des années 50 et 60 que pour le Sud-Est asiatique des années 70 et 80, la base d'un développement « de rattrapage » aussi rapide a été l'orientation prioritaire de l'économie vers l'exportation. Les revenus des ménages demeurant faibles jusqu'à présent dans la plupart des pays de la région comparativement à l'Europe occidentale et aux Etats-Unis (c'est ainsi qu'à la veille de la crise, un revenu mensuel de 260 dollars en Indonésie classait son heureux titulaire dans le tiers supérieur des salariés les mieux payés[15]), les exportations ont été et demeurent le principal garant d'une croissance stable. Dans les années 60 et 70, le rythme d'accroissement des exportations en provenance des pays de la région est toujours resté « à deux chiffres », l'indicateur de 1963-1973 pour la Corée du Sud atteignant le niveau incroyable de 52% par an[16]. A la fin des années 80, le rapport « Echanges extérieurs – PNB » était de 347% à Singapour, de 282% à Hongkong, de 109% en Malaisie, de 90% à Taiwan, de 66% en Corée du Sud, de 42% en Indonésie. A cet égard, il n'est pas superflu de rappeler que dans la même période cet indicateur se chiffrait à 11% pour le Japon et seulement à 6% pour les Etats-Unis[17]. Tant et si bien que dans la première partie des années 90, Taiwan et la Corée du Sud assuraient à elles seules 8% des exportations mondiales contre seulement 0,5% pour le Mexique avec une population équivalente et riche en pétrole, membre de l'Accord de libre-échange nord-américain (ALENA)[18].

Ce n'est pas tant l'orientation exportatrice de l'économie qui recelait en soi une grave menace de crise que la cible fort étroite des opérations commerciales, à savoir essentiellement le marché américain. De 1960 à 1985, les importations américaines en provenance des pays d'Asie (y compris le Japon) ont progressé de près de 60 (!) fois[19]. De 38 à 45% des exportations de la Corée du Sud et de Taiwan prenaient le chemin des Etats-Unis contre 12 à 20% vers le Japon, d'où généralement ils étaient également réexportés, après traitement ou usinage complémentaire, vers les Etats-Unis[20]. Ainsi, on peut affirmer que, durant ces trente dernières années, les Etats-Unis ont absorbé pour le moins la moitié de l'ensemble des exportations asiatiques (soit pas moins de 30 à 40% du produit brut des pays d'Asie). Il est significatif que seuls les plus développés des pays émergents d'Asie, à savoir Hongkong, Taiwan et la Corée du Sud, ont quelque peu réduit, de 1970 à 1992, la part de leurs exportations prenant le chemin des Etats-Unis, alors que les autres ne faisaient *a contrario* que l'augmenter constamment[21].

Mais même des exportations massives ne peuvent entièrement rendre compte de ce phénomène de croissance exceptionnellement rapide dans le Sud-Est asiatique. Pour soutenir ce rythme, il fallait de nouveaux investissements, rendus possibles soit par une épargne peu ou prou forcée, soit par l'interventionnisme de l'Etat dans l'économie, soit encore par l'appel aux capitaux étrangers.

A la première étape de la croissance industrielle, dans les années 50 à 70, les principales sources d'accumulation étaient la contraction artificielle de la consommation (le taux d'épargne en 1991-1992 était de 24% à Taiwan, de 30% à Hongkong, de 35% en Malaisie, en Thaïlande et en Corée du Sud, de 37% en Indonésie, de 47% du PNB à Singapour[22]) et les aides économiques extérieures. Bien que cela soit souvent occulté, il ne faut pas oublier que les pays occidentaux ont fortement subventionné les économies asiatiques, considérées comme des bastions face à la poussée communiste. C'est ainsi que dans les années 50, les Etats-Unis et leurs alliés ont pratiquement « subventionné » 40% des importations en provenance de Taiwan et plus de 80% des importations en provenance de la Corée du Sud. Jusqu'au début des années 60, leurs capitaux ont financé jusqu'à 70% des investissements industriels en Corée du Sud (sensiblement moins pour Taiwan)[23]. Mais vers le milieu des années 60, les principales sources de financement des investissements étaient déjà les subventions publiques et les crédits dispensés par les banques commerciales, elles-mêmes généralement liées à l'Etat ou aux grands groupes, malgré une pratique assez large de la réduction artificielle des coûts de production (de 1960 à 1975 inclus, la Corée du Sud a connu neuf dévaluations, celle de 1964 ayant vu le taux de change du won divisé par deux[24]).

Progressivement, les principaux outils permettant une croissance économique rapide sont devenus la concentration industrielle et le protectionnisme. En 10 ans, de 1974 à 1984, la part du PNB imputable à un, cinq et 10 (dix) grands groupes sud-coréens (*chaebols*) a augmenté respectivement de 4,9 à 12,0%, de 11,6 à 52,4% et de 15,1 à 67,4%[25]. Au milieu des années 90, les cinq plus grandes sociétés fournissaient 53% du PNB, les 30 premières 80% et les 70 premières plus de 95% du PNB[26]. *A contrario*, à Taiwan, où les séquelles de la crise asiatique ont été, comme l'on sait, les moins sévères de la région, les dix premières sociétés représentaient un montant des ventes de près de sept fois moins important qu'en Corée du Sud, comptaient six fois moins d'employés et ne fournissaient que 9,3% du PNB[27]. Les gouvernements des pays du Sud-Est asiatiques, à l'instar du gouvernement japonais, ont favorisé par tous les moyens l'acquisition de brevets et technologies à l'étranger, ce qui, dans le contexte d'une stabilité tenue à bout de bras par ces mêmes gouvernements, a abouti à des balances des paiements passives de pays comme la Thaïlande, l'Indonésie, la Malaisie et les Philippines dès 1990, la Corée du Sud à partir de 1992. Ainsi, la balance commerciale n'est restée excédentaire qu'à Taiwan, à Singapour et à Hongkong, qui ne sont à aucun degré représentatifs pour l'ensemble des pays émergents du Sud-Est asiatique[28]. En 1995, dans le contexte d'une contraction des exportations, les importations des dix pays émergents d'Asie ont dépassé celles de l'UE, atteignant 748 milliards de dollars[29].

Dans ces conditions, le développement des pays de la région était inséparable de la politique de « dopage » de l'économie au moyen d'injections de capitaux pratiquées aussi bien par l'entremise des banques et compagnies financières nationales qu'en recourant aux investissements étrangers. Leurs taux de croissance ne pouvait, évidemment, qu'attirer les investisseurs étrangers. Aussi a-t-on vu les indices des bourses du Sud-Est asiatique monter en flèche dans les années 80. L'abondance des capitaux disponibles a été l'une des raisons majeures pour lesquelles l'économie des pays asiatiques n'a pu finalement bifurquer vers la voie du développement intensif. Au lieu de mettre au point leurs solutions technologiques propres, les sociétés nationales acquéraient à tour de bras brevets d'invention et know-how à l'étranger, sans envisager l'éventualité que la demande occidentale de leurs produits puisse se réduire, alors même que la parité de leurs monnaies se détériorait face au dollar et au yen. Pour leur part, les gouvernements prenaient également des mesures de stimulation de la croissance, mettant essentiellement l'accent sur les subventions et les crédits. En renforçant les institutions financières articulées autour de grands groupes (comme en Corée du Sud) ou de clans familiaux (comme en Indonésie), ainsi que par le moyen de l'octroi direct de crédits par les banques publiques, ils se sont efforcés de stimuler la croissance économique et d'accroître les exportations. Mais l'accès aisé à des crédits bon marché a eu l'effet pervers de détourner définitivement les sociétés industrielles de l'objectif d'une efficacité élevée de la production. Dès 1988, les trente premières sociétés sud-coréennes captaient 65 milliards de dollars de crédits, soit 39% du PNB d'alors[30]. Vers 1997, les intérêts de ces emprunts excédaient l'ensemble des recettes de ces sociétés et les remboursements ne pouvaient donc s'effectuer que grâce à de nouveaux emprunts[31]. En Malaisie, le montant des crédits accordés aux entreprises est passé de 85% du PNB dans la deuxième moitié des années 80 à 160% du PNB à la veille de la crise financière[32]. En Indonésie, vers le milieu des années 90, le montant des investissements effectués dans les programmes de développement industriel et les infrastructures avec l'aval du gouvernement se chiffrait à 78 milliards de dollars, dont les banques publiques déjà surendettées devaient fournir une bonne part[33].

La crise aurait éclaté beaucoup plus tôt si les institutions financières n'avaient reçu des fonds importants par le biais des dépôts des ménages. De surcroît, une part sensible des investissements de portefeuille étrangers était placée dans les actions des sociétés financières et des banques (en 1996, plus de 57% des fonds investis dans des actions de sociétés thaïes l'ont été dans les actions de banques et d'autres institutions financières[34]). Pourtant, l'abus des crédits à court terme (43,3% des investissements en 1996 contre 13,2% en 1995 en Malaisie, par exemple[35]) échafaudait une pyramide qui devait inévitablement, tôt ou tard, s'effondrer et ne constituait d'ailleurs pas une solution, dès lors que l'adhésion des Etats de la région au club des pays développés exigeait des dépenses sans précédent. En 1995, la Banque mondiale évaluait les besoins du Vietnam pour les dix années suivantes uniquement pour la création d'une infrastructure industrielle moderne à 20 milliards de dollars[36]. Des programmes similaires en Indonésie, en Thaïlande, en Malaisie et aux Philippines exigent, selon les mêmes expertises, près de 440 milliards de dollars[37], mais pour la Chine ce chiffre atteint les 500 milliards de dollars[38]. Il est évident qu'il n'était plus réaliste d'envisager de drainer de tels capitaux dans un contexte où le déficit de la balance commerciale et des comptes extérieurs de la Corée du Sud était évalué à 23 milliards de dollars[39], alors que la dette extérieure de Taiwan était passée de 4 à 14% du PNB uniquement de 1990 à 1994[40].

Vers le milieu des années 90, chacun pressentait que les pays émergents du Sud-Est asiatique étaient au bord d'une crise économique de grande ampleur. Le rapport de J. Sax soumis à l'Institut Brookings de Washington en 1996 montrait que la plupart des pays de la région avaient une balance des paiements désastreuse, un taux de croissance des exportations à la baisse et un système bancaire en pleine déconfiture du fait de l'utilisation inefficace des crédits[41]. Selon nous, cette situation était due à l'impossibilité d'édifier une économie moderne dans des délais relativement brefs au moyen d'une mobilisation massive des ressources. La politique d'industrialisation accélérée exigeait des pays asiatiques le maintien des revenus des ménages à un niveau relativement bas et le freinage de la demande solvable afin de pouvoir se tourner vers les marchés extérieurs. Ce qui, à son tour, impliquait la réalisation d'une politique de dumping perverse dans la mesure où elle entraînait finalement une détérioration des résultats des économies nationales. Les problèmes d'investissement qui surgissaient étaient provisoirement résolus grâce à l'afflux des capitaux étrangers, à l'octroi de crédits massifs à l'industrie et aux subventions de l'Etat. Mais le bas niveau de vie de la population ne permettait pas la formation d'un système de motivations post-matérialistes sans lequel tout développement technologique autonome est impraticable, faute de quoi ces pays sont condamnés à l'extension constante des importations de brevets industriels et know-how, mais perpétuait leur dépendance vis-à-vis des débouchés extérieurs faute d'un marché intérieur digne de ce nom. C'est la raison pour laquelle le progrès économique des pays d'Asie ne pouvait se poursuivre que dans la mesure où les investisseurs gardaient confiance, année après année, dans la manne de superbénéfices. Dès le premier signe de faiblesse dans le développement économique de la région, on pouvait voir surgir des problèmes qui pouvaient sonner le glas de tous les espoirs des « tigres » et « dragons » asiatiques d'atteindre les objectifs mirifiques qui semblaient à portée de main.

La crise et ses leçons

La crise asiatique de 1997, qui s'est révélée plus grave et de plus grande ampleur que le séisme qui avait ébranlé l'économie japonaise en 1990, constitue un coup de semonce pour tous les pays en mal de « rattrapage ». Sans nier l'importance des facteurs financiers, qui exercent une influence considérable sur le cours de la crise, il ne faut pas en occulter l'origine profonde : l'imperfection fondamentale du modèle asiatique d'industrialisation.

Les symptômes d'une détérioration de la conjoncture économique dans les pays du Sud-Est asiatique étaient manifestes dès 1995 : les rythmes de croissance du PNB et des exportations se ralentissaient, le déficit de la balance des paiements se creusait et on voyait se gonfler la masse fiduciaire qui soutenait artificiellement le marché. La situation sur les marchés mondiaux de capitaux restait alors défavorable. Sur fond de l'effondrement mexicain de 1994-1995, le reflux des capitaux vers les Etats-Unis et l'Europe était désormais avéré. Alors qu'en 1993-1994, l'évolution des indices boursiers des principales places financières du monde occidental et du Sud-Est asiatique était orientée relativement dans le même sens, en revanche à l'automne 1997, le Dow Jones avait été multiplié de près 1,5 fois et, dans le même temps, l'indice global des marchés en développement était sensiblement en dessous du niveau de 1994, le « trio » le plus touché par cette baisse boursière étant constitué par la Thaïlande, le Mexique et la Corée du Sud[42] . Les fonds investis en 1994 dans les actions les plus liquides de Thaïlande, des Philippines, de Malaisie, de Singapour, de Corée du Sud et d'Indonésie non seulement ne fournissaient pas de dividendes trois ans plus tard, mais causaient des pertes dépassant dans plusieurs cas plus de 35%[43] . Le reflux des capitaux de la région entraînait une hausse de la parité du dollar face au yen et rendait temporairement l'économie japonaise plus compétitive que les autres économies asiatiques[44], ce qui provoqua un mouvement stable à la baisse sur toutes les places boursières asiatiques dans la première moitié de 1997[45].

C'est justement durant cette période que la crise des investissements éclata au yeux de tous dans les pays d'Asie. A mesure que le placement des actions devenait toujours plus problématique, les grandes sociétés industrielles se tournaient vers l'appel massif à l'emprunt, usant de leurs liens étroits avec l'Etat pour rassurer abusivement leurs créanciers[46]. Pourtant, face à la hausse inexorable des taux d'intérêt, elles commencèrent également à recourir aux emprunts étrangers et à raccourcir les échéances des crédits. Bien que les budgets de la plupart des pays asiatiques aient continué à être bouclés avec un excédent « primaire », le fardeau de la dette devenait insupportable. La Corée du Sud est exemplaire à cet égard. Alors qu'en 1970, sa dette extérieure ne dépassait pas 2,2 milliards de dollars, elle atteignait 27 milliards vers 1980, alors que 50% du financement des programmes de développement de l'industrie lourde et de l'industrie chimique provenaient de l'emprunt étranger[47]. Uniquement de 1992 à 1996, les fonds empruntés à l'étranger ont crû de 158% et le service de cette dette excédait 25% des créances internationales des pays du Sud-Est asiatique. Les crédits à court terme constituaient 63% du total et le triple des réserves or-devises de la Corée du Sud[48]. Or, la situation réelle était soigneusement dissimulée au regard des investisseurs : au printemps 1997, la dette de la Corée du Sud était officiellement évaluée à 40 milliards de dollars, mais à mesure que la crise s'aggravait, ce chiffre était corrigé à la hausse, d'abord à 60, puis à 100 et fin 1997, à 119,7 milliard de dollars[49]. En dépit de tout cela, les grands groupes sud-coréens ont été pratiquement en faillite dès les premiers mois de la crise, lorsque la valorisation boursière de sociétés comme Kia Motors, Hanbo et Jinro a été inférieure au montant de leur endettement respectivement de 6, 20 et 35 fois[50]. Fin 1997, près de 20% des créances bancaires devaient être considérées comme irrécouvrables et la sortie de crise du système financier pouvait revenir, selon les évaluations les plus modestes, à 60-100 milliards de dollars[51]. A vrai dire, une situation analogue s'était créée également dans d'autres pays de la région. En Thaïlande, près de 70% des grandes firmes industrielles avaient des retards de remboursement de crédits ou refusaient d'honorer leurs créances. En Indonésie, 200 des 228 sociétés cotées en Bourse furent déclarées en dépôt de bilan fin 1997[52].

A l'été 1997, les pays asiatiques ont refait également le parcours du Japon en ce qui concernait les opérations dans l'immobilier, où les prix comptaient parmi les plus élevés du monde (en 1989 à Séoul, le prix d'un petit appartement atteignait 225 000 dollars, ce qui correspondait aux prix les plus élevés en Californie, où pourtant le PNB par habitant était le quintuple du chiffre sud-coréen[53]). Ultérieurement, les prix ont baissé, mais jusqu'au milieu des années 90, les investisseurs se sont comportés sans tenir le moindre compte de l'expérience, pourtant édifiante, du Japon. A Djakarta, Bangkok, Singapour, Manille, on a entamé en 1996-1998 des programmes de construction de bureaux d'une superficie dépassant de 1,5 fois celle qui avait été mise en exploitation en 1993-1995. Ceci bien que dans le courant de la seule années 1996, le nombre de chantiers inachevés dans le parc immobilier de ces villes ait augmenté de 1,5 fois[54]. Les investisseurs n'en consacraient pas moins au financement des projets immobiliers (dont le rendement n'étaient souvent même pas évalué) 25-30% des capitaux investis dans l'économie de l'Indonésie, 30-40% dans le cas de Singapour, de la Thaïlande et de la Malaisie, sans parler des 40-55% de Hongkong[55].

La réduction des investissements étrangers et la baisse des exportations (en 1995-1997, elles se sont contractées de 6% en Thaïlande, de 11% en Indonésie et aux Philippines, de 13% à Taiwan, de 18% en Corée du Sud) aboutirent à la récession et à des tensions grandissantes dans le secteur financier. En Thaïlande, une progression du PNB de 6% en 1996 a été suivie d'une stagnation en 1997 et on pronostiquait un recul de 5% en 1998. En Indonésie, où une progression de 7% avait été enregistrée dans le troisième trimestre de 1997, on prévoyait un recul de 15% dès l'année suivante[56]. Au cours de l'année 1997 et dans le premier semestre de 1998, les experts du FMI ont révisé à huit reprises (!) leur évaluation des taux de croissance des économies asiatiques, et ceci exclusivement à la baisse.

L'ampleur de la crise s'est révélée lorsqu'elle a gagné les places financières et boursières. Le 2 juillet 1997, après qu'en l'espace de trois mois les réserves de change eurent chuté de 40 à moins de 30 milliards de dollars, la Banque de Thaïlande autorisa une dévaluation du bath, à raison de 20% en une journée et de plus de moitié en un semestre[57]. Le 11 juillet, la Banque des Philippines, après avoir dépensé en vain plus d'un milliard de dollars en deux jours, renonçait à soutenir le cours du peso, lequel subissait le même sort que le bath[58]. Le deuxième semestre de 1997 voyait dévaluer pratiquement toutes les monnaies asiatiques, plusieurs d'entre elles ayant fait plusieurs fois la culbute vers le bas (la parité de la monnaie indonésienne face au dollar est tombée de 2400 à 17000 roupies pour un dollar de juillet 1997 à janvier 1998[59]). Dans une moindre mesure, le phénomène a également touché Singapour, Taiwan et Hongkong. Il est significatif que les événements annonciateurs de la crise soient passés relativement inaperçus sur les marchés mondiaux. La baisse des cotations en Asie n'a pas empêché les indices boursiers européens et américains de battre records sur records durant l'été et l'automne 1997. Le dollar ne cessait de monter face au yen, cependant que le Nikkei fléchissait lentement, perdant 20% en 1997. Mais pour que la crise asiatique obtienne un retentissement mondial, il a fallu des événements provoquant un effet de choc sur l'une des grandes places régionales. Les 20, 21, 22 et 23 octobre, soit pendant quatre jours sans désemparer, les cotations de la Bourse de Hongkong chutèrent respectivement de 630, 568, 765 et 1211 points, soit une baisse totale de 23%[60]. Le 27 octobre, le Dow Jones a chuté de plus de 300 points et la séance fut interrompue pour la première fois depuis l'interruption qui suivit l'assassinat du président Kennedy le 22 octobre 1963. Après la reprise, l'indice fléchit encore de 254 points et la séance fut interrompue conformément à la règle adoptée en 1987. Le lendemain, le Dow Jones remonta de 300 points, mais les cotations chutèrent brutalement en Europe. Le déséquilibre entre les places mondiales était devenu une réalité[61].

Dans ces conditions, on a pu mesurer le degré d'engagement des pays développés dans les problèmes économiques du Sud-Est asiatique, engagement proportionnel au montant de leurs investissements en croissance rapide à la veille de la crise (uniquement de 1993 à 1996, les investissements étrangers directs à Hongkong, à Singapour, en Indonésie et en Thaïlande avaient augmenté de plus de 120%[62]). Le problème majeur, en l'occurrence, était que parmi les plus gros investisseurs figurait le Japon, auquel était imputable pas moins du tiers des investissements étrangers effectués dans la région, soit sept fois plus (!) que les Etats-Unis la veille de la crise[63] . Vers le milieu de 1997, les firmes japonaises étaient à l'origine de 52% des investissements étrangers directs dans l'économie de la Corée du Sud, 37% pour la Thaïlande, 31% pour Singapour et 27% pour Taiwan[64] . Dès lors, il était illusoire de songer à sauvegarder ses mises de fonds, car quant au rapport « Dette extérieure PNB », les Etats de la région ne le cédaient qu'aux pays les plus pauvres du continent africain[65] . Les investisseurs entreprirent alors de sauver ce qui pouvait encore l'être et l'afflux des capitaux se mua en fuite éperdue. Si les pays du Sud-Est asiatique avaient attiré pour près de 80 milliards de dollars de crédits privés en 1996, le total enregistré pour l'année 1997 ne s'éleva qu'à 7,6 milliards de dollars et on assista à un retrait de plus de 50 milliards de dollars uniquement dans le courant du premier semestre de 1998. Au total, le reflux des capitaux s'éleva, en 1997-1998, à plus de 10% du produit brut cumulé des pays asiatiques en proie à la crise[66] . Vers octobre 1998, la crise avait englouti près de 1 trillion de dollars de crédits dont le remboursement n'était plus envisagé par personne. La capitalisation des places financières de la région perdit près de 2 trillions de dollars et le produit brut cumulé de ces pays près de 3 trillions de dollars[67] . Le facteur le plus gros de périls fut que le Japon, la puissance la plus intéressée à la stabilité de la région, ait été pratiquement dans l'incapacité de prendre des mesures efficaces de nature à rétablir la situation en raison même de l'ampleur de son propre engagement dans la crise qui s'aggravait[68].

Sur fond de chute brutale du cours des monnaies de la plupart des pays du Sud-Est asiatique et de l'effondrement catastrophique de leurs Bourses (de 70% en Indonésie), l'état des indicateurs macroéconomiques de ces pays apparut au grand jour. On constata bientôt que la plus grande partie des réserves métalliques de la Banque de Thaïlande avait été secrètement « réalisée » sur les marchés internationaux, et ceci dès août - octobre. On apprit également qu'au cours de la même période, la Banque de Corée avait vendu force dollars aux banques commerciales du pays à un taux de change fixe afin de leur faciliter le paiement des échéances de leurs emprunts extérieurs[69], mais également consenti des aides directes à hauteur de 4,4 milliards de dollars, aides converties en crédits interbancaires seulement en octobre, lorsque l'insolvabilité des établissements de crédit intéressés devint manifeste[70]. A la suite de toutes ces mesures, mais également du fait du soutien opiniâtre du cours du won, les réserves de change de la Corée du Sud tombèrent de 7,3 milliards de dollars le 21 novembre 1997 à près de 5 milliards de dollars le 4 décembre de la même année[71]. Désireux de redresser la situation, les gouvernements occidentaux et les institutions financières internationales s'empressèrent d'annoncer un soutien financier massif aux pays frappés par la crise. Dans le courant du deuxième semestre de 1997, le FMI approuva successivement l'octroi de 17 milliards de dollars à la Thaïlande, de 23 milliards de dollars à l'Indonésie (montant porté ultérieurement à 43 milliards de dollars) et enfin de 57 milliards de dollars à la Corée du Sud, le plus important crédit jamais accordé par cet organisme[72].

Mais la crise était de trop grande ampleur. Le montant des créances impayées et irrécouvrables s'élevait à près de 60% du PNB dans des pays comme l'Indonésie, la Malaisie, la Corée du Sud et la Thaïlande, les seules créances auprès des banques étrangères se chiffrant, en septembre 1997, à 30-45% du PNB (la dette globale de la Malaisie dépassait 170% du PNB, celle de l'Indonésie 190%[73]). A cet égard, tous les pays en proie à la crise avaient fort peu de marges de manœuvre, car les réserves de change disponibles étaient sans commune mesure avec le montant de leurs emprunts extérieurs. C'est ainsi que la dette extérieure de la Thaïlande s'élevait à 87,3 milliards de dollars pour des réserves de change ne dépassant pas 26,6 milliards de dollars. Pour la Corée du Sud et l'Indonésie, les chiffres étaient respectivement de 152,3 et 45,1 milliards, 136,4 et 13,5 milliards de dollars[74]. C'est pourquoi la plus grande partie des fonds débloqués par le FMI sous formes de « paquets » de crédits d'aides a servi de facto au rééchelonnement de leur dette, sans influer sensiblement sur leur situation économique.

La dévaluation des monnaies nationales et l'effondrement des places boursières devaient avoir des conséquences particulièrement graves pour l'économie réelle. Du fait que les banques avaient injecté le gros des crédits dans le secteur des investissements, la crise financière rendit beaucoup plus onéreux l'appel à de nouveaux emprunts (au début de l'été 1998, les taux d'intérêt annuels s'élevèrent à 16% aux Philippines, à 17% en Corée du Sud, à 23% en Thaïlande, mais à plus de 60% en

Indonésie[75]), ce qui empêcha pratiquement la baisse des prix à laquelle on aurait pu s'attendre immédiatement après la dévaluation. La consommation intérieure se tassa encore du fait à la fois de la dépréciation de la monnaie nationale, de la faillite des banques et de la baisse des salaires. La dévaluation, loin de contribuer à la reprise des secteurs travaillant à l'exportation, provoqua une récession profonde[76]. A partir du deuxième trimestre, on assista également à une contraction rapide de la production et, dès avril 1998, le taux d'utilisation des capacités était tombé de 83 à 65%[77]. La crise mit également en lumière la dépendance excessive des producteurs asiatiques vis-à-vis des importations. Dans le courant du dernier trimestre de 1997 et au début de 1998, les importations fléchirent de 30% en Indonésie, de 32% en Thaïlande, de 36% en Corée du Sud[78].

Vers le milieu de 1998, les pays asiatiques avaient pratiquement épuisé toutes les possibilités en termes de baisse des prix de leurs produits, mais sans qu'intervienne une véritable amélioration de leur situation. Ayant gagné la sphère de la production, la crise entraîna une paralysie massive des entreprises et la fermeture de nombreuses sociétés. Durant la deuxième moitié de 1997, 3 des 30 principaux *chaebols* sud-coréens – Kia Group, Hanbo Group et Sammi Group – firent faillite et 24 des 27 autres furent déclarés en dépôt de bilan[79]. La Corée du Sud, qui venait au 11° rang dans le monde pour le PNB (près 500 milliards de dollars) à la veille de la crise, tomba, en janvier 1998, au 17° rang avec un PNB de 312 milliards de dollars et un produit brut par habitant qui était tombé de 11000 à 6600 dollars[80]. Selon les calculs des experts, fin 1998, le niveau du chômage dépassait de 2 à 2,5 fois les chiffres de l'avant –crise dans tous les pays touchés[81]. Des troubles anti-immigrants éclatèrent en Malaisie et en Indonésie[82]. Le niveau de vie s'était détérioré de 1,5 fois dans l'ensemble des pays en proie à la crise. Pour la première fois depuis la fin des années 60, on a vu augmenter, dans tous les pays du Sud-Est asiatique, la part de la population vivant au-dessous du seuil de pauvreté, celle-ci passant de 15,1 à 26,7% en Thaïlande, de 15,7 à 27,8% en Corée du Sud et de 11,3 à 22,5% en Indonésie[83].

La crise entraîna un amenuisement considérable du poids spécifique des firmes asiatiques à l'international. L'endettement gigantesque des grands groupes fit fuir les investisseurs, dont les actions s'étaient brutalement dépréciées. Le nombre de sociétés du Sud-Est asiatique figurant par leur capitalisation parmi les 500 plus grandes sociétés mondiales au palmarès du FT Global 500 est passé de 37 au début de 1997 à 21 au début de 2000[84]. Ceci étant, il faut noter que la capitalisation des sociétés est généralement loin de rendre entièrement compte de la gravité de leur situation financière.

Pourtant, l'Etat, qui jouait un rôle considérable dans la vie économique des pays asiatiques, se refusait à abdiquer. Pouvoir et monde des affaires y étant indissolublement liés, les conditions posées par le FMI à son aide financière, manifestement à juste titre, rencontrèrent une nette opposition, voire une hostilité non dissimulée. On sait que pour la Thaïlande, une de ces conditions était la dissolution de 57 grandes sociétés financières se trouvant au bord de la faillite, mais proches du pouvoir. En Corée du Sud, on ressentait encore plus douloureusement l'exigence de dissoudre plusieurs grands conglomérats, notamment Hyundai, ainsi que l'application cohérente de la procédure de faillite à certaines puissantes sociétés, notamment Kia Motors. En Indonésie, les représentants du FMI mettaient l'accent sur la nécessité d'écarter des affaires la famille du président Suharto. L'expérience a montré que toutes ces exigences n'étaient guère réalisables. En Thaïlande, plus de la moitié des sociétés financières vouées à la liquidation n'en continuaient pas moins de fonctionner. Les rappels à l'ordre du FMI concernant la Malaisie ont suscité de vives réactions du Premier ministre Mahathir et conduit pratiquement à l'auto-isolement du pays. Les tractations avec le président indonésien Suharto ont pris des mois avant de provoquer sa démission[85] . En Corée du Sud, la plupart des conditions posées par le FMI sont également restées lettre morte et nul ne s'étonnera de voir Kia Motors attribuée à l'issue d'un « concours » non au plus offrant, à savoir Ford Motor C°, mais à Daewoo, autre société coréenne. Il est notoire que tout en achetant Kia Motors, Daewoo avait négocié activement avec ses propres créanciers, à qui elle proposait une transaction à raison de 40 cents pour un dollar[86] . A l'été 1998, tous les pays ayant bénéficié d'une assistance du FMI avaient transgressé les accords passés avec le FMI en matière d'équilibre budgétaire : si les accords passés au cours du deuxième semestre de 1997 avec la Thaïlande, la Corée du Sud et l'Indonésie prévoyaient un excédent budgétaire de 1%[87] , dès mai 1998, la Thaïlande se permettait un déficit de 3%, la Corée du Sud un déficit de 4% en juin et l'Indonésie un déficit de 8,5%. Bien que ces « écarts de conduite » aient été justifiés par la nécessité de financer des programmes sociaux, une bonne part des fonds ont été, en réalité, dépensés pour des injections de capitaux dans le secteur industriel[88] . Ainsi, en dépit de leur situation économique désastreuse, les pays asiatiques n'étaient pas enclins, en 1997, et on peut l'affirmer hardiment, ne sont toujours pas enclins aujourd'hui à modifier leurs orientations des années 80, pourtant responsables d'une crise qui a infligé une rude épreuve à l'ensemble de la région.

Dans la situation actuelle, alors que la crise asiatique est encore très récente, mais que nombre d'analystes l'estiment pratiquement surmontée, il est difficile de résister à la tentation de faire le lien avec la politique erronée des gouvernements asiatiques et d'incriminer les spéculateurs financiers internationaux. Dans son dernier ouvrage, G. Soros pose cette question rhétorique : « Pourquoi un modèle aussi efficace de développement économique s'est-il si rapidement étiolé ? » et il répond immédiatement que « la principale cause d'instabilité réside dans le système financier international lui-même »[89]. L'un comme l'autre des deux points de vue prédominants sur les causes de la crise asiatique tels qu'on les trouve exposés dans la littérature économique occidentale vers le milieu de 1999 mettent, d'une façon ou d'une autre, l'accent sur l'aspect financier de la question. Selon le premier, il faut incriminer essentiellement les emprunts excessifs sur le marché intérieur aussi bien qu'extérieur, le financement incontrôlé de projets insuffisamment évalués et étudiés dans l'industrie et l'immobilier, la surévaluation des monnaies nationales, le laxisme en matière de déficit budgétaire, etc. Parmi les dix causes de la crise asiatique énumérées par M. Goldstein, il n'en est aucune qui ne se réfère à ses aspects financiers[90]. Les partisans de ce point de vue estiment que la crise aura été de courte durée et n'entraînera pas de séquelles graves à long terme[91]. Les analystes partageant le second point de vue dominant sur la crise braquent aussi le projecteur sur la structure des économies asiatiques. Ils estiment que les objectifs majeurs que le FMI et les autres organismes internationaux devraient assigner aux pays asiatiques sont la renonciation aux aides publiques directes à l'industrie, le démantèlement des monopoles dans la plupart des secteurs et la mise en œuvre de mesures énergiques de nature à favoriser la libre entreprise[92]. Quoi qu'il en soit, personne dans cette littérature économique n'exprime le moindre doute quant aux succès des pays asiatiques au cours des années 80 et 90, pas plus qu'au sujet de leur aptitude à se développer d'une manière autonome.

Notre position sera différente et nous tenterons de montrer ici que le développement des économies asiatiques n'a jamais été spontané ni auto-entretenu. Durant des décennies, les gouvernements ont assuré *de facto* l'afflux des investissements en recourant, pour le moins, à cinq procédés différents : a) en subventionnant directement les entreprises sous les formes les plus diverses ; b) en favorisant des consortiums industriels et financiers gigantesques qui mobilisent les ressources internes par l'intermédiaire des banques qu'ils contrôlent ; c) en soutenant artificiellement le cours de la monnaie nationale à un niveau permettant d'importer à bon compte technologies et composants de l'étranger ; d) en attirant et en garantissant les crédits permettant de conforter les industries nationales et e) en maintenant un prix relativement bas de la main-d'œuvre afin d'assurer la compétitivité de la production de ces pays. Les rythmes de croissance obtenus ainsi ont été maintenus exclusivement par des injections massives de capitaux étrangers. Uniquement en 1996, *le surcroît* des investissements effectués en Malaisie, en Indonésie, aux Philippines, en Thaïlande et en Corée du Sud s'est élevé à 41 milliards de dollars, soit 5,9% du produit brut de ces pays[93] (cependant que le montant global du flux de capitaux étrangers atteignait 13 à 17% du produit brut[94]). Or, l'instabilité des économies asiatiques est illustrée par le fait que le reflux net des investissements opéré en 1997 (12 milliards de dollars) en provoquant des conséquences véritablement désastreuses ne constituait que 1,3% du produit brut de ces pays[95]. Pour couler le modèle économique asiatique, il a suffi de cesser de « gaver » artificiellement ces pays par des investissements extérieurs, ce qui atteste que *la progression des pays ayant opté pour le développement « de rattrapage » n'est possible que dans la mesure où elle reste nécessaire au monde postindustriel.*

L'après-crise

Ceci étant, nous ne contestons pas les faits qui illustrent spectaculairement le rétablissement rapide des économies asiatiques au lendemain d'une crise dévastatrice. Comme les statistiques en témoignent, le « cru » 1999 a été une des meilleures années de la décennie écoulée. Le taux de croissance de leur produit brut a été en moyenne trois fois plus élevé que ne le prévoyaient les experts à l'automne 1998. La croissance s'est chiffrées à 6% en Malaisie, la récession prenait fin en Thaïlande et l'Indonésie connaissait une reprise fin 1999. L'économie mexicaine a progressé de 3,7% sur l'année et même le Brésil, frappé de plein fouet par la crise financière en janvier 1999, a connu une croissance annuelle de près de 4%. Les tendances positives gagnèrent également l'Europe orientale, où le produit brut de PECO comme la Pologne et la Hongrie augmentait de 5%, cependant que la récession russe prenait fin. Les réserves de change des pays asiatiques se reconstituaient, voire même augmentaient à nouveau[96]. La plupart des experts prophétisaient que ces tendances positives persisteraient en 2000.

Est-ce à dire que le modèle de développement « de rattrapage » avait démontré son bien-fondé ? Selon nous, il serait non seulement erroné, mais même dangereux de le croire. Tentons d'analyser les causes de la reprise de 1999-2000 dans les pays asiatiques.

En premier lieu, la croissance des exportations a été un facteur majeur d'assainissement pour tous ces pays sans exception. Si l'on prend l'exemple de la Corée du Sud, dont le PNB s'était dégradé de 8% en 1998[97] avant de croître de 10,7% en 1999, on constate que sur ces deux années, les exportations ont progressé de 16,3% (pour 2000, environ 20% selon les prévisions). Dès la fin 1998, l'excédent de la balance commerciale était de 40 milliards de dollars, soit plus que la totalité des excédents en cinquante ans écoulés depuis l'accession à l'indépendance[98]. En prenant en compte le fait que les échanges extérieurs de la Corée du Sud représentent 80% du PNB, dont 50% pour les exportations et 30% pour les importations, on est amené à conclure que sur 10,7% de croissance, 1,5 à 2% seulement sont imputables au marché intérieur. Le bond sans précédent des réserves de change de la Corée du Sud atteignant 83 milliards de dollars fin mars 2000[99] est justement dû à la reprise des exportations.

En deuxième lieu, il est parfaitement évident que le développement de la production a été puissamment favorisé par la dépréciation des monnaies de tous les pays qui ont pâti de la crise. C'est le cas pour le won sud-coréen dont la valeur a été divisée par deux pendant la crise et qui reste inférieur de 30% à son niveau d'avant la crise. Le bath thaïlandais est resté figé à une valeur inférieure de deux fois à celle d'avant la crise, alors que la roupie indonésienne a chuté de 2,5 fois[100]. Dès lors, il devenait beaucoup plus avantageux d'utiliser la main-d'œuvre et les matières premières locales. En d'autres termes, la baisse des coûts de production a été la clef permettant aux pays du Sud-Est asiatique d'ouvrir les portes des marchés extérieurs, claquées devant eux à la veille de la crise de 1997.

En troisième lieu, l'attrait accru, pour les investisseurs, des pays d'Asie et le fait que des réserves de change en hausse leur permettaient d'éviter le défaut de paiement des échéances de la dette extérieure ont provoqué un nouvel afflux de capitaux étrangers, complété par un regain d'activité des investisseurs locaux. En 1999, les investissements étrangers dans les immobilisations ont augmenté de 4,1% en Corée du Sud et on prévoit que ce mouvement se poursuivra à raison de 8% en 2000 et de 12% en 2001[101]. Les courbes d'évolution des investissements étrangers de toutes origines effectués dans les pays du Sud-Est asiatique en 1999-2001 telles qu'elles sont publiées dans le Financial Times sont superposables aux courbes analogues pour la période 1993-1995[102]. D'autre part, la Banque de Corée, ayant reconstitué ses réserves de change, a pris plusieurs mesures visant à réduire les taux d'intérêt : dès 1998, ils étaient abaissés de 33 à 22% en janvier, à 16% en juin, à 7% fin septembre et à

4,5% à la fin de l'année[103]. Une tendance similaire se manifeste dans tous les pays qui ont subi l'épreuve de la crise, de l'Indonésie au Brésil et de la Malaisie à la Russie. La pratique traditionnelle dont ont usé, par exemple, les Etats-Unis et l'Europe occidentale en 1999-2000 prévoit, comme l'on sait, une augmentation et non pas une baisse des taux d'intérêt dans le contexte d'une croissance économique rapide.

En quatrième lieu, le soutien public aux producteurs locaux reste fort important. Ainsi, le gouvernement sud-coréen a injecté plus de 101,8 trillions de wons (106 milliards de dollars) de fin 1997 au début 2000 pour la recapitalisation des banques et la consolidation du secteur financier et il entendait d'ailleurs y ajouter des apports de fonds se chiffrant à 30 trillions de wons dans des délais rapides[104]. Dès 1998, alors que la crise était loin d'avoir été surmontée, les grandes banques reprenaient l'octroi de crédits aux chaebols coréens et ouvraient d'importantes lignes de crédits aux firmes thaïlandaises et indonésiennes en perdition. Uniquement cette année, les chaebols ont attiré sur le marché intérieur, sous couvert de garanties publiques, près de 9 milliards de dollars, la Daewoo Corp. obtenant à elle seule 1,9 milliard de crédits[105]. Or, l'endettement du plus grand conglomérat sud-coréen Hyundai dépassait 25,640 trillions de wons (près de 25 milliards de dollars) et la valorisation de ses actions était tombée de plus de moitié uniquement d'août 1999 à août 2000[106]. Bien que les trois plus grands chaebols – Hyundai, Samsung et LG – aient vendu pour plus de 13 trillions de wons d'actifs (14,2 milliards de dollars) en 1999, le rapport de l'endettement de ces groupes à leur capitalisation n'a fait que s'accroître, atteignant le niveau de 170-190%[107]. Il faut souligner que, dans le même temps, selon les évaluations de la Deutsche Bank, le montant des créances en souffrance (problème relégué « aux calendes ») atteint 16% du PNB en Corée du Sud, 17% en Malaisie, respectivement 63 et 64% du PNB en Thaïlande et en Indonésie[108]. La poursuite d'une telle politique est susceptible, selon nous, de reproduire, éventuellement sur une plus grande échelle, les problèmes auxquels l'économie des pays asiatiques s'est heurtée à la veille de la crise de 1997.

Et enfin, *en cinquième lieu*, le problème fondamental des économies « de rattrapage », relatif à une dépendance excessive vis-à-vis de l'importation des technologies nouvelles. La compétitivité accrue de la production locale sur les marchés mondiaux, due à la baisse des revenus réels des ménages et à la dévaluation des monnaies des pays du Sud-Est asiatique, a temporairement occulté le problème du tarissement du flux d'investissements auparavant indispensable pour faire face à la lutte concurrentielle. Selon nous, il faut aborder avec une certaine circonspection la thèse d'une croissance rapide des exportations dans un contexte de crise, car les statistiques montrent qu'en 1998-1999, l'excédent de la balance du commerce des pays asiatiques s'explique essentiellement par la contraction des importations de 80-120 milliards de dollars[109] (19,5% à Singapour, 22,4% en Malaisie, 33,4% en Indonésie, 36,1% en Corée du Sud, mais près de 40% en Thaïlande[110]), et non par la croissance des exportations. Or, nous avons déjà relevé qu'une part importante des importations des pays de la région était imputable à l'acquisition de brevets et know-how. Il en résulte que la situation actuelle revêt un caractère temporaire et, d'ici quelques années, soit les importations devront se contracter très sensiblement, soit le potentiel d'exportation des pays asiatiques se trouvera radicalement réduit.

Par conséquent, *les succès des pays de la région Asie-Pacifique au cours des deux premières années qui ont suivi la crise sont dus non à une modification du paradigme de leur développement, mais à un rétablissement temporaire des seules conditions dans lesquelles des économies « de rattrapage » peuvent trouver un environnement relativement « compatible »*. On a vu revenir une période d'expansion rapide des exportations de produits manufacturés de série, la main-d'œuvre est meilleur marché, les injections de capitaux dans l'économie se sont intensifiées et la régulation publique des secteurs industriel et financier se perpétue. Nos conclusions trouvent leur confirmation dans le contraste entre la situation difficile du Japon ces dernières années et le rétablissement rapide des économies du Sud-Est asiatique. Si le gouvernement japonais avait laissé se développer une crise semblable à la crise asiatique, s'il avait dévalué de 1,5 à 2 fois tout en maintenant des taux d'intérêt bas et ouvert la voie aux investissements étrangers en libéralisant la législation régissant les relations économiques extérieures, il aurait obtenu un effet similaire, mais tout aussi temporaire qu'il le sera, selon nous, pour les autres économies « de rattrapage » ayant subi les répercussions de la crise de 1997-1998.

Ces hypothèses ont obtenu un début de confirmation au printemps et à l'été 2000, lorsque les économies des pays de la région ont recommencé à donner des signes de faiblesse fort inquiétants. Bien qu'en 1999, la croissance ait été à deux chiffres dans la plupart des deux pays de la région (10,7% en Corée du

Sud, 11,7% en Malaisie et 14,3% à Hongkong) au cours du premier trimestre 2000, elle est fortement retombée (à 3,2% en Indonésie et à 3,0% en Corée du Sud). A cet égard, il ne faut pas oublier que la croissance rapide s'était accompagnée d'une contraction des importations et d'une dépréciation persistante des monnaies de ces pays (c'est ainsi qu'en mars-juillet 2000, le bath thaïlandais a baissé de 6,5%, le peso philippin de 9,5% et la roupie indonésienne de près de 25%[111]). La hausse de l'inflation durant le premier trimestre 2000 montre également que le potentiel de croissance généré par la dévaluation et la crise de 1997-1998 commence à s'épuiser[112].

Vers le milieu de 2000, l'optimisme dû aux nouveaux succès des économies asiatiques s'est considérablement modéré par rapport à l'euphorie retrouvée de la fin 1999. Le ralentissement de la croissance aux Etats-Unis, artificiellement déterminée afin d'éviter une hausse trop rapide de la Bourse, a provoqué une vague de fuites devant les actifs asiatiques. Les actions des sociétés high-tech sud-coréennes ont perdu de 50 à 75% de leur valeur uniquement durant les quatre premiers mois de 2000[113] et, à la Bourse de Séoul, l'indice Korea Composite perdait plus de 30%, retrouvant pratiquement ses marques de 1997[114]. Selon les estimations des experts, la croissance devait tomber à 1,8% dans le deuxième trimestre de 2000[115]. Les indexes boursiers thaïlandais et indonésien, toujours sous le coup de la crise de 1997, ont perdu respectivement 42 et 43% de leur valorisation en dollars durant le premier semestre 2000[116]. Dans les autres pays de la région, on observe les mêmes tendances : les indices boursiers ont baissé de 18% à Singapour, de 8,7% à Tokyo et de 4,8% à Hongkong[117]. Les investissements étrangers directs effectués dans les pays asiatiques ont diminué, durant le premier semestre de 2000, de 15-30%, parfois plus (de 43,4% en Malaisie[118]) et cette dynamique ne devrait probablement pas changer dans un proche avenir.

Rien de vraiment étonnant à cela dans la mesure où la plupart des pays asiatiques n'ont pas tiré les conclusions qui s'imposaient de la récession économique. C'est ainsi qu'en Indonésie, par exemple, le gouvernement du président A. Wahid reprend la politique de la direction précédente, mais avec d'autres protagonistes. Les firmes appartenant à des parents du nouveau président, au pouvoir depuis moins de deux ans, faisaient état d'un endettement de plus de 2 milliards de dollars, alors que l'Agence pour la restructuration des banques ne garantit que théoriquement à hauteur de plus de 100 milliards de dollars les créances des organismes de crédit en difficulté[119]. La dette publique est passée de 51 milliards de dollars en mars 1998 à 147 milliards de dollars en mai 2000 et le service de cette dette se chiffre à 45% des recettes budgétaires de cet exercice financier[120]. Des tendances similaires sont observées dans la plupart des autres pays ayant subi la crise de 1997.

La cause principale de l'aggravation des difficultés que connaissent les Etats asiatiques a été l'incapacité à comprendre la nature des succès économiques réalisés, à saisir leur caractère conjoncturel et temporaire. Se posant (et étant réellement dans une certaine mesure) en concurrents des pays développés, ces Etats n'ont pas pris conscience (et ne l'ont toujours pas fait) du degré de leur dépendance vis-à-vis du monde postindustriel. L'importation des technologies, la dépréciation artificielle des coûts de production, l'injection massive de capitaux étrangers et la progression continue de l'exportation de produits manufacturés sur les marchés extérieurs, telles sont les conditions majeures de la « prospérité » asiatique. Le facteur qui a interrompu cette marche triomphale n'est nullement la crise financière en soi, mais l'accession des pays occidentaux à un nouveau stade de leur développement. La formation en leur sein d'une économie auto-entretenue largement indépendante de la conjoncture extérieure, le renforcement stable du secteur de l'information et l'explosion de la demande de biens individuels et de produits et services spécifiques incompatibles avec une production en grandes séries devaient annoncer le crépuscule de l'industrialisation asiatique. Les pays occidentaux, désireux de conquérir le marché, dans les années 80 et au début des années 90, pour leurs technologies, leurs logiciels et leurs know-how, ainsi que des produits high-tech grâce à des prix compétitifs, possèdent aujourd'hui le monopole sur ce marché et font valoir leurs « droits exclusifs ». L'élévation du niveau de vie de la population des pays développés s'accompagne d'une augmentation de la demande de produits « haut de gamme » et des services des prestataires locaux, ainsi que d'une limitation de la demande solvable des produits asiatiques de la part des classes aisées. Dans le même temps, les classes moins aisées font plus attention aux prix de ces produits asiatiques, lesquels, comme nous l'avons noté, ne peuvent faire l'objet d'une baisse drastique du fait de l'incorporation importante de composants importés. L'essor observé dans les pays postindustriels attire tout naturellement des fonds considérables et les investisseurs croient bon se retirer des marchés en développement, où les risques vont aujourd'hui au-delà du raisonnable. Dans ces conditions, nous nous autorisons à affirmer (tout en prévoyant des objections véhémentes) que *les pays du Sud-Est asiatique ne retrouveront plus les positions qui étaient les leurs dans l'économie mondiale vers le milieu de 1997.*

Pourtant, cela ne signifie pas que les pays de la région n'aient pas de perspectives de développement. Deux facteurs importants doivent être mis en exergue dans ce contexte. D'une part, on admet largement que le modèle réalisé en Asie du Sud-Est décalque dans une grande mesure le modèle japonais d'industrialisation[121] . A cet égard, il faut noter que les perturbations financières que le Japon avait connues en 1990-1992 ont été loin d'entraîner immédiatement la stagnation difficilement surmontable qui sévit depuis 1998 et jusqu'à présent. On peut donc prévoir sans trop de risque d'erreur que les problèmes économiques réels du Sud-Est asiatique ne se manifesteront pleinement que dans 4 à 5 ans, lorsque seront épuisées les dernières possibilités d'utilisation des méthodes traditionnelles « de rattrapage » et qu'aucune transition ne se sera effectuée vers un nouveau paradigme économique. D'autre part, la période 1998-2000, et cela ne doit en aucun cas être occulté, a été une des plus dynamiques du développement du monde postindustriel. Les pays qui en font partie ont accédé à une croissance stable, qui a d'ailleurs été largement à l'origine de l'essor rapide des pays en mal de « rattrapage ». Au cours des prochaines années, cette croissance peut se poursuivre et donc un afflux accru des capitaux sur les marchés des pays développés, ce qui par contrecoup diminuera l'attractivité des marchés en développement. Dans le même temps, on peut envisager une aggravation de la crise financière locale initiée par un développement trop rapide (ce que laisse partiellement présager l'instabilité des indices boursiers à partir d'avril 2000), ce qui peut d'autant plus exercer une influence négative sur les marchés en développement (début mai 2000, les indices des Bourses de Hongkong et de Tokyo étaient de 25% au-dessous des maximums atteints deux mois auparavant). Ainsi, quel que soit le rythme de développement des puissances postindustrielles, leur essor exercera une influence de freinage sur les marchés émergents et, selon nous, il n'y a donc pas lieu d'envisager, au cours des prochaines années, une répétition pas plus de l'essor fantastique des années 70 et 80 que de l'assainissement rapide dont les symptômes étaient apparus immédiatement après les derniers soubresauts de la crise.

Quoi qu'il en soit, c'est en prenant en compte le caractère second et non autonome du développement des pays d'Asie dans leur ensemble que nous nous pencherons ci-après sur les processus en cours aujourd'hui au sein du plus grand système économique (après celui du Japon) de la région, à savoir la Chine, à laquelle de nombreux analystes attribuent le rôle de leader économique mondial au XXI° siècle.

1 Cf. *Hobday M.* Innovation in East Asia : The Challenge to Japan. Cheltenham (UK) – Lyme (US), 1997. p. 14.

2 Cf. *Dicken P.* Global Shift : The Internationalization of Economic Activity. Paul Chapman Publishing, London, 1992. p. 20.

3 Cf. *Hampden-Turner Ch., Trompenaars F.* Mastering the Infinite Game. How East Asian Values are Transforming Business Practices. Capstone, Oxford, 1997, pp. 3, 2.

4 Cf. *Gough L.* Asia Meltdown. The End of the Miracle ? Capstone, Oxford, 1998. p. 101.

5 Cf. *Yergin D., Stanislaw J.* The Commanding Heights. The Battle Between Government and the Marketplace That Is Remaking the Modern World. Simon and Schuster, New York, 1998. p. 183.

6 Cf. *LaFeber W.* The Clash. US-Japanese Relations Throughout History. W. W. Norton and Company, New York-London, 1997, p. 390.

7 Cf. *Huntington S. P.* The Clash of Civilizations and the Remaking of World Order. Simon and Schuster, New York, 1996. p. 103.

8 Cf. *Hiscock G.* Asia's Wealth Club. Nicolas Brealey Publishing, London, 1997. p. 112.

9 Cf. *Naisbitt J.* Global Paradox. Avon Books, New York, 1995. p. 339.

10 Cf. *Hatch W., Yamamura K.* Asia in Japan's Embrace. Building a Regional Production Alliance. Cambridge University Press, Cambridge-London, 1996. p. 180.

11 Cf. *Yip G. S.* Asian Advantage. Key Strategies for Winning in the Asia-Pacific Region. Addison-Wesley, Reading (Ma.), 1998. p. 119.

12 Cf. *Hobday M.* Innovation in East Asia. pp. 18-19.

13 Cf. *Amsden A. H.* Asia's Next Giant. South Korea and Late Industrialization. Oxford University Press, New York-Oxford, 1989, 1989. p. 328.

14 Cf. *Robinson R., Goodman D. S. G.* (Eds.) The New Rich in Asia. Mobile Phones, McDonald's and Middle-Class Revolution. Routledge, London-New York, 1996. p. 207.

15 Cf. *Hamlin M. A.* Asia's Best. The Myth and Reality of Asia's Most Successful Companies. Prentice Hall/Simon and Schuster (Asia) Pte Ltd, Singapore-New York, 1998. p. 14.

16 Cf. *Fieldhouse D. K.* The West and the Third World. Trade, Colonialism, Dependence and Development. Blackwell Publishers, Oxford-Malden (Ma.), 1999. p. 325.

17 Cf. The World Bank. The Asian Miracle. Economic Growth and Public Policy. Oxford University Press for the World Bank, Oxford-Washington (D.C.), 1993. p. 39.

18 Cf. *Pempel T. J.* The Developmental Regime in a Changing World Economy // *Woo-Cumings M.* (Ed.) The Developmental State. Cornell University

Press, Ithaca (New York)-London, 1999. p. 148.

19 Cf. *Vogel E. F.* The Four Little Dragons. The Spread of Industrialization in East Asia. Harvard University Press, Cambridge (Ma.)-London, 1991. p. 9.

20 Cf. *Pempel T. J.* The Developmental Regime in a Changing World Economy. p. 177.

21 Cf. *Haggard S.* Developing Nations and the Politics of Global Integration. Brookings Institution, Washington (D.C.), 1995. p. 49.

22 Cf. *Robinson R., Goodman D. S. G.* (Eds.) The New Rich in Asia. pp. 205, 161, 47, 135, 183, 77, 17.

23 Cf. *Adams N. A.* Worlds Apart. The North-South Divide and the International System. Zed Publishers, London, Atlantic Highlands (N.J.), 1997. pp. 219-220.

24 Cf. *Amsden A. H.* Asia's Next Giant. p. 67.

25 Cf. *Amsden A. H.* Asia's Next Giant. p. 116.

26 Cf. *Cumings B.* The Asian Crisis, Democracy and the End of « Late » Development // *Pempel T. J.* (Ed.) The Politics of Asian Economic Crisis. Cornell University Press, Ithaca (New York)-London, 1999. p. 38 ; *Weiss I.* The Myth of the Powerless State. Governing the Economy in a Global Era. Polity Press, Cambridge, 1998. p. 60.

27 Cf. *Dunning J. H., Van Hoesel R., Narula R.* Third World Multinational Revisited : New Developments and Theoretical Implications // *Dunning J. H.* (Ed.) Globalization, Trade and Foreign Direct Investment. Amsterdam-Oxford, 1999. p. 278.

28 Cf. *Eichengreen B.* Globalizing Capital. A History of the International Monetary System. Princeton University Press, Princeton (N.J.), 1996. p. 188.

29 Cf. *Plender J.* A Stake in the Future. The Stakeholding Solution. Nicholas Brealy Publishing, London, 1997. p. 224.

30 Cf. *Bello W., Rosenfeld S.* Dragons in Distress. Asia's Miracle Economies in Crisis. A Food First Book, San Francisco, 1990. p. 71.

31 Cf. *Soros G.* The Crisis of Global Capitalism [Open Society Endangered]. Little, Brown and Company, London, 1998. p. 139.

32 Cf. *McLeod R. H., Garnaut R.* (Eds.) East Asia in Crisis. From Being a Miracle to Needing One ? Routledge, London-New York, 1998.

p. 92.

33 Cf. *Robinson R., Goodman D. S. G.* (Eds.) The New Rich in Asia. p. 95.

34 Cf. *Phongpaichit P., Baker Ch.* Thailand's Boom and Bust. Chaing Mai (Thailand), 1998. p. 101.

35 Cf. *McLeod R. H., Garnaut R.* (Eds.) East Asia in Crisis. p. 89.

36 Cf. *Murray G.* Vietnam : Dawn of a New Market. St. Martin's Press, New York, 1997. pp. 110-111.

37 Cf. *French P., Crabbe M.* One Billion Shoppers. Accessing Asia's Consuming Passions and Fast-Moving Markets – After the Meltdown. Nicholas Brealey Publishing, London, 1998. p. 158.

38 Cf. *Van Kemenade W.* China, Hong Kong, Taiwan, Inc. Alfred A. Knopf, New York, 1997. pp. 4, 6-7, 37.

39 Cf. *Moody K.* Workers in a Lean World. Unions in the International Economy. Verso, London-New York, 1997. p. 13.

40 Cf. *Rohwer J.* Asia Rising. How History's Biggest Middle Class Will Change the World. Nicholas Brealey Publishing, London, 1996. p. 16.

41 Cf. *Strange S.* Mad Money. Manchester University Press, Manchester, 1998. p. 109.

42 Cf. The Economist. February 22, 1997. p. 89.

43 Cf. The Economist. May 24, 1997. p. 79.

44 Pour plus de détails, cf. The Economist. March 1, 1997. pp. 23-25.

45 Pour plus de détails, cf. *McLeod R. H., Garnaut R.* (Eds.) East Asia in Crisis. pp. 14-16.

46 Cf. *Lee E.* The Asian Financial Crisis : The Challenge for Social Policy. International Labour Office, Geneva, 1998. p. 19.

47 Cf. *Bello W., Rosenfeld S.* Dragons in Distress. p. 58.

48 Cf. *McLeod R. H., Garnaut R.* (Eds.) East Asia in Crisis. pp. 66-67.

49 Cf. *Henderson C.* Asia Falling. Making Sense of the Asian Crisis and Its Aftermath. Business Week Books / McGraw-Hill, New York, 1999. p. 244.

50 Cf. *Hirch M.* Cronyism Crashes // Newsweek. January 26, 1998. p. 21.

51 Cf. The Economist. November 29, 1997. pp. 23-25.

52 Cf. *Hirch M.* Where is the Bottom ? // Newsweek. January 19, 1998. p. 34.

53 Cf. *Bello W., Rosenfeld S.* Dragons in Distress. p. 40.

54 Cf. The Economist. April 12, 1997. p. 82.

55 Cf. *Goldstein M.* The Asian Financial Crisis : Causes, Cures and Systemic Implications. Institute for International Economics, Washington (D.C.), 1998. p. 8.

56 Cf. *Lee E.* The Asian Financial Crisis. Geneva, 1998. pp. 4, 6.

57 Cf. *McLeod R. H., Garnaut R.* (Eds.) East Asia in Crisis. pp. 58.

58 Cf. *Henderson C.* Asia Falling. pp. 115-116.

59 Cf. *McLeod R. H., Garnaut R.* (Eds.) East Asia in Crisis. p. 42.

60 Cf. *Henderson C.* Asia Falling. pp. 146-147 ; pour plus de détails, cf. Spaeth A. Sinking Feeling // Time. June 22, 1998. p. 40.

61 Pour plus de détails, cf. Powell B. Hiccup ? Or Global Meltdown ? // Newsweek. December 29, 1997. pp. 20-21.

62 Cf. *Hamlin M. A.* The New Asian Corporation. Managing for the Future in Post-Crisis Asia. Jossey-Bass Publishers, San Francisco (Ca.), 2000. p. 69.

63 Cf. *Delhaise P.* Asia in Crisis. The Implosion of the Banking and Finance Systems. John Wiley and Sons (Asia) Pte Ltd., Singapore-New York, 1998. p. 16.

64 Cf. *Kreinin M. E., Lowinger T. C., Lal A. K.* Determinants of Inter-Asian Direct Investment Flows // *Dunning J. H.* (Ed.) Globalisation, Trade and Foreign Direct Investment. p. 197.

65 Cf. The World Bank. The Asian Miracle. p. 113.

66 Cf. *Rodrik D.* The New Global Economy and Developing Countries : Making Openness Work. Overseas Development Council, Washington (D.C.), 1999. pp. 89-90.

67 Cf. *Winters J. A.* The Determinant of Financial Crisis in Asia // *Pempel T. J.* (Ed.) The Politics of Asian Economic Crisis. pp. 88, 81.

68 Pour plus de détails, cf. *Hatch W., Yamamura K.* Asia in Japan Embrace. pp. 78, 159-160, 178.

69 Cf. *Solomon R.* Money on the Move. The Revolution in International Finance Since 1980. Princeton, Princeton University Press, (N.J.), 1999. p. 132.

70 Cf. *Clifford M. L., Engardio P.* Meltdown. Asia's Boom, Bust and

Beyond. Prentice Hall Press, Paramus (N.J.), 2000. p. 212.

71 Cf. *McLeod R. H., Garnaut R.* (Eds.) East Asia in Crisis. p. 78.

72 Cf. *Lacayo R.* IMF to the Rescue // Time. December 8, 1997. p. 23.

73 Pour plus de détails, cf. The Economist. March 7, 1998. Survey « East Asian Economies ». pp. 5-9.

74 Cf. *Emerson T.* Asia's Agony // Newsweek. October 12, 1998. p. 26.

75 Cf. *Spaeth A.* Sinking Feeling. Time. June 22, 1998, p. 40.

76 Cf. *Soros G.* The Crisis of Global Capitalism. p. 149.

77 Cf. *McLeod R. H., Garnaut R.* (Eds.) East Asia in Crisis. pp. 80, 81.

78 Cf. *Ignatius A.* Asia's Bad News // Time. May 18, 1998. p. 33.

79 Cf. *Eichengreen B.* Toward a New International Financial Architecture. A Practical Post-Asia Agenda. Institute for International Economics, Washington (D.C.), 1999. pp. 151-152.

80 Cf. *Cumings B.* The Asian Crisis, Democracy and the End of « Late » Development. p. 28.

81 Cf. *Lee E.* The Asian Financial Crisis. p. 40.

82 Cf. *Larimer T.* No Place For Strangers // Time. April 6, 1998. p. 26.

83 Cf. *Emerson T.* Asia's Agony. p. 26.

84 Calculé d'après Financial Times. FT 500. London, 1997. pp. 83-86 ; Financial Times. May 4, 2000. Survey FT 500. p. 3.

85 Cf. *McCarthy T.* Indonesia on the Brink // Time. March 23, 1998. pp. 36-37.

86 Cf. *Sender H.* Daewoo's Foreign Creditors Face Decision on Debt-Buyout Proposal // The Wall Street Journal Europe. May 4, 2000. p. 6.

87 Cf. *Phongpaichit P., Baker Ch.* Thailand's Boom and Bust, p. 124.

88 Cf. *Lee E.* The Asian Financial Crisis, p. 53.

89 *George Soros.* La Crise du capitalisme mondial. La société ouverte en danger. Infra-M, Moscou, 1999. pp. 155, 156 (en russe).

90 Cf. *Goldstein M.* The Asian Financial Crisis. pp. 65-67.

91 Cf. *Luttwak E.* Turbo-Capitalism. Winners and Losers in the Global Economy. Weidenfeld and Nicolson, London, 1998. p. 241.

92 Cf. World Economic Outlook. A Survey by the Staff of the International Monetary Fund. May 1998. IMF Publication Service, Washington (D.C.), 1998. p. 3 ; *Gough L.* Asia Meltdown. pp. 106-107, 128.

93 Cf. *Clifford M. L., Engardio P.* Meltdown. p. 212.

94 Cf. The Economist. March 7, 1998. Survey « East Asian Economies ». p. 4.

95 Calculé d'après The Economist. April 11, 1998. p. 64.

96 Cf. The Economist. April 15, 2000. pp. 82-83.

97 Cf. *Miklethwait J., Wooldridge A.* A Future Perfect. The Essentials of Globalization. Crown Business, New York, 2000. p. 46.

98 Cf. *Clifford M. L., Engardio P.* Meltdown. p. 252.

99 Cf. The Economist. April 15, 2000. p. 83.

100 Cf. *Clifford M. L., Engardio P.* Meltdown. p. 252.

101 Cf. *Schuman M. et al.* Korea's Economy Expands by 10,7% // The Wall Street Journal Europe. March 23, 2000. p. 10.

102 Cf. *Plender J.* Emerging from the Gloom // Financial Times. April 11, 2000. p. 14.

103 Cf. The Economist. July 31, 1999. p. 63.

104 Cf. *Hae Won Choi.* Banks in Korea Need More in Bad-Loan Funds // The Wall Street Journal Europe. July 3, 2000. p. 7.

105 Cf. *Ihlwan M.* Coddling the Chaebols and Courting Disaster // Business Week. European Edition. September 21, 1998. p. 33.

106 Cf. *Burton J.* Hyundai Founder's Favorite Son Falls from Grace // Financial Times. August 17, 2000. p. 18.

107 Cf. The Economist. July 22, 2000. p. 64.

108 Cf. *Clifford M. L., Engardio P.* Meltdown. p. 257.

109 Cf. World Economic Outlook. May 1999. A Survey by the Staff of the International Monetary Fund. Publication Service, Washington (D.C.), 1999. p. 43.

110 Cf. *Hamlin M. A.* The New Asian Corporation. p. 37.

111 Cf. *Einhorn B., Shari M.* Currency Crisis, Part Two ? // Business Week. July 31, 2000. p. 28.

112 Pour plus de détails, cf. Montagnon P. Still no Miracle Alternative to Reform for Asian Economies // Financial Times. June 2, 2000. p. 4 ; *Schuman M.* South Korean Economic Surge Stokes Interest-Rate Debate // The Wall Street Journal Europe. May 24, 2000. p. 8.

113 Cf. *Burton J.* Broadband Demand Drives South Korea Internet Advances //

Financial Times. May 23, 2000. p. 21.

114 Cf. *Kirk D.* Sell-Off in Seoul Drags Stocks to 13-Month Low // International Herald Tribune. May 23, 2000. p. 16.

115 Cf. International Herald Tribune. May 24, 2000. p. 17.

116 Cf. *Einhorn B., Shari M.* Currency Crisis, Part Two ? p. 29.

117 Cf. *Appell D.* Stocks in Asia May Find No Relief Even if the US Leaves Rates Alone // The Wall Street Journal Europe. June 28, 2000. p. 34.

118 Cf. *McNulty S.* Slow Reform Progress Puts Investors off Malaysia // Financial Times. August 16, 2000. p. 3.

119 Cf. *Backman M.* The New Regime in Jakarta is Beginning to Look Like the Old // International Herald Tribune. May 25, 2000. p. 6.

120 Cf. *Baird M.* Indonesia's Problems Force World Bank to Rethink its Role // International Herald Tribune. May 17, 2000. p. 8.

121 Cf. *Kotler P., Jatusripitak S., Maesincee S.* The Marketing of Nations. A Strategic Approach to Building National Wealth. Free Press, New York, 1997. pp. 53-54.

CHAPITRE VI

CHINE : DESTIN COMMUN OU VOIE SINGULIERE ?

Les analystes qui se penchent sur l'évolution des pays en mal de « rattrapage » attachent une importance particulière à la Chine, et ceci pour plusieurs raisons. En premier lieu, l'histoire de ce pays, ses dimensions et sa part dans la population mondiale, tous ces facteurs incitent à considérer les grandes mutations économiques et sociales intervenues en RPC comme des processus ayant des répercussions directes sur la conjoncture économique mondiale et l'équilibre des forces politiques sur la planète. En second lieu, l'expérience chinoise est irremplaçable dans la mesure où elle offre le premier exemple réussi de passage d'une société quasi agraire antérieurement socialiste à un pays capitaliste que l'on peut partiellement qualifier de moyennement développé. Et enfin, en troisième lieu, il est difficile de ne pas prendre en compte le fait que la crise destructrice qui a soumis à rude épreuve le modèle asiatique n'a pas apporté de corrections sensibles aux rythmes et à l'orientation du développement de l'économie chinoise.

Les succès obtenus par l'économie chinoise au cours des vingt dernières années sont incontestables. Le taux moyen de croissance annuelle du PNB dépasse 10%. Les exportations ont progressé rapidement, notamment vers les pays du monde postindustriel. La Chine a accédé à l'autosuffisance dans le domaine agroalimentaire et s'insert aujourd'hui avec succès dans l'économie mondiale de l'information. La République populaire de Chine est désormais une superpuissance régionale en voie de supplanter le Japon en tant que leader de la région Asie-Pacifique. Le développement stable du pays atteste que ses dirigeants ont pris en compte nombre de leçons à tirer aussi bien de l'expérience de leurs voisins que des tentatives ratées de réforme de l'économie soviétique. Mais quant aux nombreuses prévisions selon lesquelles la Chine pourrait dépasser les Etats-Unis en cinq ou dix ans, il est sage de se souvenir des prophéties similaires en vogue à la fin des années 70 concernant le Japon. Le fait que l'archipel nippon ait échappé à la panique boursière de 1987 fut aussi interprété comme une preuve absolue de sa stabilité marmoréenne. Dix ans après, les apparences d'une prospérité insolente se sont effacées et le rôle prééminent des Etats-Unis n'a fait que s'affirmer. C'est la raison pour laquelle il faut aujourd'hui, sans pour autant minimiser la portée des réformes décidées à Pékin, prendre en compte le fait que l'orientation maîtresse des mutations de la société chinoise est identique à l'évolution de tout pays mettant en œuvre une politique de développement « de rattrapage » et, par conséquent, ne s'attendre ni à sa poursuite sans crise, ni à l'instauration d'une hégémonie chinoise dans le système économique du XXI° siècle. Il n'en reste pas moins indispensable, avant d'aborder l'évaluation de l'expérience des réformes économiques en Russie, de se pencher sur le parcours effectué par son voisin du sud-est.

Début des réformes et état actuel de l'économie

La réforme de l'économie chinoise a été initiée en 1978-1979, lorsque le pays était plongé dans une crise gravissime au lendemain de la « Révolution culturelle ». Plutôt que d'une modernisation de grande envergure, il s'agissait alors d'un train de mesures requises simplement pour la survie de la majorité de la population, essentiellement occupée dans le secteur agraire. L'industrie était alors à un stade embryonnaire et le PNB annuel par habitant ne dépassait pas 373 yuans, ce qui, même au cours artificiel de la monnaie chinoise de l'époque (1,55 yuan pour un dollar US) n'excédait pas 250 dollars[1]. Comprenant fort bien que ce niveau n'était pas adéquat aux objectifs de l'édification d'une économie industrielle développée, les dirigeants chinois se sont proposés de quadrupler ce chiffre à l'horizon 2000. A cet égard, il est très significatif que le premier objectif des réformes ait été le développement de l'agriculture et la satisfaction, sur cette base, des besoins minimaux de la population en denrées alimentaires, objectif qui n'avait jamais été à l'ordre du jour des autres pays du Sud-Est asiatique.

Le phénomène de la croissance rapide a été le trait distinctif du « miracle économique » chinois. C'est en extrapolant les tendances initiées que beaucoup d'experts voient dans ce pays, naguère arriéré, une superpuissance économique, leader de la région asiatique et concurrent menaçant des Etats-Unis. Selon les statistiques, l'économie chinoise a crû durant les années 80 et au début des années 90 à des cadences de 9,8 à 14,2% par an, remportant donc la palme parmi les pays d'Asie[2]. A ce propos, il faut, selon nous, rester prudent quant aux estimations selon lesquelles on observerait un ralentissement de la croissance chinoise. Celle-ci est plus erratique que déclinante et son caractère « irrégulier » s'explique dans une grande mesure par les complexités de la statistique. Quoi qu'il en soit, de 1991 à 1995, le PNB chinois s'est accru de 68,6% et, selon les données préalables, il aura progressé au moins de 50,4% durant la période 1996-

2000[3]. Il est important de préciser, à cet égard, qu'une part considérable de l'offre croissante de produits est absorbée par le marché intérieur, alors que la productivité du travail, qui était restée très basse jusqu'au début des réformes, augmenta à des rythmes annuels de 2 à 3,8%, assurant une hausse de 43% du PNB[4]. Ce qui, à première vue, distinguait avantageusement l'économie chinoise de celles des autres pays d'Asie.

Le développement industriel s'est concentré essentiellement dans les régions côtières, où le gouvernement communiste avait créé des « zones spéciales de transformation des produits d'exportation » au nombre de plus d'une dizaine dès les premières années des réformes, zones qui bénéficièrent d'un flux important de capitaux étrangers (par exemple, plus de 5 milliards de dollars investis dans la zone économique libre de Dalian[5]). Dans les zones tournées vers les marchés extérieurs, et particulièrement dans les zones économiques libres limitrophes de Hongkong, on a vu se concentrer le gros de la production industrielle chinoise et le taux de croissance s'y est chiffré en moyenne à 17,3% durant la période 1978-1993. En l'occurrence, les facteurs positifs (parmi lesquels il faut relever une nette prédominance des investissements étrangers directs sur les investissements de portefeuille : à la différence, par exemple, de la Corée du Sud, où celles-ci ajoutées aux emprunts extérieurs dépassaient de près de 15 fois les investissements étrangers directs dans le domaine de la production, en Chine, les investissements directs excédaient de deux fois les crédits obtenus et de près de dix fois les investissements de portefeuille[6]) ne compensent pas entièrement les conséquences négatives de la régionalisation grandissante de l'économie (au début de 1994, près du tiers des exportations chinoises était fourni par les régions côtières avec une population de 23 millions d'habitants, c'est-à-dire moins de 1,4% de la population du pays[7]). Durant le premier trimestre 2000, les branches tournées vers l'exportation ont fourni 24% du PNB[8] et constitué le principal secteur de l'économie ayant enregistré la plus importante création d'emplois et la plus forte hausse des revenus des employés.

Au sujet des réformes chinoises, on ne peut oublier qu'elles ont été initiées à un stade de développement très bas de l'économie nationale pas plus que le fait que ce niveau reste toujours fort modeste. Bien que les évaluations soient fort variables, nous estimons que le PNB annuel par habitant ne dépasse pas 500 à 600 dollars. Selon certaines sources, le PNB par habitant est passé de 373 yuans en 1978 à 816 yuans en 1985 et à 1558 yuans en 1990, soit respectivement 239 dollars, 268 dollars et 327 dollars au cours officiel moyen de l'année en cours[9]. Ces chiffres, qui mettent la Chine au même niveau que Haïti, le Soudan ou la Tanzanie, c'est-à-dire les pays les plus pauvres du monde, sont indubitablement irréalistes, mais les tentatives de rehausser l'évaluation des indicateurs chinois à des hauteurs considérables ne sont pas plus fiables. Dès 1984, on a proposé des modes de calcul reposant sur le pouvoir d'achat des monnaies, ce qui a permis d'évaluer le PNB chinois par habitant à 300 dollars en 1950 et à 1135 dollars en 1980. Compte tenu du taux de croissance de l'économie chinoise postérieurement à 1980, cet indicateur peut alors être évalué à 2444 dollars en 1985 et à 5100 dollars pour l'an 2000. Ce dernier chiffre signifie que la Chine serait désormais un pays plus développé que ne l'était l'Irlande en 1985 ou le Portugal en 1990, ce qui est manifestement invraisemblable[10]. Les analystes qui partent des chiffres de fourniture d'énergie dans l'économie chinoise et définissent la parité du yuan face au dollar sur la base du pouvoir d'achat de ces monnaies sur le marché des produits alimentaires et des produits de consommation courante rudimentaires évaluent le PNB chinois par habitant à 1300 dollars pour l'exercice 1988[11].

Or, on sait combien est important l'écart en matière de produit intérieur régional entre les différentes provinces du pays : en 1990, le produit brut par habitant atteignait 5700 dollars dans le Shenzhen contre 1510 dollars dans le Guangzhou[12] et dépassait l'indicateur moyen de 17 fois dans le premier cas et de 5,5 fois dans le second sur la base de l'évaluation du PNB annuel par habitant de 327 dollars. Si l'on adopte l'estimation à 1300 dollars, le produit intérieur régional du Shenzhen serait deux fois plus élevé qu'à Hongkong (où il dépassait alors 12000 dollars), ce qui est irréaliste. Nous sommes donc enclins à nous rallier à l'évaluation officielle selon laquelle le PNB par habitant de la Chine n'excède pas aujourd'hui 600 dollars par an. Cela est d'ailleurs corroboré par les niveaux relatifs de rémunération en Chine (90 cents/h dans une ville prospère comme Shanghai) et dans les autres pays de la région (3 dollars/h à Djakarta, 3,6 dollars/h à Kuala Lumpur, 5,2 dollars/h à Singapour et 6,2 dollars/h à Séoul[13]). Ces chiffres confortent les évaluations gouvernementales officielles selon lesquelles les ruraux (800 millions d'âmes en Chine) ont un revenu moyen annuel par habitant de 190 dollars, 65 millions d'entre eux végétant au-dessous du seuil officiel de pauvreté fixé à l'équivalent de 64 dollars par an[14]. Alors que les revenus des citadins augmentent en moyenne annuelle de 7% dans la deuxième moitié des années 90, ils ne progressaient que de 1% en zone rurale[15]. En outre, près de 120 millions d'habitants, soit le dixième de la population chinoise, vivent d'expédients et le nombre de chômeurs permanents ou partiels, s'élevant à 142 millions de personnes (dont 12 millions en zone urbaine et 120 millions en zone rurale)[16], peut excéder 260 millions de personnes fin 2000[17]. Dans ce contexte, on ne peut qu'abonder dans le sens de Zbigniew Brzezinski estimant que « même si la Chine évite de graves perturbations politiques et réussit inexplicablement à maintenir ses rythmes très élevés de croissance au cours des vingt-cinq prochaines années, elle demeurera un pays fort pauvre selon les critères internationaux, argument [principal] militant pour le scepticisme quant à la capacité de la Chine à devenir une véritable grande puissance mondiale à échéance des deux ou trois prochaines décennies »[18].

Sources de la croissance accélérée

Passant à une analyse plus détaillée des facteurs assurant le développement rapide de l'économie chinoise, nous retrouvons immédiatement des items évoqués dans les chapitres précédents. Il s'agit, avant tout, d'un taux d'épargne élevé et d'une main-d'œuvre bon marché, d'importants investissements étrangers, d'une économie tournée vers l'exportation et de puissantes incitations de l'Etat favorisant la croissance.

Le premier facteur est resté dominant durant toutes les années 80 et la première moitié des années 90. Dans le courant de cette période, malgré des chiffres relativement peu élevés du PNB par habitant, l'épargne intérieure n'a cessé d'augmenter. Durant les années de réformes, sa part dans le PNB a progressé de 33,2% en 1978 à 40,4% en 1991 et oscille depuis autour d'un niveau de 40%[19]. Compte tenu des leçons à tirer de l'industrialisation de la plupart des pays en développement, on peut affirmer que dans les 10 à 15 prochaines années, tant que le PNB par habitant n'aura pas atteint le niveau de 1500 à 2000 dollars par an, on ne doit pas s'attendre à une baisse importante du taux d'épargne dans la mesure où celui-ci est lié à la volonté d'accumulation et de multiplication les plus rapides possibles. Par conséquent, le taux de croissance de l'économie chinoise restera probablement élevé au cours de la présente décennie. A cet égard, il faut noter que le niveau très bas des revenus de la population qui caractérise l'économie chinoise la rend extrêmement compétitive. Les calculs effectués sur la base des statistiques de 1995 montrent clairement que la productivité des travailleurs chinois, évaluée à 5,09 dollars pour un dollar de rémunération, dépasse de plus de deux fois ce chiffre pour la Malaisie et Taiwan (respectivement 2,62 et 2,60 dollars) et de plus de 3,5 fois pour la Corée du Sud (1,47 dollar)[20], ce qui explique pleinement l'attractivité de l'économie chinoise pour les investisseurs. Et tout particulièrement, ces dernières années, les entrepreneurs privés : alors qu'en 1978, les investissements publics et les capitaux des particuliers représentaient respectivement 15,1 et 1,1% du PNB, ces proportions étaient respectivement de 1,8 et 18,7% du PNB dès 1991[21]. Cette évolution ne témoigne pas d'un amenuisement considérable de l'influence de l'Etat dans l'économie, mais confirme spectaculairement le passage de celle-ci au marché. Ainsi, dans les conditions actuelles, la Chine possède un potentiel interne substantiel en matière d'investissements, mais les chiffres cités sur les niveaux de vie en fonction des régions et les taux de chômage officiel et latent ou réel montrent que « la Chine possède des réserves beaucoup plus importantes de main-d'œuvre disponible que ses voisins asiatiques »[22], ce qui constitue l'une des conditions essentielles de sa compétitivité face aux autres pays en voie d'industrialisation.

Le deuxième facteur s'est même manifesté avec plus de relief en Chine que dans tout autre pays ayant opté pour le développement « de rattrapage ». Nous avons déjà relevé que la plus grande part des capitaux étrangers placés dans l'économie chinoise est représentée par les investissements directs dans la production matérielle et le bâtiment. Selon les statistiques officielles, de 1993 à 1997, sur 250 milliards de dollars réellement investis dans l'économie chinoise, 194 milliards, soit 78% de ce montant, ont été investis directement dans la production et 22% seulement sous forme de crédits privés ou intergouvernementaux[23]. De 1983 à 1994, les investissements étrangers directs dans l'économie chinoise ont été multipliés par 18[24], ce qui a évidemment constitué l'un des catalyseurs essentiels de la croissance économique de la Chine dans la première moitié des années 90. Début 1994, la RPC comptait 22700 entreprises appartenant à des sociétés étrangères. Elles représentaient 23 millions d'emplois et fournissaient 37% des exportations pour un montant qui est passé de 13 à 47 milliards de dollars de 1991 à 1995[25]. Dans la deuxième moitié des années 90, c'est une vingtaine de milliers de sociétés étrangères qui ouvraient chaque année des filiales ou des succursales[26]. Au cours de la seule année 1993, le gouvernement a approuvé l'appel à une mise de fonds excédant 111 milliards de dollars, soit plus qu'au cours des treize années précédentes. En 1994, ce chiffre devait encore progresser de 44%[27]. L'économie chinoise a ainsi bénéficié d'un large accès aux capitaux étrangers investis dans le secteur industriel.

L'analyse du flux grandissant de capitaux étrangers permet de suivre les étapes de la libéralisation de l'économie chinoise. En soi, leur dynamique spectaculaire résulte du changement de ligne politique de la fin des années 70, mais ce processus s'est accéléré après la fameuse « tournée méridionale » de Deng Xiaoping en 1991. Avant le début des années 90, la forme la plus répandue de participation étrangère demeurait la société mixte, au sein de laquelle la partie chinoise possédait généralement le bloc de contrôle. Si on en a enregistré 83 de 1979 à 1982, la seule année 1991 a vu naître 8395 sociétés mixtes[28]. Dans les années 90, l'accent a été mis sur l'enregistrement massif de sociétés étrangères à 100%, ce qui ouvrait aux investisseurs étrangers des perspectives nouvelles pour les affaires et devait forcément intensifier le flux de capitaux. Tous ces espoirs se sont pleinement justifiés. Alors qu'en 1991, les investissements étrangers directs ne dépassaient pas 4 milliards de dollars, ils atteignaient 11 milliards dès 1992, 26 milliards en 1993, plus de 40 milliards de dollars en 1996[29], bien qu'aujourd'hui 80% des sociétés créées avec une participation étrangère aient adopté le statut de société mixte, 20% seulement d'entre elles étant entièrement contrôlées par le capital étranger. Le montant total des investissements déclaré dans les documents statutaires des nouvelles sociétés avait alors dépassé les 400 milliards de dollars[30].

Pourtant, il convient de prendre en compte certaines spécificités caractérisant les investissements effectués dans l'économie chinoise, en premier lieu le caractère ethnique prononcé des investissements. A la différence de la plupart des pays asiatiques, où le Japon joue un rôle prééminent parmi les investisseurs étrangers, le flux majeur de capitaux investis en Chine provient de pays où les Chinois soit constituent le gros de la population, soit y occupent des positions clefs dans la vie économique. En 1985, les investissements des sociétés implantées à Hongkong ou à Macao, territoires rattachés à la RPC respectivement en 1997 et en 1999, ont constitué 49,9% de la totalité des investissements étrangers effectués en Chine, mais cette part s'élevait à 62,1% dès 1989 et à 76,2% en 1993[31] (il faut y ajouter Taiwan, peuplé de Chinois ethniques et dont le rattachement est également réclamé par la RPC). Avant de passer sous contrôle chinois, Hongkong avait investi près de 93 milliards de dollars en RPC, y fondant 50 000 entreprises qui occupaient plus de 4 millions de personnes en 1997, y transférant pratiquement toutes ses industries (rappelons que vers le milieu des années 90, le PNB de Hongkong n'était créé qu'à 9% dans le secteur industriel)[32]. Dès 1997, les investissements provenant de Hongkong assuraient près de 5% du PNB chinois, restant le gage de la prospérité des provinces côtières, qui fournissaient et continuent à fournir les produits d'exportations chinois[33]. Le rôle de Hongkong, de Macao et de Taiwan demeure extrêmement important. Malgré des évaluations quelque peu divergentes[34], la plupart des experts conviennent que plus des 3/4 des investissements étrangers en Chine proviennent de ces trois origines[35]. Dans le même temps, le rôle des autres investisseurs dans le financement de l'économie chinoise ne cesse de diminuer. C'est ainsi que de 1985 à 1993, la part des investissements américains est tombée de 18,3 à 7,4% et celle des investissements japonais de 16,1 à 4,9%[36].

Au fur et à mesure du rattachement à la RPC de Hongkong (1997), de Macao (1999) et éventuellement de Taiwan, on rangera parmi les principaux investisseurs étrangers en Chine d'autres pays d'Asie où l'influence chinoise est forte et qui assurent dès à présent 15% des investissements étrangers dans l'ancien Empire du Milieu. Rappelons que vers le milieu des années 90, la population des pays du Sud-Est asiatique (hors Hongkong, Macao et Taiwan) comptait près de 25 millions de ressortissants d'origine chinoise, dans des proportions atteignant 32% de la population de la Malaisie, 15% de la population thaïlandaise, 4% de la population indonésienne et 1% de celle des Philippines[37]. En 1990, ils possédaient des sociétés industrielles, commerciales et de services, ainsi que des biens immobiliers et des stocks évalués à un total de 400 milliards de dollars, ce qui excédait alors de plus de 25% le PNB de la Chine continentale[38]. Les taux d'accumulation pratiqués dans leurs sociétés n'étaient pas inférieurs à ceux de la RPC, oscillant entre 25 et 45%. Cette partie de l'économie « chinoise », au sens large, était évaluée, en 1996, à 700 milliards de dollars, ce qui était alors du même ordre de grandeur que le PNB de la RPC[39]. Pourtant, cela ne suffit pas à donner une idée complète de l'influence réelle des Chinois ethniques dans les pays du Sud-Est asiatique. Dès 1990, la Diaspora chinoise contrôlait, par le biais de ses sociétés, des actifs liquides (non compris les titres et actions des sociétés industrielles) pour un montant de 3 à 4 fois plus important que celui de ses biens détenus en toute propriété stricto sensu. Certains experts donnent la fourchette de 1,5 à 2 trillions de dollars[40], alors que d'autres estiment que 2 trillions de dollars est le montant plancher dont il faut partir en la matière[41]. A notre connaissance, l'évaluation la plus élevée de l'empire économique chinois à l'étranger en 1990 est celle de D. Landes, qui avance le chiffre de 2,5 trillions de dollars[42].

Ayant ces chiffres à l'esprit, on peut en conclure qu'au début des années 90, l'économie chinoise hors frontières atteignait près de 60% du PNB du Japon, la deuxième superpuissance économique du monde. Les émigrés chinois et leurs descendants ont fondé en Asie d'immenses empires financiers : sur 100 milliardaires asiatiques, 39 sont d'origine chinoise, dont 12 familles dont le patrimoine excède 5 milliards de dollars[43]. Vers le milieu de 1994, les entrepreneurs d'origine chinoise contrôlaient 517 des 1000 plus importantes sociétés industrielles en tête des cotations des Bourses de Séoul, Taipei, Shanghai, Shenzhen, Hongkong, Bangkok, Kuala Lumpur, Singapour, Djakarta et Manille[44]. En outre, ils possédaient plus de 62% des grandes sociétés en Malaisie, 80% en Thaïlande[45]. Leur présence est particulièrement visible en Indonésie, où les Chinois ethniques constituent, selon les sources, de 3,6 à 4,2% de la population, mais possèdent 70% des entreprises du secteur privé, 240 des 300 premières sociétés et 14 des 15 grands groupes industriels et financiers du pays[46]. Quant à l'économie de Singapour, la plupart des experts s'accordent pour estimer qu'elle est quasi entièrement contrôlée par la diaspora chinoise. Cette influence des Chinois ethniques est particulièrement mise en exergue ces dernières années. Les analystes occidentaux appréhendent sérieusement les conséquences politiques éventuelles de leur expansion économique. Au début des années 90, P. Drucker a introduit le terme de « sociétés chinoises non communistes » (non-Communist Chinese societies)[47], appliquées de plus en plus fréquemment à

Hongkong, Taiwan, Singapour, la Corée du Sud, la Malaisie et, partiellement, l'Indonésie. Ces dernières années, Zbigniew Brzezinski n'a pas manqué de signaler le péril de gouvernements fantoches prochinois éventuels dans plusieurs pays du Sud-Est asiatiques[48].

Si nous nous sommes ainsi attardés sur ce problème, c'est pour deux raisons. D'une part, la distribution fort spécifique des investissements étrangers dans l'économie de la RPC selon les pays investisseurs permet de supposer que la Chine est aujourd'hui le seul Etat d'Asie à avoir gagné à la crise financière destructrice de 1997-1998. Dans un contexte où, dans les pays du Sud-Est asiatique, les entrepreneurs chinois soit sont devenus des parias comme en Malaisie ou en Indonésie, soit (dans le meilleur des cas) ne peuvent plus escompter de nouveaux superprofits, la RPC peut espérer un nouvel afflux de capitaux, ces mêmes capitaux qui font si cruellement défaut dans les autres pays d'Asie. D'autre part, les gigantesques investissements effectués dans l'économie chinoise (souvent présentés par les analystes russes comme la confirmation de l'attractivité d'un pays post-communiste dès lors qu'il est entré dans la voie des réformes menant à une économie de marché) revêtent un caractère spécifique et il n'y a pas lieu de rabattre cette situation sur les réalités russes, de faire sur cette base des prévisions totalement irréalistes quant à l'attractivité de l'économie russe.

Le troisième des facteurs auxquels nous nous référons ici est également de la plus grande importance. Comme dans la plupart des pays asiatiques, le développement économique de la Chine est largement permis par l'expansion des exportations. Mieux, les taux les plus élevés de croissance sont enregistrés soit dans les secteurs industriels fournissant les articles traditionnels d'exportation de la Chine (articles manufacturés fabriqués en grandes séries), soit dans les entreprises étrangères effectuant le montage de composants d'origine occidentale (essentiellement dans l'électronique), soit encore dans les zones côtières et les grandes villes tournées vers les investisseurs étrangers ou les exportateurs chinois. La croissance rapide des exportations chinoises de ces dernières années (de 16% en moyenne au cours de l'ensemble de la période d'après la réforme économique[49]) a permis un bond des exportations chinoises de 9,8 milliards de dollars en 1978 à 121 milliards de dollars en 1993, soit respectivement 0,6 et 2,5% des exportations mondiales[50] . En 1997, les échanges extérieurs de la Chine se sont chiffrés à environ 320 milliards de dollars, dont près de 180 milliards pour les exportations et d'un peu moins de 140 milliards de dollars pour les importations, ce qui dégage une balance positive de plus de 40 milliards de dollars[51] . Bien que cet excédent ait quelque peu diminué en 1988-1999 et ne dépasse pas aujourd'hui 25 milliards de dollars, on observe une modification de la structure des importations, où prédominent les produits meilleur marché en provenance des pays émergents d'Asie, alors que stagnent les fournitures en provenance d'Europe et des Etats-Unis[52] .

Au demeurant, si l'on analyse les exportations chinoises, il convient, d'une part, de ne pas surévaluer leur importance et, de l'autre, d'adopter une approche réaliste de la question du potentiel de développement de l'économie chinoise. Il est évident qu'un pays dont le PNB est comparable aujourd'hui au produit brut de l'Etat de New York et sensiblement inférieur à celui de la Californie ne peut être un leader du commerce mondial même en chiffres absolus et encore moins si l'on prend en compte la structure des exportations. Dans le second trimestre de 1997, que l'on peut considérer comme la dernière période représentative avant le début de la crise asiatique, le volume des exportations chinoises proprement dites (46,1 milliards de dollars) était inférieur à celui des exportations de Hongkong (47,8 milliards de dollars), ne dépassant que de 1,3 à 1,5 fois les chiffres de la Corée du Sud (35,8 milliards de dollars), de Singapour (32,1 milliards de dollars) et de Taiwan (30,7 milliards de dollars)[53]. En fournissant, en 1992, près de 2,3% du commerce mondial, la Chine n'a fait que retrouver son niveau de 1928 (!)[54]. Dans la liste des plus gros exportateurs, la Chine suit aujourd'hui la petite Belgique avec ses dix millions d'habitants[55] et le cède sensiblement aux Pays-Bas et à la Suisse. Ces dernières années, de nombreux analystes mettent l'accent sur l'importance des exportations chinoises vers les Etats-Unis et à juste titre : la balance positive en faveur de la Chine est passée de 100 millions de dollars en 1984[56] à 3,5 milliards de dollars en 1988, pour pratiquement décupler en l'espace de sept ans, atteignant le chiffre de 33,8 milliards de dollars. Dès juin 1996, les Etats-Unis accusaient une balance négative de leurs échanges plus importante avec la Chine qu'avec le Japon (3,3 milliards contre 3,2 milliards de dollars par mois). Par ailleurs, les exportations de la Chine vers les Etats-Unis dépassent de quatre fois ses importations en provenance de ce pays, alors que ce rapport n'est que de 1,6 fois pour les échanges de la Chine avec le Japon[57]. Néanmoins, il est à noter que près de 60% des exportations chinoises sont représentés par des produits de sociétés étrangères à 100%, appartenant à de grands groupes transnationaux et relevant de facto du commerce intérieur des Etats-Unis ou du Japon[58]. Il faut également rappeler que vers le milieu des années 90, les exportations chinoises vers les Etats-Unis ne dépassaient pas 0,12% du PNB américain[59] et, même si elles ont doublé depuis, on ne peut guère estimer que l'expansion économique chinoise représente une menace sérieuse pour les Etats-Unis. Enfin, une limitation des échanges avec la Chine ne causerait aucune difficulté aux producteurs américains dès lors que les exportations américaines vers la Chine sont de près de quatre fois inférieures aux importations américaines en provenance de ce pays[60], si bien que la perte d'un tel marché n'aurait pas de conséquences dramatiques pour les Etats-Unis.

Dans le même temps, la Chine se distingue, paradoxalement à son avantage, de la plupart de ses voisins par la modération de l'essor de ses exportations. Au fil des années 80 et 90, le taux de croissance des exportations n'a excédé que de 1,5 à 1,8 fois celui de la croissance du PNB, ce qui a permis de maintenir un rapport acceptable entre les marchés intérieur et extérieur en tant que catalyseurs de l'essor de toute économie. Le volume des exportations n'a pas excédé 20% du PNB, soit sensiblement moins que pour les autres pays de la région. Le fait que les exportations chinoises aient une composante high-tech moins importante que celles de la Corée du Sud, de Taiwan ou du Japon est un gage de compétitivité, car la Chine est beaucoup moins dépendante de l'acquisition de technologies et de composants électroniques que d'autres pays d'Asie. Alors que la dépendance du développement de la Corée du Sud ou de l'Indonésie vis-à-vis de la demande de leurs produits sur le marché mondial est absolument cruciale (à telle enseigne que la sortie graduelle du marasme est liée avant tout, pour la région asiatique, à la progression de leurs exportations vers les Etats-Unis et l'Europe), le dynamisme de l'économie chinoise est beaucoup moins fonction des exportations, ce qui lui ouvre incontestablement des perspectives plus favorables.

Le quatrième facteur est relatif à l'influence de l'Etat sur le développement économique de la Chine. Malgré la libéralisation avérée de la vie économique, le rôle de l'Etat central dans la définition de la stratégie du développement reste beaucoup plus important qu'au Japon ou en Corée du Sud. Ces dernières années, la part des sociétés privées et mixtes fournissant respectivement 13,5 et 38% du PNB progressait sur fond d'un secteur public gigantesque, qui n'est descendu à 50% du PNB qu'il y a quatre ans[61] .

Pourtant, le secteur public occupe 125 des 170 millions de personnes employées dans l'industrie, ce qui constitue en soi une indication quant à leur faible productivité. Dès le milieu des années 90, ce mastodonte industriel employant plus de 70% de la main-d'œuvre industrielle et utilisant près de 75% des immobilisations et des matières premières ne fournissait que 32% de la production industrielle (selon les prévisions, 30% en 2000 et moins de 18% en 2010[62]), mais pas plus de 1% seulement (!) du profit cumulé de l'ensemble des entreprises chinoises[63] . En 1995, les entreprises d'Etat chinoises ont, pour la première fois, accusé une perte cumulée évaluée à 3 milliards de yuans (près de 400 millions de dollars)[64] , mais dès l'année suivante, les comptes d'une bonne moitié des 118 000 entreprises publiques accusaient des pertes cumulées de 7,2 milliards de dollars, soit plus de 15 fois plus[65]. Selon le bilan de 1996, les invendus se chiffraient, au niveau macroéconomique, à plus de 65 milliards de dollars. De ce fait, les entreprises publiques doivent recourir massivement à l 'emprunt, si bien que leur endettement est passé en 3 ans (1993-1996) de 86 à 120 milliards de dollars. Cela représente aujourd'hui de 80 à 90% des prêts octroyés par les banques et autres institutions financières contrôlées par l'Etat[66].

La soif de crédits est avivée par la baisse du financement public des sociétés d'Etat, que nous avons signalée ci-dessus. Selon certaines sources, il s'ensuit que le rapport de l'endettement cumulé de ces entreprises à leur valorisation sur le marché dépasse aujourd'hui 500%, alors que la rentabilité des opérations des banques d'Etat tombait à 0,5%[67]. La gravité des difficultés auxquelles est confronté le système bancaire chinois est diversement évaluée. Sans aucun doute, les banques chinoises ne sont pas menacées dans l'immédiat par une perte de liquidité à l'instar de ce qui s'est passé en Thaïlande, en Indonésie, voire en Corée du Sud en 1997. Le contrôle de l'Etat sur le système bancaire peut y faire obstacle. Or, la plupart des experts occidentaux estiment que les mauvaises créances constituent près de 25% des actifs des banques chinoises[68], voire 25 à 35% du portefeuille selon certains, 20% de ces créances étant considérées comme totalement irrécouvrables[69]. En chiffres absolus, cela peut représenter un montant de 250 milliards de dollars. Il est significatif que, ces dernières années, la politique du gouvernement en matière de développement accéléré des régions retardataires de l'ouest de la Chine génère inévitablement un accroissement des créances notoirement douteuses grevant le bilan des banques d'Etat, ceci pour un montant qui pourrait atteindre les 600 milliards de dollars dès 2002[70]. Pourtant, même sans anticiper outre mesure, on constate qu'en passant dès à présent par profits et pertes les mauvaises créances, on aboutirait à une perte équivalant à 18-20% du PNB[71], soit un recul de fait de l'économie de 2,5 à 3 ans en arrière (à noter, cependant, que les experts chinois sont enclins, pour leur part, à évaluer les créances irrécouvrables des banques d'Etat à 6-8% seulement de leur portefeuille[72]). Quoi qu'il en soit, le péril de la situation actuelle se situe également au niveau de la croissance rapide de l'épargne individuelle : de 1986 à 1996, ce chiffre a crû de plus de 15 fois[73], si bien qu'aujourd'hui, les dépôts confiés aux banques chinoises dépassent 600 milliards de dollars[74]. En effet, les possibilités du gouvernement, dont les aides aux quatre principales banques du pays pour le soutien de leur liquidité courante se sont chiffrées à près de 33 milliards de dollars en 1997, paraissent limitées et ne pèseraient guère en cas de crise[75].

Au printemps 1998, le XV° Congrès du PC chinois a rangé la réforme du secteur public parmi les objectifs prioritaires des prochaines années. Ses principaux aspects comportent la transformation du système de gestion des entreprises publiques, l'assainissement financier du système bancaire, la mise en place d'une surveillance du marché parallèle, ainsi qu'un endiguement de la fuite des capitaux et la lutte contre la corruption. Simultanément, des mesures sont prises pour encourager la production, qui marque le pas depuis le pic de 13,4% de croissance du PNB en 1992. En 1999, le taux de croissance n'a été que de 7,1%, encore que de nombreux experts estiment que ce chiffre est encore surévalué. Il faut souligner que depuis le début de la crise asiatique, le gouvernement chinois a financé divers programmes destinés à « booster » la croissance, ceci à raison de 30 milliards de dollars annuellement, soit près de 3% du PNB, mais sans grand résultat (selon les experts, trois dollars de crédits injectés dans l'économie chinoise se traduisent par 2 dollars seulement en termes de croissance de la production industrielle)[76]. La plupart des autres mesures administratives ne sont pas plus efficaces.

En guise de conclusion à ce stade, il faut noter que la Chine a obtenu des succès considérables sur la voie du développement « de rattrapage » en résolvant toute une série de problèmes importants (notamment en matière d'autosuffisance alimentaire, dépassant les Etats-Unis pour la consommation d'œufs, de viande de porc et de céréales[77]) et en créant une industrie permettant non seulement de satisfaire les besoins du marché intérieur, mais également d'assurer une balance commerciale positive et un accroissement constant des réserves de change (passant de 2,26 milliards de dollars en 1980[78] à 130 milliards de dollars en 1997[79] et à 159 milliards de dollars en janvier 2000[80]). Pourtant, en dépit de ces résultats, les évaluations par trop optimistes des perspectives de l'économie chinoise dont est émaillée la littérature spécialisée occidentale aussi bien que russe nous semblent prématurées.

Problèmes et perspectives

Ainsi, les succès de l'économie chinoise sont dus à un rapport quasi optimal entre les sources d'investissements internes et externes conforté par une implantation sur le marché national aussi bien qu'international. Pourtant, la progression de l'économie est toujours fonction de facteurs extensifs : une main-d'œuvre bon marché et véritablement inépuisable (plus de 1,25 milliards d'habitants aujourd'hui et selon les prévisions de 1,43 à 1,53 milliards d'habitants vers 2020-2025[81]). Or, ce type d' « avantages » est gros de tensions graves, fort périlleuses pour la Chine elle-même comme pour l'ensemble de l'humanité.

La volonté de maximiser les chiffres de la production entraîne un pillage des ressources naturelles. Durant la seule période 1957-1988, la Chine a perdu plus de 16 millions d'hectares de terres agricoles, soit près de 14,5% des emblavures à la fin des années 50[82] . Les emblavures de céréales se sont réduites de 105,2 millions d'hectares en 1961 à 96,6 millions d'hectares en 1990, soit par tête d'habitant une baisse de plus de 50%[83] . En outre, près de 40% des engrais utilisés dans les rizières étaient gaspillés[84] . Rien d'étonnant, dès lors, à ce que la croissance annuelle du produit brut du secteur agricole, qui se chiffrait en moyenne à 5,7% dans les années 80, atteignait à peine 3,3% dans les années 90[85] , tombant certaines années à 1,9%. Selon la plupart des expertises, vers 2020, la RPC sera le plus gros importateur mondial de produits alimentaires. Au cours des 30 dernières années, la Chine a perdu également les 3/4 de sa sylve[86] . Au cours des années 80, les coupes ont dépassé de 40% les quotas admissibles pour la perpétuation des écosystèmes[87] . Les pertes cumulées dues à la déforestation et à l'érosion des sols qui en résulte sont évaluées à 5,5-9,5% du PNB[88] .

Mais ce n'est pas là le plus inquiétant et, au demeurant, les tendances évoquées restent des problèmes « sino-chinois ». Désireux de minimiser les coûts de production pour des considérations de compétitivité, les entrepreneurs chinois et Pékin font preuve d'une négligence flagrante vis-à-vis des normes écologiques en vigueur aujourd'hui. Au cours des 40 dernières années, l'extraction du charbon a progressé de 40 (!) fois, passant d'un peu plus de 30 millions de tonnes/an en 1949 à 500 millions de tonnes dès 1976 et à 1,1 milliards de tonnes/an en 1990, ce qui plaçait la Chine au premier rang dans le monde pour ce type de combustible[89]. En 1995, le gouvernement adoptait un programme national de grande ampleur en vue de l'extension du réseau de centrales électriques et autres installations énergétiques fonctionnant au charbon[90], programme dont la mise en œuvre aboutit à une consommation chinoise de houille à hauteur des 3/4 du volume mondial[91]. Dans le même temps, l'utilisation de ce combustible restait extrêmement peu efficace : la plupart des fours domestiques ont un rendement de 15 à 25% contre 60% pour les systèmes de chauffage diesel et 80-95% pour le gaz. Les locomotives à vapeur largement en exploitation en Chine ont un rendement de 7 à 8% au plus contre pas moins de 25% pour les motrices diesel[92]. Il en résulte que « le charbon brûlé en Chine augmente plus les rejets dans l'atmosphère d'hydrogène sulfuré et d'oxydes d'azote qu'on ne réussit à les réduire grâce au perfectionnement du contrôle de l'environnement dans tous les autres pays de l'OCDE pris ensemble »[93].

En la matière, les parallèles internationaux sont plutôt consternants. De 1950 à 1989, la Chine était restée en tête pour la croissance des rejets de CO_2 dans l'atmosphère: ils ont augmenté de 30 fois durant cette période, passant de 0,08 à 2,4 milliards de tonnes par an[94]. Tant et si bien qu'en 1991, la Chine venait en troisième position avec 11,2% des rejets mondiaux de CO_2 (dépassant les rejets cumulés du Japon, de l'Allemagne et de la Grande-Bretagne) après les 15,8% de l'URSS et les 21,8% des Etats-Unis. En 1996, du fait de la baisse de la consommation d'énergie due à l'aggravation de la crise économique dans les républiques issues de l'ex-URSS, la Chine passa au second rang de ce triste classement. Dès 1992, la RPC était largement en tête pour le volume de rejets de CO_2 par unité de PNB (5,3 t (!) pour 1000 dollars de PNB[95]). Les experts s'accordent pour dire que rien ne permet d'augurer un changement radical dans ce domaine. Les programmes de développement accéléré de l'économie chinoise feront passer la part du charbon dans la structure mondiale des combustibles passera de 42% en 1985 à 53% en 2020[96] . A cette échéance, la Chine aura probablement supplanté les Etats-Unis non pas en tant que première puissance économique, mais comme première source de pollution atmosphérique de la planète[97] .

Ces dernières années, le gouvernement chinois a autorisé un développement rapide des industries chimiques, notamment très polluantes, ce qui ne manque pas de poser bien des problèmes. N'ayant pas adhéré aux principaux accords internationaux de protection de l'environnement, y compris le protocole bien connu de Montréal, la Chine a presque doublé en cinq ans les émissions de produits destructeurs de la couche d'ozone, dépassant les émissions cumulées de tous les pays industrialisés, Russie comprise[98] . Ce ne sont là que quelques aspects de l'industrialisation accélérée poursuivie opiniâtrement dans le cadre d'une « construction du socialisme à la chinoise ».

La Chine aborde le XXI° siècle avec la conviction qu'elle accèdera au statut de nouvelle superpuissance du Pacifique. Bien que son budget de la défense ne soit évalué qu'au 1/7 de celui des Etats-Unis[99], la RPC est sans conteste, dès à présent, le pays le plus puissant d'Asie sur le plan militaire. A cet égard la réflexion de Zbigniew Brzezinski semble frappée au coin du bon sens lorsqu'il affirme que la politique américaine dans la région « doit reposer sur un calcul stratégique précis, à savoir comment canaliser l'énergie du Japon en vue de la résolution des problèmes internationaux et cantonner la puissance de la Chine à un cadre régional »[100]. Les taux de croissance de la Chine sont sensiblement supérieurs à ceux des autres pays d'Asie. A la différence de la plupart de ceux-ci, la Chine n'a guère souffert de la crise de 1997. Pour cet exercice, sa croissance a été de 10%. Début 2000, ses réserves de change atteignaient près de 160 milliards de dollars. Quant aux investissements étrangers directs, après avoir augmenté de 15% en 1996, passant de 37 à 42,3 milliards de dollars, ils battaient un nouveau record après la crise, en 1998, à hauteur de 43 milliards de dollars[101]. Le premier trimestre 2000 a accusé une croissance du PNB de 8,1%, chiffre prometteur en termes de regain de la croissance après les près de 7% de croissance de 1999[102]. Dès le deuxième trimestre, le taux de croissance atteignait déjà 8,3%[103]. En janvier-mars, les exportations ont crû de 39% par rapport aux indicateurs de l'année précédente et le montant global des contrats passés a fait un bond de 27%. L'Etat contrôle toujours l'économie nationale, ne lâchant pas la bride aux prix, s'opposant à la dévaluation du yuan et conservant près de 68% des actions des 1007 sociétés chinoises cotées en Bourse[104].

Selon nous, il y a tout lieu de croire que l'économie chinoise pourra éviter la crise qui a frappé les autres pays asiatiques[105]. Plusieurs facteurs vont dans ce sens, notamment le développement graduel fort raisonnable pour lequel a opté la direction chinoise, sa politique équilibrée dans le domaine du commerce international et de la formation d'importantes réserves de change, ainsi que des éléments fort spécifiques, depuis l'existence d'une vaste Diaspora à l'étranger jusqu'au bas niveau de vie de la population de la RPC, garant à relativement long terme de la compétitivité des produits chinois. Néanmoins, cela ne signifie pas que la Chine incarnerait un modèle idéal d'accession, fût-ce dans un avenir assez éloigné, au niveau des pays postindustriels.

Les parallèles entre la Chine et les Etats-Unis ont pris, ces dernières années, un tour extrêmement idéologique. Théoriciens et praticiens des modernisations accélérées sont souvent tentés de souligner en toute occasion les succès chinois et de surévaluer le PNB de la RPC. Cela ressort particulièrement des travaux des auteurs russes qui estiment que la Chine offre l'exemple d'un passage réussi au marché associé au maintien du rôle de l'Etat et de son influence sur l'économie. A cet effet, certains n'hésitent pas à placer le PNB chinois à hauteur de 80% (!) du PNB américain au début de 1999. Dès lors, il serait permis de supposer que la Chine dépassera les Etats-Unis pour cet indicateur dès 2006[106]. Or, ces conclusions reposent sur des calculs partant de l'hypothèse d'une parité des monnaies sur la base de leur capacité d'achat et, du fait des prix très bas pratiqués sur le marché intérieur chinois, les chiffres étaient multipliés de plusieurs fois. En revanche, si l'on a « recours à des estimations en devises fortes, le seul critère significatif en matière d'économie internationale, … l'opinion selon laquelle la Chine serait la troisième ou la quatrième économie du monde, susceptible de rattraper les Etats-Unis en 10-15 ans, est tout simplement absurde »[107].

En envisageant que la Chine pourrait rattraper les Etats-Unis, les analystes ne prennent généralement pas en compte les nombreuses disparités concernant le potentiel réel des économies de ces Etats au seuil du nouveau millénaire. En 1999, six sociétés chinoises figuraient dans la liste des 500 premiers groupes mondiaux, ceci en premier lieu en vertu des dimensions de leurs actifs (par exemple, la société pétrolière Sinopec compte 1,2 millions (!) d'employés). Or, les dimensions moyennes des actifs et des ventes des 500 premières sociétés chinoises n'atteignent que 0,9 et 1,7% des indicateurs respectifs des sociétés du Financial Times 500[108]. En outre, la plupart des rapprochements ne prennent pas en compte l'évaluation de la capitalisation des bourses en Chine et aux Etats-Unis, pas plus que les indicateurs des revenus et du PNB par habitant. Or, il est parfaitement évident qu'une croissance annuelle de 3% aux Etats-Unis (ce niveau ayant été largement dépassé ces dernières années) entraîne une élévation du PNB par habitant de 950 dollars, contre 300 dollars au maximum pour une croissance chinoise de 9%. Par conséquent, même si la Chine réussit à maintenir les rythmes élevés de croissance atteints année après année, le Chinois moyen deviendra chaque année plus pauvre de 600 dollars que l'Américain moyen[109]. Telle est la simple arithmétique du développement « de rattrapage » aujourd'hui. Par ailleurs, la Chine importe annuellement, uniquement en provenance des Etats-Unis, des logiciels et des technologies pour 3 milliards de dollars au minimum. A noter que 95% des étudiants chinois qui font leurs études à l'étranger ne reviendront jamais au pays. En sorte qu'il est fort improbable que la Chine puisse devenir un jour un centre mondial de la recherche-développement. Or, cela revient à dire qu'elle sera dans l'incapacité d'occuper une place dominante dans l'économie mondiale[110].

Bien qu'aujourd'hui encore, les experts occidentaux ne soient pas enclins à sous-estimer les progrès enregistrés par la Chine, la plupart d'entre eux pensent que la RPC représente plutôt une menace politique et militaire pour le monde postindustriel, plutôt qu'un dangereux concurrent sur le plan économique. Si l'on prend en compte l'accélération brutale du développement des pays occidentaux eux-mêmes à mesure de leur entrée dans l'ère de l'économie de l'information, si l'on évalue la production de richesses dans le secteur de la nouvelle économie, il est permis de penser, à l'instar de L.Thurow, que même dans cent ans, vers 2100, la Chine pourra assurer à sa population un revenu moyen par habitant à hauteur de 70% de celui du Japonais sur la base du pouvoir d'achat du yuan, mais seulement à hauteur de 20% sur la base du taux de change réel[111].

Désormais, la stabilité du développement économique de la Chine est largement fonction de celle de sa balance commerciale positive. Or, celle-ci renvoie à une réalité qui est loin d'être positive, à savoir que la Chine est largement indépendante des fournitures de produits high-tech et de systèmes informatiques US et européens, dont les coûts élevés provoque un ralentissement de la croissance dans les pays frappés par la crise. En d'autres termes, les succès de la Chine reflètent largement une situation dont le Japon a offert une illustration classique en montrant combien un pays industriel est capable d'être efficace sur les marchés mondiaux dans un environnement de pays postindustriels. Supposer que la Chine, pays en phase d'industrialisation active, serait en mesure d'entrer dans le monde postindustriel revient à entretenir une illusion qu'il convient de dissiper avec le mythe d'une éventuelle hégémonie des économies asiatiques au XXI° siècle.

Malgré toutes les spécificités de l'économie chinoise, elle présente bien la plupart des tendances propres au développement « de rattrapage ». Certes, les réformateurs chinois peuvent, et ils n'y manquent pas, tirer les leçons de l'expérience des voisins asiatiques, des anciennes républiques de l'ex-URSS et, partiellement, du Japon. Pourtant, il faut reconnaître qu'ils n'ont pas eu jusqu'à présent à se colleter avec les problèmes que tous ces pays n'ont pu résoudre d'une manière satisfaisante. Mais ce n'est pas tant grâce à la sagacité de la direction chinoise qu'en vertu du fait que, malgré tous ses progrès, la Chine n'est relativement pas assez avancée dans la construction d'une société industrielle développée. Certes, la stratégie de la réforme chinoise comporte nombre d'éléments positifs, mais, dans un souci de tirer le maximum d'avantages de la situation actuelle du pays, elle n'en est pas moins largement axée, de fait, sur l'utilisation des facteurs de croissance intensifs. En outre, à la différence de la politique de la plupart des autres pays asiatiques, cette stratégie vise beaucoup plus à assurer à la Chine une place particulière dans le système économique mondial. Néanmoins, l'expérience montre que plus la distorsion est importante entre les fins et les possibilités réelles dans telle ou telle stratégie et plus son échec est à la fois plus probable et plus cuisant. Il n'est guère probable que la Chine puisse s'arrêter opportunément à la limite qui lui est impartie, c'est-à-dire à l'étape où elle sera devenue un pays en développement stable au niveau de vie relativement élevé. Son tropisme à se constituer en puissance économique prépondérante du monde contemporain peut réduire à néant bien des réalisations qu'elle aura mises à son actif ces prochaines années. En extrapolant les tendances, examinées dans les chapitres précédents, du développement « de rattrapage » qu'ont connues (et que continuent à connaître) le Japon et les pays émergents du sud-est asiatique, on peut supposer qu'une crise considérable pourra frapper la RPC lorsqu'elle aura atteint le niveau économique correspondant aux indicateurs actuels de la Thaïlande, de la Malaisie ou même, probablement, de la Corée du Sud. En effet, c'est à ce point que l'on perd les avantages ménagés par une main-d'œuvre bon marché et si à ce moment le mécanisme de création de technologies propres répondant aux impératifs de l'heure et de modernisation sur cette base de la production n'est pas enclenché, la baisse de la demande des pays occidentaux stoppera la marche triomphale de l'industrie chinoise. On peut aussi envisager le cas de figure où la Chine deviendrait la puissance économique majeure de l'Asie, ses produits étant essentiellement absorbés par les marchés des pays voisins (y compris, partiellement, le Japon) et son propre marché intérieur. La crise serait alors moins probable, mais un tel scénario implique, sous une forme ou une autre, un renoncement de la Chine à ses tentatives de devenir un des acteurs principaux du « jeu » économique mondial, ce qui est peu vraisemblable. En conclusion, il est permis de dire que bien que l'économie chinoise ne risque probablement pas d'être la nouvelle victime d'une crise semblable au séisme de 1997, il n'en demeure pas moins qu'à l'instar de toutes les autres incarnations du concept de développement « de rattrapage », il est exclu qu'elle puisse réellement se rapprocher du niveau des pays postindustriels.

1 Cf. *Ayres R. U.* Turning Point. An End to the Growth Paradigm. Earthscan Publications Ltd., London, 1998. p. 57.

2 Cf. The Economist. February 22, 1997. p. 21.

3 Calculé d'après East Asian Institute. China's Economy and the Asian Financial Crisis. Occasional Paper n°4. Singapore University Press, Singapore, 1998. pp. 8-9 ; *Kynge J.* China Hopes to Turn Corner on Growth // Financial Times. February 29, 2000. p. 6.

4 Cf. *Chai J. C. H.* China : Transition to a Market Economy. Clarendon Press, Oxford, 1997. p. 150.

5 Cf. *Ohmae K.* The End of the Nation State : the Rise of Regional Economies. Free Press, New York, 1995. p. 86.

6 Cf. *Mitchell K., Beck P., Grubb M.* The New Geopolitics of Energy. Royal Institute of International Affairs, London, 1996. p. 100.

7 Cf. *Yergin D., Stanislaw J.* The Commanding Heights. The Battle Between Government and the Marketplace That is Remaking The Modern World. Simon and Schuster, New York, 1998. p. 208.

8 Cf. *Roberts D.* China's Wealth Gap // Business Week. European Edition. May 8, 2000. p. 28.

9 Cf. *Dent Ch. M.* The European Economy : The Global Context. Routledge, London-New York, 1997. p. 152.

10 Pour plus de détails, cf. *Smil V.* China's Environmental Crisis. An Inquiry into the Limits of National Development. An East Gate Book/ M. E. Sharpe, Armonk (New York)-London, 1993. p. 71.

11 Cf. *Smil V.* China's Environmental Crisis. pp. 71-73.

12 Cf. *Ohmae K.* The End of the Nation-State. p. 82.

13 Cf. *Spaeth A.* Big Kid on the Block // Time. September 29, 1997. p. 35.

14 Cf. *McGeary J.* The Next China // Time. March 3, 1997. p. 24.

15 Cf. *Roberts D.* China's Wealth Gap. p. 28.

16 Cf. *Serril M. S.* Can This Man Fix China ? // Time. March 16, 1998. p. 29.

17 Cf. *Gray J.* False Dawn. The Delusions of Global Capitalism. Granta Books, London, 1998. pp. 188-189.

18 *Brzezinski Zb.* The Grand Chessboard. American Primacy and Its Geostrategic Imperatives. Basic Books, New York, 1997. p. 163.

19 Cf. *Chai J. C. H.* China : Transition To a Market Economy. p. 118.

20 Cf. *Marber P.* From Third World to the World Class. The Future of Emerging Markets In the Global Economy. Perseus Books, Reading (Ma.), 1998. p. 99.

21 Cf. *Chai J. C. H.* China : Transition To a Market Economy. p. 118.

22 *Henderson C.* Asia Falling. Making Sense of the Asian Crisis and Its Aftermath. Business Week Books/McGraw-Hill, New York, 1999. p. 268.

23 Cf. *Naughton B.* China : Domestic Restructuring and a New Role in Asia // *Pempel T. J.* (Ed.) The Politics of Asian Economic Crisis. Cornell University Press, Ithaca (New York)-London 1999. p. 206.

24 Cf. *Li C.* China : The Consumer Revolution. Singapore-New York, 1998. p. 29.

25 Cf. The Economist. March 8, 1997. Survey « China ». p. 10.

26 Cf. *Li C.* China : The Consumer Revolution. John Wiley and Sons (Asia) Pte Ltd. -Deloitle and Touch Consulting Group, 1998, p. 29.

27 Cf. *Chai J. C. H.* China : Transition To a Market Economy. p. 160.

28 Cf. *Goldman M.* Lost Opportunity. What Has Made Economic Reform in Russia so Difficult ? W. W. Norton and Co., New York-London, 1996. p. 206.

29 Cf. *Dent Ch. M.* The European Economy : The Global Context. p. 152 ; The Economist, March 8, 1997. Survey « China ». p. 10.

30 Cf. *Pearsons M.* China's New Business Elite. The Political Consequences of Economic Reform. University of California Press, Berkeley (Ca.)-London, 1997. p. 10.

31 Cf. *Chai J. C. H.* China : Transition To a Market Economy. p. 160.

32 Cf. *Vines S.* Hong Kong : China's New Colony. Aurum Press, London,

1998. p. 182.

33 Cf. *Rosecrance R.* The Rise of the Virtual State. Wealth and Power in the Coming Century. Basic Books, New York, 1999. p. 113.

34 Cf. *Pomfret R.* Asian Economies in Transition. Reforming Centrally Planned Economies. Edward Elgar, Cheltenham (UK)-Brookfield (US), 1996. p. 41.

35 Pour plus de détails, cf. *On-Kwok L., So A. Y.* Hong Kong and the Newly Industrializing Economies : From Americanization to Asianization // *Postiglione G. A., Tang J. T. H.* (Eds.) Hong Kong's Reunion with China. The Global Dimensions. Armonk (New York)-London, 1997. pp. 112-113.

36 Cf. *Hajari N.* High Seas Diplomacy // Time. April 21, 1997. p. 57.

37 Cf. *Yergin D., Stanislaw J.* The Commanding Heights. p. 189.

38 The Economist. July 18, 1992. pp. 21-22.

39 Cf. *Gray J.* False Dawn. p. 59.

40 Cf. *Hobday M.* Innovation in East Asia : The Challenge to Japan. Cheltenham (UK)-Lyme (US), 1997. p. 22.

41 Cf. *Yergin D., Stanislaw J.* The Commanding Heights. p. 189.

42 Cf. *Landes D.* The Wealth and Poverty of Nations. Why Some are So Rich and Some So Poor. Little, Brown and Company, London, 1998. p. 478.

43 Cf. *Hiscock G.* Asia's Wealth Club. Nocholas Brealey Publishing, London, 1997. p. 29.

44 Cf. *Naisbitt J.* Megatrends Asia. The Eight Asian Megatrends that are Changing the World. Nicholas Brealey Publishing, London, 1996. p. 3.

45 Cf. Drucker on Asia. A Dialogue Between Peter Drucker and Isao Nakauchi. Butterworth-Heinemann, Oxford, 1997. p. 7.

46 Cf. *Moreau R., Nordland R.* After Suharto // Newsweek. June 1, 1998. p. 39.

47 *Drucker P.* Managing in Turbulent Times. Butterworth-Heinemann, Oxford, 1993. p. 136.

48 *Brzezinski Zb.* The Grand Chessboard. pp. 167, 168 note.

49 Cf. *Dent Ch. M.* The European Economy : The Global Context. p. 153.

50 Cf. *Neef D., Siesfeld G. A., Cefola J.* (Eds.) The Economic Impact of

Knowledge. Butterworth-Heinemann, Boston-Oxford, 1998. p. 9.

51 Cf. East Asian Institute. China's Economy and the Asian Financial Crisis. p. 11.

52 Cf. *G. de Jonquières*. Beijing's Hard Bargain // Financial Times. May 26, 2000. p. 14.

53 Cf. *Spaeth A*. Big Kid on the Block. Time, September 29, 1997, p. 35.

54 Cf. The Economist. April 8, 2000. Survey « China ». p. 14.

55 Cf. The Economist. April 12, 1997. Survey « China ». p. 119.

56 Cf. *Brahm L. J.* China as N°1. The New Superpower Takes Central Stage. Butterworth-Heinemann Asia, Singapore, 1996. p. 100.

57 Cf. *Bernstein R., Munro R. H.* The Coming Conflict with China. Alfred A. Knopf, New York, 1997. pp. 131, 132.

58 Cf. *Gilpin R. with Gilpin J. M.* The Challenge of Global Capitalism. The World Economy in the 21st Century. Princeton University Press, Princeton (N.J.), 2000. p. 283.

59 Cf. *Brockway G. P.* Economists Can be Bad for Your Health. Second Thoughts on the Dismal Science. W. W. Norton and Company, New York-London, 1995. p. 104.

60 Cf. *G. de Jonquières*. Beijing's Hard Bargain. Financial Times, May 26, 2000, p. 14.

61 Cf. *McGeary J.* The Next China // Time. March 3, 1997. p. 23.

62 Cf. *Cumings B.* Parallax Visions. Making Sense of American-East Asian Relations at the End of the Century. Duke University Press, Durham (N.C.)-London, 1999. p. 163.

63 Cf. China's Futures. Scenarios for the World's Fastest Growing Economy, Ecology and Society. Pharo Books, San Francisco (Ca.), 2000. p. 22.

64 Cf. *Lam W. W-L.* The Era of Jiang Zemin. Prentice Hall / Simon and Schuster (Asia) Pte Ltd., Singapore-New York, 1999. p. 291.

65 Cf. *Dorn J. A.* China's Future : Market Socialism or Market Taoism // *Dorn J. A.* (Ed.) China in the New Millennium : Market Reforms and Social Development. Cato Institute, Washington (D.C.), 1998. p. 102.

66 Cf. *D. Burstein., A. de Keijzer*. Big Dragon. China's Future : What It Means for Business, the Economy and the Global Order. Simon and Schuster, New York, 1998. pp. 196-197, 200-201.

67 Cf. The Economist. May 2, 1998. p. 79.

68 Cf. *Hayes D.* Japan's Big Bang. The Deregulation and Revitalization of the Japanese Economy. Boston (Ma.)-Tokyo, 2000. p. 185.

69 Cf. Hong Kong Economic Journal. April 7, 1998. p. 6.

70 *Roberts D.* China's Wealth Gap. Business Week, European Edition, May 8, 2000. p. 32.

71 Cf. *Naughton B.* China : Domestic Restructuring and a New Role in Asia. / / *Pempel T. J.* (Ed.) The Politics of the Asian Economic Crisis, p. 206.

72 Cf. *Lam W. W-L.* The Era of Jiang Zemin. p. 383.

73 Cf. *Li C.* China : The Consumer Revolution. p. 172.

74 Cf. The Economist. October 24, 1998. p. 23.

75 Cf. The Economist. May 2, 1998. p. 79.

76 Pour plus de détails, cf. Leggett K. China Tries Reforms of Its Private Sector in Bid to End Slump // The Wall Street Journal Europe. March 13, 2000. p. 2.

77 Cf. *Brown L. R., Flavin Ch., French H. et al.* State of the World 1998. A Worldwatch Institute Report on Progress Toward a Sustainable Society. Earthscan Publications, New York-London, 1998. p. 12.

78 Cf. *Brahm L. J.* China as N°1. pp. 63-64.

79 Cf. *Ch. Wolf Jr.* China : An Emerging « Economic Superpower » ? // *Dorn J. A.* (Ed.) China in the New Millennium. Market Reforms and Social Development. p. 22.

80 Cf. The Economist. May 6, 1998. p. 122.

81 Cf. *Smil V.* China's Environmental Crisis. pp. 34-35.

82 Cf. *Smil V.* China's Environmental Crisis. pp. 55-56.

83 Cf. *Taylor J.* Sustainable Development : A Model for China ? *Dorn A.* (Ed.) China in the New Millennium. Market Reforms and Social Development. p. 395.

84 Cf. *Kennedy P.* Preparing for the Twenty-First Century. Fontana Press, London, 1994. p. 69.

85 Cf. The World in 2020. Towards a New Global Age. OECD Publication, Paris, 1997. p. 116.

86 Cf. *Meadows D. H., Meadows D. L., Randers J.* Beyond the Limits : Global Collapse or a Sustainable Future ? Earthscan Publications Ltd.,

London, 1992. p. 181.

87 Cf. *Smil V.* China's Environmental Crisis. p. 63.

88 Cf. *Ayres R. U.* Turning Point. An End to the Growth Paradigm. p. 144.

89 Cf. *Smil V.* China's Environmental Crisis. p. 10.

90 Cf. *E. U. von Weizsaecker.* Earth Politics. Zed Books, London-Atlantic Highlands (N.J.), 1994. p. 166.

91 Cf. *Garten J.* The Big Ten. The Big Emerging Markets and How They Will Change Our Lives. Basic Books, New York, 1997. p. 97.

92 Cf. *Smil V.* China's Environmental Crisis. p. 124.

93 *McRae H.* The World in 2020. Power, Culture and Prosperity : A Vision of the Future. Harper Collins Publishers, London, 1995. p. 135.

94 Cf. *Smil V.* China's Environmental Crisis. p. 135.

95 Cf. The World in 2020. Towards a New Global Age. p. 59.

96 Cf. *Dent Ch. M.* The European Economy : The Global Context. p. 391.

97 Cf. *Mitchell K., Beck P., Grubb M.* The New Geopolitics of Energy. pp. 169-170.

98 Cf. *Brown L. R., Flavin Ch., French H. et al.* State of the World 1997. A Worldwatch Institute Report on Progress Toward a Sustainable Society. W. W. Norton and Company, New York-London, 1997. p. 166.

99 Cf. *D. Burstein, A. de Keijzer.* Big Dragon. p. 116.

100 *Brzezinski Zb.* The Grand Chessboard. p. 185.

101 Cf. *Henderson C.* Asia Falling. p. 257.

102 Cf. *Kynge J.* Chinese GDP Data Raise Growth Hopes // Financial Times. April 17, 2000. p. 3.

103 Cf. *Kynge J.* Chinese GDP Data Raise Growth Hopes // Financial Times. July 17, 2000. p. 12.

104 Cf. *Smith C. S.* Chinese Expansion is Sharp but Uneven // International Herald Tribune. April 18, 2000. p. 19.

105 Pour une évaluation détaillée de la situation économique en Chine vers le milieu de 2000, cf. Cf. Kynge J. China's Rises // Financial Times. July 25, 2000. p. 16.

106 Cf. *Li C.* China : The Consumer Revolution. p. 4.

107 *Greider W.* One World, Ready or Not. The Manic Logic of Global

Capitalism. Simon and Schuster, New York, 1997. p. 32.

108 Cf. The Economist. April 8, 2000. Survey « China ». p. 14.

109 Cf. *Cox W. M., Alm R.* Myths of Rich and Poor. Why We're Better Off Than Wc Think. Basic Books, New York, 1999. p. 106.

110 Cf. *Collan B., Costigan S. S., Keller K. H.* Exporting U. S. High Tech. Facts and Fiction about the Globalization of Industrial R&D. Council on Foreign Relations, Washington (D.C.), 1997. p. 30.

111 Cf. *Koch R.* The Third Revolution. Creating Unprecedented Wealth and Happiness for Everyone in the New Millennium. Capstone, Oxford, 1998. p. 112.

CHAPITRE VII

RUSSIE: VAINS ESPOIRS ET OBJECTIFS REALISTES

Toute étude des problèmes du développement « de rattrapage » serait incomplète sans l'analyse de l'expérience extrêmement riche (mais, fort malheureusement, assez décevante) de la Russie dans ce domaine. Au fil des trois cents dernières années, elle a connu plusieurs vagues successives de modernisation, le plus souvent en liaison, d'une manière ou d'une autre, avec un perfectionnement des structures économiques existantes à l'image des Etats occidentaux. Au début du XVIII° siècle, à l'époque des réformes de Pierre Ier, ce pays retardataire, mal connu en Europe, sut effectuer un bond sans précédent pour devenir, pratiquement sans mutation des rapports socio-économiques en son sein, l'une des grandes puissances européennes, se dotant d'une énorme armée, s'ouvrant un débouché maritime et occupant une des toutes premières places parmi les nations commerçantes. L'élan de cette première vague de modernisation était amorti au début du XIX° siècle, lorsque la modification des rapports sociaux fondamentaux, devant laquelle hésitait la couche dirigeante, était désormais une nécessité impérative. A la fin du XIX° siècle, ce fut une nouvelle tentative de « percée » vers l'Europe, où la Russie ne pouvait plus alors briguer les premiers rôles, réservés durablement à l'Angleterre, à l'Allemagne et à la France. Pourtant, on assista alors à un essor rapide de l'économie russe, s'accompagnant d'une intégration active avec les autres Etats européens. Au XX° siècle, à deux reprises, dans les années 30, puis dans les années 50 et 60, l'Union Soviétique fit des tentatives massives visant à démontrer les avantages historiques du système socialiste sur la voie d'une industrialisation accélérée et, dans une certaine mesure, avec succès.

Pourtant, un examen attentif de l'histoire économique trois fois centenaire de la Russie montre qu'elle s'est invariablement efforcée d'entrer dans le concert des grandes puissances en empruntant sa « voie propre », au mépris de l'expérience historique des Etats faisant figure de locomotives du progrès. Même en accédant à la parité dans les domaines économique et technologique, nous restions toujours en arrière de la main en matière de libertés citoyennes et de développement du potentiel humain, ce qui, à chaque fois, rejetait le pays en arrière, dépréciait les succès qui semblaient acquis. L'exemple de la Russie, mieux que tout autre, démontre qu'un progrès social authentique est, de fait, impossible si la population est enserrée dans le corset de dogmes politiques ou idéologiques, lorsque cette « idée nationale », remise à la mode aujourd'hui, est formulée en termes de développement « de rattrapage ». Quoi qu'il en soit, à mesure que la société postindustrielle se mettait en place en Occident, l'Union Soviétique, puis la Fédération de Russie avait de moins en moins l'opportunité de garder une place digne de l'histoire de notre pays dans l'ordre mondial contemporain.

Spécificités de l'URSS en tant que puissance industrielle

Au début du XX° siècle, l'Empire russe était l'un des pays européens les plus retardataires quant à la structure de la production et à la productivité du travail. Rien de fortuit à ce que l'un des premiers objectifs proclamés par la révolution de 1917 ait été l'industrialisation accélérée du pays. Réprimant, d'une manière générale, les éléments politiquement hostiles opposés à cette stratégie, les bolcheviks mirent en œuvre leurs plans de réforme à la fin des années 20. Se penchant sur l'histoire de l'industrialisation, un analyste sans a priori distingue sans peine (sous une forme hypertrophiée, qui plus est) les éléments majeurs reproduits par la suite par la plupart des autres pays en mal de « rattrapage » : le niveau de vie du gros de la population est maintenu à un niveau extrêmement bas, une part disproportionnée du revenu national est consacrée aux investissements, l'exode rural vient gonfler les rangs de la classe ouvrière, la politique économique met l'accent sur l'industrie lourde, ce qui permet un développement autonome du pays. Comme le soulignent aujourd'hui les analystes, l'industrialisation soviétique débute, très heureusement pour ses idéologues, dans une période de crise économique cataclysmique en Occident, ce qui « pour des décennies a valu une sorte de respectabilité intellectuelle aux recettes socialistes pour la solution des problèmes de développement, en a fait un objet d'attention soutenue et d'imitation dans les pays confrontés au défi de l'industrialisation de rattrapage »[1].

Grâce à une industrialisation massive, à une mutation brutale de la structure du PNB et de l'emploi, l'Union Soviétique a rejoint, pour un temps, le peloton des grandes puissances industrielles. La victoire à l'issue de la Seconde guerre mondiale, le relèvement rapide de l'économie nationale dans l'immédiat après-guerre, l'acquisition de l'arme atomique et de ses vecteurs, la confrontation avec les Etats-Unis dans la course aux armements et des succès indéniables dans la conquête du Cosmos, tout cela a permis de penser que son économie avait atteint le stade de l'industrialisme mature impliquant une organisation scientifique du travail, un accroissement stable des investissements, une accélération de la progression de l'économie[2]. Dans la période 1945-1980, la production d'acier est passée, en URSS, de 12,3 à 148 millions de tonnes, la production d'électricité de 43,2 à 1294 millions de kWh, la production d'automobiles de 74000 à 2,2 millions de véhicules, etc.[3] De 1960 à 1985, le revenu national de l'URSS a progressé de 3,87 fois, le volume de la production industrielle de 4,85 fois et les immobilisations industrielles dans leur ensemble de près de 7 fois[4]. Selon les statistiques soviétiques, vers 1985, la production industrielle soviétique atteignait 85% de la production américaine, l'URSS occupant la première place dans le monde pour la production de gaz, d'acier, de coke, d'engrais chimiques, de tracteurs, de béton armé et d'autres matières premières et produits industriels[5]. A partir du milieu des années 50, on enregistrait une croissance rapide de tous les indicateurs caractérisant le développement des sciences et de la formation : le nombre d'étudiants est passé de 1,25 million en 1950 à 3,86 millions en 1965, alors que les dépenses pour la recherche étaient presque multipliées par 7 au cours de la même période, atteignant près de 7% du revenu national[6]. Pour risquer un anachronisme, il pouvait sembler que les prémisses étaient créées en vue du passage à la phase postindustrielle de développement.

Mais dans les années 70 et surtout 80, marquées dans le monde occidental par un essor rapide des technologies industrielles nouvelles, il devint manifeste que l'économie soviétique était moins dynamique et ne pouvait tenir tête à armes égales dans la fameuse « compétition des deux systèmes » initiée du fait des œillères idéologiques des dirigeants soviétiques.

Quant aux causes de ces difficultés, on n'avait que l'embarras du choix.

En premier lieu, toute une série de problèmes était directement générée par la politique à courte vue (voire, parfois, criminelle) du régime communiste. Et d'abord, les conséquences de la destruction de la classe moyenne rurale et de la répression massive contre les dissidents. Mais aussi des relations économiques extérieures fort inefficaces, y compris le soutien accordé à des régimes pro-communistes impopulaires et foncièrement antidémocratiques dans les pays du « Tiers monde ». Et enfin, la militarisation poussée de la société aliénant le potentiel intellectuel et de main-d'œuvre de la nation, devenue une des causes majeures de l'effondrement du système soviétique. Les dépenses militaires de l'URSS pour la seule période 1960-1987 se sont élevées à près de 4,6 trillions de dollars, soit, selon les évaluations, de 15[7] à 30%[8] du PNB, dépassant ainsi de 3,5 à 4 fois la part qui leur était impartie aux Etats-Unis et de 40 fois au Japon. Ces chiffres deviennent palpables à l'aune de l'exemple suivant : l'endettement extérieur dont la Russie n'arrive pas à se dépêtrer aujourd'hui vis-à-vis de ses créanciers occidentaux, soit 150 milliards de dollars, ne représente que 4% de ces dépenses improductives.

En second lieu, le système économique soviétique ne visait pas à maximiser la consommation finale. Au cours de toute la période d'après-guerre, la part des immobilisations dans la structure de la richesse nationale n'a cessé de croître, atteignant 65,8% en 1990 contre 20% seulement pour les biens privés[9]. Alors qu'aux Etats-Unis, au début des années 90, la part des salaires dans le PIB atteignait 59% contre 23% seulement en Russie, les indicateurs étant respectivement de 85% et 53% pour les revenus monétaires globaux[10]. La demande insatisfaite des consommateurs privait l'industrie d'incitations à améliorer ses produits et les nouveaux secteurs se développaient essentiellement sous l'impulsion des nécessités militaires ou politiques. D'où une situation de monopole monstrueuse (à la fin des années 80, près de 80% des dénominations de produits étaient fabriqués par une ou deux entreprises et 73,3% des usines employaient plus de 1000 personnes contre 26% aux Etats-Unis[11]) où le système industriel non seulement ne favorisait pas, mais rejetait innovation et concurrence. La situation était plus préoccupante encore dans l'agriculture, qui absorbait 30% des investissements productifs et occupait 20% de la main-d'œuvre. Les subventions directes et indirectes consenties au secteur agricole à la fin des années 80 étaient évaluées par les experts occidentaux à 128 milliards de dollars par an[12].

En troisième lieu, dans les années 70 et 80, l'URSS a vu se constituer un véritable « mécanisme » pervers en termes d'amenuisement des rendements. La révolution technologique en cours dans les pays développés avait rendu les produits de l'industrie soviétique complètement non compétitifs, alors même que la hausse des prix des matières premières provoquait un développement rapide du secteur primaire. Dès 1982, la part des machines et des équipements dans les exportations soviétiques était tombée à 12,9% contre 21,5% en 1970, alors que la part des combustibles et de l'énergie électrique passait de 15,6 à 52,3%. Parallèlement à l'accroissement de la part de l'énergie dans les exportations, sa consommation restait surdimensionnée à l'intérieur du pays, figeant ainsi les structures de production. Durant les années 70 et la première moitié des années 80, alors que l'URSS tirait de ses exportations de brut plus de 170 milliards de dollars de recettes en devises fortes[13], la consommation d'énergie par habitant avait plus que doublé, passant de 3,16 à 6,79 tonnes de combustible conventionnel[14]. C'est ainsi qu'en 1988, l'économie soviétique consommait plus d'énergie que le Japon, la France, la Grande-Bretagne et la Suisse pris ensemble, mais à raison de 16 à 18 fois plus d'énergie par unité de PNB qu'au Japon ou en Suisse, de 8 à 11 fois plus qu'en Grande-Bretagne et en France[15]. Le caractère pernicieux des processus en cours dans l'économie soviétique était pleinement illustré par l'incapacité d'un système économique dégradé à résoudre le problème du ravitaillement en denrées alimentaires : en dépit d'une superficie maximale d'emblavures par habitant, l'URSS a dû importer, durant les années 80, près de 375 millions de tonnes de céréales, n'en exportant que 12 millions. Dans la deuxième moitié des années 80 et au début des années 90, dans le contexte d'une hausse des prix mondiaux du brut, le déséquilibre structurel intolérable des exportations soviétiques devint plus criant encore.

En quatrième lieu, les succès de l'URSS dans le domaine scientifique et technique étaient fortement gonflés. A la fin des années 80, l'URSS comptait 18 étudiants pour 1000 habitants contre près de 55 étudiants pour 1000 habitants aux Etats-Unis. Par ailleurs, la proportion des « bac+ » était de 20% en URSS contre plus de 63% aux Etats-Unis[16]. Il faut souligner que les scientifiques étaient essentiellement employés soit dans des secteurs de pointe, mais sans incidence sensible sur la consommation finale, soit dans des entreprises s'abstenant de toute innovation ou renouvellement de leurs gammes de produits. De ce fait, le fossé entre l'URSS et les Etats-Unis était plus profond encore, en matière d'efficacité de l'utilisation des spécialistes de haut niveau, que ne le laisse entrevoir une comparaison purement quantitative.

Pourtant, la cause principale de l'effondrement de l'économie soviétique a été son incapacité à créer et utiliser le capital intellectuel, cette ressource essentielle d'une économie postindustrielle. Bien que l'URSS ait vu surgir une sorte de méritocratie et même une forme particulière de motivation non matérialiste de l'activité de la majorité des travailleurs, ces processus étaient artificiels. Loin d'être sous-tendus par une élévation sensible des standards de consommation, ils se produisaient en dépit d'une carence dans ce domaine. Les activités intellectuelles étaient dépréciées par rapport au labeur des travailleurs non qualifiés et, d'autre part, les préférences en matière de consommation ne pouvaient influer ni sur la structure de la production, ni sur la répartition des ressources dont disposait la société. En conclusion, il est permis d'affirmer que l'économie soviétique bénéficiait de toute une série d'atouts objectifs favorables au passage à la phase postindustrielle de développement, mais cela uniquement dans quelques rares secteurs et, au surplus, ils n'étaient nullement renforcés par des facteurs subjectifs, ce qui entraîna la désagrégation du système de motivation ancien dès les premières années de réformes. Les processus qui se sont enchaînés dans la deuxième moitié des années 80 et au cours des années 90 ont confirmé avec éclat les vues des théoriciens de la société postindustrielle, lesquels affirmaient dès les années 70 qu'*un modèle industriel qui ne serait pas sous-tendu par une société de consommation de masse ne saurait servir de base à une mutation postindustrielle réussie et que la société postindustrielle ne peut être « construite » d'une manière volontariste, mais se constitue au terme d'une évolution sociale graduelle et spontanée.*

Faillite de la superpuissance. Première étape des réformes (1985-1995)

Vers le milieu des années 80, la direction soviétique gorbatchévienne initia des réformes économiques radicales qui, sous une forme ou une autre, se poursuivent depuis voilà maintenant 15 ans. Leur objectif proclamé était l'intégration dans la communauté internationale, un dialogue ouvert avec l'Occident, la démocratisation de la vie sociale et le passage à une économie sociale de marché. Jusqu'à présent, il en est principalement résulté un renoncement au modèle économique étatiste, le feu vert à la libre concurrence, l'édification des fondements de l'économie de marché et, soulignons-le, une conception beaucoup plus réaliste du rôle effectif de la Russie dans le monde unipolaire d'aujourd'hui.

Malgré l'illusion créée par les premiers résultats positifs des réformes en 1986-1987, dès la fin des années 80, l'économie de l'URSS était confrontée à une crise grave. La cause en était, d'abord, un déséquilibre grandissant dans le domaine financier, lorsque le nouveau degré de liberté des agents économiques eut comblé le hiatus antérieur entre le secteur relevant de la gestion centralisée d'Etat et le secteur régi par le marché, ce qui gonfla la masse monétaire en circulation sans accroissement concomitant de la masse marchande et, ensuite, par le « plafond » naturel atteint par le secteur des matières premières (sur le territoire de la RSFSR, future Fédération de Russie, la production de pétrole est tombée de 542 à 462 millions de tonnes, soit une baisse de 13%, de 1985 à 1991, alors que les exportations soviétiques n'avaient cessé de diminuer en valeur depuis 1983[17]). Malgré les menaces inflationnistes, le gouvernement soviétique était contraint de maintenir de fortes dépenses budgétaires financées de plus en plus, durant la deuxième moitié des années 80, grâce à un creusement du déficit, qui passait de 13,9 milliards de roubles (soit 1,8% du PIB) en 1985 à 80,6 milliards de roubles (soit 9,2% du PIB) en 1988. Dans le même temps, la politique d'ouverture gorbatchévienne et la modification de l'attitude de l'Occident envers l'URSS se traduisaient, notamment, par un accroissement vertigineux des emprunts à l'étranger aboutissant au gonflement de la dette extérieure soviétique, qui passait de 18,3 milliards de dollars en 1985 à 43,8 milliards de dollars en 1989. Fin 1989, on enregistrait les premiers cas de défaillance de débiteurs soviétiques. A telle enseigne que le montant des intérêts en souffrance dépassait 6 milliards de dollars dès 1991[18].

En fait, les déficits s'étaient généralisés dès 1990, l'inflation s'accélérait, mais la restructuration de l'économie n'existait toujours que sur le papier. On entrait dans une période de conflits internes qui se termina par la sécession des républiques baltes, puis par l'éclatement de l'URSS à la fin de 1991. La période 1990-1992 fut la plus difficile de l'histoire de l'économie russe depuis 1945. En 1990, le PIB de la RSFSR diminua de 5%, de 10% en 1991 et de 17% au cours du premier semestre de 1992. En 1991-1992, le prix de la vie augmenta de 20 à 25 fois, alors que les salaires pratiqués en Russie étaient multipliés par un facteur 6 ou 7[19]. De 1991 à 1994, les revenus réels par habitant ont été divisés par au moins un facteur 2, ce qui rendait les « réformes » russes plus catastrophiques encore que ne le fut la Grande dépression américaine[20].

Tout cela était parfaitement prévisible. Une des causes majeures de la désagrégation de l'économie russe a été le passage rapide aux prix mondiaux sans que soit mis en place un mécanisme de libre concurrence ni qu'il soit mis fin à l'économie fermée (malgré des échanges assez importants entre l'URSS et le Comecon, atteignant 17,9% du PNB de la RSFSR en 1990[21]), à quoi il convient d'ajouter une politique extraordinairement inefficiente de l'Etat, se réduisant à un monétarisme rudimentaire. L'alignement des prix intérieurs sur les prix mondiaux a mis en évidence le fait que, très généralement, l'industrie russe non seulement ne créait pas de valeur ajoutée, mais fournissait des produits dont le coût aux prix mondiaux était inférieur à celui des matières ayant servi à les réaliser[22]. De ce fait, alors que les produits manufacturés représentaient 80% du montant des exportations chinoises, ce chiffre n'était que de 27% en 1997 pour la Russie, ce qui plaçait celle-ci un peu plus haut que le Mozambique, le Cameroun, la Mongolie et la Bolivie, mais sensiblement plus bas que le Sénégal, le Maroc et l'Egypte, sans parler des pays émergents d'Asie[23].

Dès lors, rien d'étonnant à ce que la Russie et d'autres anciennes républiques soviétiques aient particulièrement compté sur un accroissement de leurs exportations d'hydrocarbures et de matières premières, au rebours de toutes les tendances postindustrielles. Au début des années 90, la Russie fournissait 12% de la production mondiale de pétrole, 13% de celle des métaux rares et non ferreux, 16% des sels de potassium, 28% de gaz naturel, 55% des apatites, etc. A 80%, ses exportations étaient constituées par la production des industries extractives ou de minerais sommairement traités. Alors que le monde postindustriel préférait exporter les produits de son industrie de l'information ne relevant pas, par définition, de la notion de rareté, la Russie exportait 90% de l'aluminium produit, 80% du cuivre, 72% des engrais chimiques, 43% du pétrole et 36% du gaz[24], réduisant considérablement leurs ressources non renouvelables. Les mêmes évolutions sont enregistrées dans toutes les anciennes républiques soviétiques sans exception : la part des branches extractives dans la production industrielle est passée de 49,1 à 63,8% en Azerbaïdjan, de 28,2 à 38,7% au Kazakhstan, de 5,7 à 21,3% en Géorgie, de 6,6 à 18,5% en Kirghizie[25].

Cette situation a déterminé une désindustrialisation manifeste de l'économie russe. La hausse des prix mondiaux, et donc intérieurs, a eu pour résultat de rendre non compétitifs les produits de l'industrie et de l'agriculture de la Fédération de Russie. Selon les statistiques, dès 1995, le rapport prix des matières premières - prix agricoles dépassait de plus du double les chiffres des marchés occidentaux. Du coup, les investissements ont migré vers le secteur des matières premières et celui de la métallurgie et on vit monter en flèche les importations de produits de consommation courante et de produits alimentaires. Alors qu'en 1991-1996, le PIB avait diminué de

42%, dont 52% pour les produits de consommation et les services, la consommation des ménages ne se contractait que de 18%. La part des articles d'importations dans l'offre commerciale avait plus que quadruplé (passant de 12% en 1991 à près de 54% en 1995[26]). Mais dans les grandes villes, vers le milieu des années 90, plus de 80% des produits alimentaires étaient importés ou élaborés sur la base de matières premières importées[27] .

La crise économique de la première partie des années 90 a été aggravée par des perturbations financières qui en étaient à la fois la cause et la conséquence. A partir de 1987, le déficit budgétaire soviétique approchait des 7% du PIB et la dépréciation de la monnaie nationale prenait des proportions catastrophiques. S'efforçant d'enrayer ce processus, les promoteurs des réformes supprimèrent le contrôle des prix début 1992 et procédèrent en 1992-1994 à une privatisation massive des biens de l'Etat dans l'espoir que ces mesures contribueraient à instaurer un régime concurrentiel de marché. Mais ces mesures devaient avoir des conséquences tant positives que négatives. D'une part, la privatisation créait une strate sociale importante de propriétaires (selon les chiffres officiels, près de 44% des citoyens russes possédaient des actions de sociétés industrielles fin 1993[28]) et transformait de nombreuses sociétés d'Etat en sociétés par actions, généralement dirigées par des « managers » (on en comptait 60000 dès l'été 1993[29]). Améliorant l'efficacité de la gestion et la compétitivité, ces mesures permirent de ramener l'inflation à des taux annuels acceptables de 15-20% dès la fin de 1995. Mais d'autre part, les tentatives des réformateurs en vue de mettre en œuvre une politique monétariste rigoureuse, qui revenait dans le contexte russe à l'effacement des engagements de l'Etat vis-à-vis des employés du secteur public et de nombreuses entreprises industrielles (en 1997, les défaillances de l'Etat seraient à l'origine de 60 à 70% de tous les autres types de non-paiement dans l'économie nationale[30]) ont provoqué une contraction de la demande, la chute de la production industrielle et un effondrement catastrophique du niveau de vie sur fond d'accroissement des inégalités sociales.

La paupérisation d'une grande partie de la population s'accompagna d'une crise du système de la sécurité sociale et de la santé. Vers le milieu des années 90, l'espérance de vie de la population masculine tomba à 58 ans et un processus de dépopulation naturelle fut enclenché[31] . Près de 20% de la population sont sous-alimentés en permanence. Près de 4% de la population sont frappés d'addiction (alcoolisme ou toxicomanie) et près de 1% purge une peine de privation de liberté[32] . Des troubles psychiques étaient décelés chez 251 personnes sur 100 000 habitants en 1990, mais chez 386 personnes sur 100 000 habitants dès 1996. Environ 4 millions de personnes présentaient des perturbations psychiques permanentes, dont 10 à 12% des enfants de moins de 10 ans[33] . Selon les experts occidentaux, la population de la Fédération de Russie pourrait tomber de 145 à 80 millions d'habitants d'ici 2050. Dans la classification de l'ONU, vers le milieu des années 90, la Fédération de Russie figure parmi les « lower-middle income economies » entre le Pérou et la Namibie[34] .

Dans le même temps, les réformes visant à créer une

économie de marché ont créé les conditions d'une polarisation sans précédent au sein d'une société naguère relativement égalitaire. Selon les experts de la Banque mondiale, le nombre de pauvres dans la population de la Fédération de Russie (le seuil de pauvreté correspondant à un revenu ne dépassant pas 4 dollars par jour) a été multiplié par 30, passant de 2 à 60 millions de personnes de 1989 à 1996[35]. Pour leur part, les analystes russes estiment que vers 2002 plus de 50% de la population seront au-dessous du seuil de pauvreté[36]. Or, les chiffres officiels du Comité d'Etat pour la statistique de la Fédération de Russie indiquent que la part des pauvres dans la population est tombée de 33,5 à 22% durant la période 1991-1996[37]. La hausse rapide des revenus des couches supérieures de la société que l'on observe sur ce fond global détermine un écart des revenus entre les 20% les plus pauvres et les 20% les plus aisés que l'on peut évaluer à 1100%[38], mais à 3100% entre les 10% les plus pauvres et les 10% les plus aisés. Plus de 70% des revenus disponibles de la population sont actuellement utilisés prioritairement pour l'achat de denrées alimentaires et le paiement des charges d'habitation, soit beaucoup plus que dans tous les pays européens (hormis les anciennes républiques soviétiques).

La première moitié des années 90 a été marquée, pour l'économie russe, par une récession toujours plus profonde. En prix constants de marché, le PIB a diminué de 12,8% en 1991, de 18,5% en 1992, de 12,0% en 1993, de 15,0% en 1994. Le produit brut de l'industrie se réduisait à des cadences plus rapides encore : respectivement, de 8,0%, 18,8%, 16,2% et 20,9%. Fin 1995, le salaire réel ne dépassait pas les 35% de celui de décembre 1991. Le chômage touchait alors 8% de la population active. Les arriérés de salaires dépassaient 15 trillions de roubles (plus de 3 milliards de dollars) et les non-paiements des entreprises 134 trillions de roubles (27 milliards de dollars)[39]. En outre, les finances publiques étaient en piteux état : le déficit budgétaire atteignait 6-7% du PIB et une part importante des contributions fiscales était collectée sous forme de succédanés de monnaie ou de compensations mutuelles entre entreprises. Dès 1996, les dettes des collectivités politiques membres de la Fédération de Russie et des entreprises industrielles dépassaient l'endettement global du « gouvernement élargi »[40]. La part des accords de troc ou de compensation (dus non pas tant, comme l'indiquent à juste titre les experts américains, à l'hyper-inflation qu'à l'impéritie des autorités centrales) dans le paiement des produits livrés par les entreprises passa de 6-8% en juillet 1992 à plus de 50% en 1996[41].

Dans ce contexte, le gouvernement s'abstenait pratiquement de toute intervention, restant plutôt un observateur passif des processus en cours. La privatisation supprima le contrôle public des activités des entreprises, ce qui provoqua une chute incontrôlée des investissements, la réduction des rentrées fiscales et une « explosion » de la criminalité économique et financière. La contraction de l'investissement et la libération des changes ont induit un exode des capitaux, particulièrement rapide durant l'exercice 1995-1996 à la faveur de la formation d'un système bancaire moderne en Russie. Selon certaines données, la fuite des capitaux a alors atteint 5-6 milliards de dollars par trimestre avec un pic de 10 milliards de dollars au 4° trimestre, soit de 5 à 8% du PIB[42]. Les estimations les plus hautes de la fuite des capitaux en 1992-1996 s'élèvent à 165 milliards de dollars[43]. Le seul moyen d'équilibrer le budget consistait désormais à contracter des emprunts à moyen et court terme qui finirent par provoquer la terrible crise de 1998. Ayant renoncé à la régulation directe d'Etat de type soviétique, la direction russe n'en a pas pour autant trouvé les mécanismes d'action sur l'économie compatibles avec un environnement de marché, ce qui s'explique largement aussi bien par sa compétence déficiente que par la corruption croissante de pratiquement toutes les branches et niveaux des pouvoirs publics. De ce fait, les interventions de l'appareil d'Etat ont compté parmi les causes majeures de l'extension de la crise. Le gouvernement russe est lui-même à l'origine des non-paiements et de la mauvaise collecte des impôts, de la fuite des capitaux à l'étranger et de la criminalisation sans précédent de la société. Il est permis d'affirmer qu'à la différence du Japon ou des pays émergents du Sud-Est asiatique, la Russie des années 90 a été non un developmental state, mais un véritable « anti-developmental state ».

Le bilan de la première décennie de réformes a été une chute brutale des principaux indicateurs économiques, une désindustrialisation de fait de l'économie, l'effondrement du niveau de vie de la population, une dépendance sans précédent vis-à-vis des importations et une insolvabilité extérieure quasi totale de la Fédération de Russie, déconfiture dont l'évidence était camouflée par des emprunts sans cesse renouvelés sur les marchés mondiaux de capitaux et la sébile tendue aux organismes financiers internationaux. Alors que 5 à 6 ans après le début des réformes drastiques, le PNB des pays d'Europe orientale avait atteint le niveau antérieur à la situation de crise, en revanche, le PNB russe restait en 1996 à hauteur de près de 60% au-dessous, soit de 2,5 fois inférieur aux indicateurs de

1989[44]. En sorte que, vers le milieu des années 90, la Russie était tombée au 23° rang de la classification mondiale pour le PIB en prix courants du marché. Occupant 11,47% des terres émergées de la planète, la Fédération de Russie ne pouvait se prévaloir que de 1,63% du produit brut mondial et ne fournissait que 1,37% des exportations mondiales[45]. La productivité dans le secteur industriel n'atteignait pas 20% de la productivité américaine[46] et dans le domaine agricole restait à hauteur de 1,2% de l'indicateur néerlandais (le plus élevé du monde, il est vrai)[47]. Le pays qui récemment encore passait pour un rival redoutable des Etats-Unis avait un PNB comparable au produit brut de l'Illinois, le 9° Etat américain en termes de produit régional brut[48].

Absence de prémisses d'un développement « de rattrapage » dans les années 90

La deuxième moitié des années 90 a été marquée, notamment, par une relative stabilisation financière, un ralentissement de la récession dans l'industrie, ainsi que par un intérêt accru pour la Russie sur les marchés mondiaux de capitaux. Les actions des sociétés russes étaient désormais fort demandées (avec une capitalisation totale de plus de 200 milliards de dollars) et la Russie put placer plusieurs émissions d'euro-obligations (avec un rendement de seulement 300 à 400 points de base de plus que les obligations des pays développés). Les titres émis par le ministère des Finances trouvaient volontiers preneur auprès des investisseurs étrangers (représentant jusqu'à 30% de la demande de ce type d'actifs). La Russie fut reçue (essentiellement pour des raisons politiques) au club des pays industriels avancés et semblait en voie d'assainissement économique[49]. Bien que ce processus ait été interrompu par la crise économique de 1998, le relèvement industriel relativement rapide qui a suivi en 1999-2000 et la stabilité financière assez promptement rétablie confirment que la période la plus dramatique des réformes russes appartient désormais au passé. La Russie aborde le début du XXI° siècle en s'interrogeant sur les voies de son développement ultérieur.

La plupart des économistes russes, indépendamment de leurs opinons idéologiques ou théoriques, s'accordent aujourd'hui pour penser que la Russie s'apprête à rejoindre les pays ayant opté pour la stratégie du développement « de rattrapage ». Or, selon nous, la Fédération de Russie ne peut se prévaloir de l'ensemble de conditions nécessaires pour refaire le chemin des « tigres » asiatiques et se trouve dans l'incapacité de sortir rapidement de sa situation difficile sur le plan économique. Il n'est guère probable, à l'horizon des prochaines décennies, qu'elle puisse devenir un pays avec lequel le monde postindustriel devrait compter pour des raisons économiques et non en raison de son énorme stock d'ogives nucléaires, de son imprévisibilité politique et du péril qu'elle fait peser sur l'environnement par défaut de maîtrise de ses technologies[50].

En premier lieu, comme il ressort des chapitres précédents, la mise en œuvre de la stratégie du développement « de rattrapage » exige d'énormes flux d'investissement. Les experts russes ont absolument raison de considérer que, dans cette voie, « il n'existe pas d'alternative à une politique de relèvement des industries de transformation »[51]. Mais le parc de machines-outils russe ne comporte que 10% d'équipements de moins de 5 ans d'âge contre 65% aux Etats-Unis et plus de 70% des investissements réalisés dans l'industrie sont affectés aux secteurs des matières premières ou de la métallurgie tournés vers l'exportation. Dans le même temps, au cours des années de réformes, la part de l'épargne dans les revenus individuels est tombée de 20-25% à 5-7%. Dans le secteur productif depuis 1993 et dans l'ensemble de l'économie depuis 1995, la part d'accumulation nette est « négative » et les investissements bruts dans les immobilisations n'ont constitué en prix comparables que 22% de l'indicateur de 1990[52]. Les possibilités de renouvellement des immobilisations sont directement en rapport avec la parité du rouble face au dollar et la chute de ce dernier en 1998-1999 rendait problématique de nouveaux investissements. Il est symptomatique que même le prospère monopole « Gazprom » a assisté à une chute des investissements productifs de 9 à moins de 2,5 milliards de dollars par an durant la période 1996-1999[53]. A cet égard, l'Etat reste un consommateur net et non un investisseur net, car les crédits budgétaires restent affectés à l'amortissement de la dette extérieure ou au règlement de conflits régionaux. A la veille de la crise de 1998, le service de la dette interne de l'Etat dépassait de 1,4 fois les recettes budgétaires réelles[54].

Les investissements étrangers directs, dont on sait qu'ils représentaient en Asie le gros des fonds placés dans le développement de l'économie nationale, restent négligeables en Russie. De 1991 à 1996, ils n'ont pas dépassé les 6 milliards de dollars, atteignant cependant 12 milliards de dollars fin 1997[55], mais leur croissance a été stoppée d'abord par la crise économique, puis par l'attitude de la Russie rechignant à assurer le service de sa dette extérieure. En effet, le flux global des investissements étrangers directs ne dépassait pas 2% du PIB annuel russe[56]. Le montant des investissements étrangers par habitant ne dépasse pas 80 dollars, soit 15 fois moins qu'en Hongrie, et il faudrait attirer un flux de capitaux pour le montant astronomique de 1 trillion de dollars, ce qui est totalement irréaliste, pour égaler le niveau de capitalisation de la plupart des marchés émergents. Par conséquent, il est pratiquement exclu que les nouvelles technologies occidentales soient accessibles à la Russie durant les 15 ou 20 prochaines années.

En deuxième lieu, la Russie reste dans une dépendance critique vis-à-vis des importations de produits de consommation, de denrées alimentaires, ainsi que de la majorité des technologies modernes de l'information. A la différence de nombreux autres pays en développement, on ne trouve pratiquement pas en Russie d'entreprises de montage de grandes sociétés étrangères susceptibles de saturer le marché national en produits compétitifs, d'accroître les rentrées fiscales et de contribuer à résoudre le problème de l'emploi. La Russie ne fournit pas de composants d'ordinateurs, de puces, de logiciels, de téléphones portables, de systèmes de télécommunications par satellite et beaucoup d'autres attributs de l'ère postindustrielle. La présence sur le marché national de matériel audiovisuel russe est minimale. Quant aux postes de TV, réfrigérateurs, machines à laver et autre matériel électroménager, ils sont montés à partir de pièces et composants étrangers. Aucune grande société automobile ne fabrique de véhicules en nombre appréciable en termes de marché sur le territoire de la Fédération de Russie. La pratique mondiale montre qu'aucun pays dépendant aussi fortement de l'importation de produits high-tech et de technologies de pointe, mais ne fournissant que des matières premières sur le marché international n'a jamais été un exemple réussi de développement « de rattrapage ».

En troisième lieu, la spécificité du développement « de rattrapage », et nous l'avons vérifié sur l'exemple de nombreux pays ayant opté pour cette stratégie, implique la formation d'un climat d'investissement favorable, encourageant en particulier les exportations. Or, en Russie, la couche dirigeante, sciemment ou non, ne cesse d'entraver ce processus. Il est notoire que dans la plupart des pays asiatiques la parité des changes est maintenue à hauteur de 20-40% de la parité des pouvoirs d'achat (PPA), alors qu'en Chine, où l'on enregistre les rythmes les plus élevés de croissance des exportations et des réserves de change, elle est au-dessous de 20% de la PPA[57]. Or, uniquement de janvier 1994 au milieu de 1995, le pouvoir d'achat réel du rouble a plus que doublé, faisant à nouveau la culbute vers le milieu de 1997[58]. De ce fait, le dollar avait, en Russie, à la veille de la crise de 1998, un pouvoir d'achat plus bas de 1,5 fois qu'aux Etats-Unis. Bien entendu, une telle politique de « stabilisation » financière exerce une action désastreuse sur le potentiel d'exportation des entreprises russes et réduisait à zéro l'un des avantages compétitifs majeurs de l'économie russe, à savoir sa main-d'œuvre relativement peu onéreuse et donc ses coûts de production potentiellement bas.

En quatrième lieu, la dernière décennie s'est écoulée sous le signe d'un abandon complet de la recherche et du potentiel intellectuel de la Russie, bien que tout développement « de rattrapage » ne soit possible dans l'ère postindustrielle que si le travail qualifié est à l'honneur. On sait qu'aux Etats-Unis en 1995 les travailleurs non qualifiés ne constituaient que 3,9% de la main-d'œuvre contre pas moins de 25% en Russie[59]. La part des dépenses de formation dans le budget des Etats-Unis (20 fois plus important que le budget russe) dépasse l'indicateur russe de 2,5 fois, l'écart étant presque d'un facteur 6 pour la santé. En 1997, le financement de la science s'était contracté de plus de 7 fois par rapport à 1990, alors que les dépenses pour la recherche-développement n'étaient que de 0,2% du PIB, soit au-dessous du plancher de 2% pour cet indicateur. De 1985 à 1997, le secteur de la recherche a connu une hémorragie de 2,4 millions de personnes, ce qui confirme le fait évident que les motivations non matérialistes si courantes dans la société soviétique ne constituaient pas un système stable issu d'un développement naturel et cédaient la place à des incitations substantiellement utilitaires dans le contexte d'une confrontation brutale avec les réalités économiques. Le nombre de cadres scientifiques travaillant dans leur spécialité a été ramené au niveau des premières années d'après-guerre, alors que la fuite des cerveaux se traduisait par l'exode à l'étranger de 300 000 personnes certaines années. Les pertes causées par l'évasion du capital intellectuel sont évaluées, selon les expertises, de 60-70 milliards de dollars pour l'ensemble de la période des réformes à 45-50 milliards de dollars par an[60]. Mais même avec une telle contraction du potentiel humain, le niveau d'équipement des scientifiques russes reste à hauteur de 8-9% de celui des chercheurs américains et allemands. Il est significatif que pour le nombre de chercheurs par million d'habitants, la Russie devance encore sensiblement les Etats-Unis (4350 chercheurs pour un million d'habitants en Russie contre 3730 aux Etats-Unis) à comparer avec la part des produits high-tech qui est de 3% dans les exportations russes et de 44% dans les exportations américaines[61]. Les dépenses de R&D en Russie dépassent en moyenne du quintuple celles du pays du groupe des lower-middle income economies, alors que son PNB par habitant n'excède que de 30% l'indicateur moyen dudit groupe[62]. A la fin du premier semestre de 1997, la Russie se traînait derrière la Colombie et l'Egypte pour le nombre de communications téléphoniques internationales[63] et le cédait de 80 fois (!) aux Etats-Unis pour la diffusion de l'Internet[64]. Par conséquent, les espoirs d'une percée éventuelle de la Russie vers un certain avenir « néo-industriel » sur la base des technologies de pointes disponibles dans le pays paraissent totalement irréalistes[65]. Les « succès » technologiques de notre pays ont été pleinement illustrés par l'opération de « sauvetage » du sous-marin « Koursk » et l'observation passive de l'incendie de la tour TV d'Ostankino, qui a fini, en fait, par s'éteindre tout seul.

Et enfin, *en cinquième lieu*, l'Etat, qui a joué un rôle positif dans la plupart des pays en mal de « rattrapage » en concentrant les efforts dans les secteurs prioritaires, fait preuve dans la Russie d'aujourd'hui d'une incapacité absolue à mettre en œuvre une politique constructive de ce type. Si nous nous tournons vers l'expérience japonaise ou coréenne, nous verrons que l'Etat, d'une part, a favorisé l'acquisition de technologies et de brevets par les sociétés nationales et le développement sur cette base d'industries propres et, d'autre part, a soutenu la promotion des produits de l'industrie nationale sur les marchés extérieurs. Les experts de la Banque mondiale ont classé la Russie et les pays de la CEI en dernière place après les pays de l'Afrique subsaharienne à cinq « titres » : corruption, modifications imprévisibles de la législation, instabilité du gouvernement, propriété non protégée et absence d'un système judiciaire efficace[66]. Durant la période des réformes, les plus grands avantages ont été consentis aux sociétés important des produits de consommation courante, y compris même des spiritueux, ou exportant des ressources naturelles comme le pétrole ou l'aluminium. L'Etat n'accorde aucun soutien aux sociétés étrangères délocalisant des industries en Russie, mais octroie des privilèges à des industriels russes fournissant des produits notoirement de plus mauvaise qualité. Autrement dit, les intérêts de l'Etat sont identifiés, dans notre pays, à ceux du groupe de personnes qui se trouve à tel ou tel moment aux commandes, ce qui constitue également un obstacle de taille à la mise en œuvre d'une politique efficace de développement « de rattrapage ».

Une excellente confirmation en est fournie par les origines, l'évolution et les conséquences de la crise financière de 1998. S'étant fixé pour objectif de juguler l'inflation, le gouvernement a provoqué artificiellement une déflation des moyens de paiement non pas tant en augmentant la demande de liquidités qu'en réduisant la monétarisation de l'économie à un niveau sans précédent de 10-12% du PNB (en 1998, cet indicateur n'était plus bas qu'en Arménie, en République démocratique du Congo et en Guinée-Bissau) et en gonflant les non-paiements aux entreprises et aux organismes du secteur public[67]. Un dollar bon marché était avantageux, avant tout, pour la bureaucratie d'Etat et la haute finance qui s'enrichissaient en spéculant sur le marché des titres et transféraient ses capitaux à l'étranger. Mais à l'automne 1997 dans un premier temps, puis à l'été 1998, la pression sur le rouble s'accrut et la hausse continuelle des taux des fameux bons d'Etat GKO exigea des versements toujours plus élevés. Dès la fin de 1997, les réserves de change de la Banque de Russie s'étaient contractées du tiers, passant de 18,4 à 12,2 milliards de dollars[68] (ce qui est en soi étonnant pour un pays se prévalant d'une balance commerciale active de 30-35 milliards de dollars par an). Dans ce cas de figure, la seule solution correcte aurait été de « dévaluer le rouble à un rythme accéléré ..., c'est-à-dire passer d'une stabilisation reposant sur la fixation du cours de la monnaie à une stabilisation monétaire soustendue par un cours bas du rouble et une politique monétaire restrictive »[69]. Ceci n'a pas été fait. Selon le bilan de 1997, les exportations ont chuté (pour la première fois depuis 1992), les cotations des actions les plus liquides ont baissé de 40-45% par rapport au pic d'octobre 1997, alors que le rendement annuel des bons d'Etat GKO atteignait les 60%.

A l'été 1998, le gouvernement russe obtint du FMI un gros crédit de stabilisation, dont une fraction importante fut dépensée pour amortir les bons d'Etat GKO début août, ce qui ne pouvait plus rétablir la situation dans la mesure où les réserves de change de la Banque centrale étaient tombées au-dessous de 9 milliards de dollars, essentiellement en or. La situation était encore aggravée par la chute des prix mondiaux des hydrocarbures, qui amenuisait les rentrées budgétaires. Du 8 au 17 août, le système financier russe est resté dans un état

« comateux », après quoi le gouvernement a dévalué le rouble et s'est déclaré en défaut pour la plupart de ses engagements financiers[70]. Les conséquences de la crise d'août furent très dommageables. Dès septembre, la production industrielle se réduisit de 14,5% par rapport à la même période de 1997, les prix doublèrent en un an, alors que l'investissement se contractait de plus de 1,5 fois, ce qui entraîna une chute de 5,5% du PNB pour l'exercice 1998[71]. L'indice boursier russe RTS tomba à 37 points et la capitalisation globale des sociétés russes cotées en bourse se situa à hauteur de 50% de celle d'Amazon.com, la société bien connue de vente de livres sur Internet[72]. En 1998-1999, le rouble se déprécia de plus de 400%, réduisant brutalement à nouveau les évaluations internationales du PNB russe, mais aussi amenuisant les possibilités d'investissement de l'Etat et les crédits à répartir par le gouvernement fédéral. Pour l'exercice 2000, le ministère des Impôts et Contributions se proposait d'engranger près de 560 milliards de roubles de rentrées fiscales, ce qui était considéré comme un succès mémorable. Rappelons tout de même que ce montant (un peu moins de 20 milliards de dollars) se situait quelque part entre la capitalisation de la société canadienne Seagram et celle du fabricant japonais de consoles de jeu Nintendo[73].

On ne peut nier que l'économie russe a connu en 1999-2000 l'un de ses booms les plus importants des dernières décennies[74]. Or il renvoie aux mêmes facteurs que l'essor industriel des pays du Sud-Est asiatique en 1998-1999. L'industrie nationale eut accès à des matières premières fort peu onéreuses, alors même que les rémunérations stagnaient pratiquement, ce qui minimisait le coût de la main-d'œuvre. De plus, l'année 1999 a été marquée par un quasi triplement du prix des hydrocarbures, ce qui s'est traduit par des rentrées en devises fortes qui renflouèrent le budget. Le gouvernement Primakov, puis les cabinets Stepachine et Poutine optèrent pour une politique des changes relativement souple, ce qui entraîna un gonflement de la masse monétaire de plus du triple d'août 1998 à mai 2000 et on enregistra un essor industriel de près de 8% en 1999[75] (selon les estimations occidentales, le PNB de la Russie a progressé d'environ 5% en 1999 et de près de 7% au cours du premier trimestre 2000[76]). Mais au début de 2000, il nous apparaît que le gouvernement est revenu à ses anciens errements en matière de « stabilisation » financière sur la base d'une nouvelle parité du rouble face au dollar. De facto, il s'établit une sorte de serpent monétaire entre 28 et 29 roubles pour un dollar, ce qui entraînera inévitablement une hausse des coûts de production dans l'industrie nationale, suivie d'une hausse des prix (à noter qu'en mars et en avril, l'inflation a presque dépassé du double la moyenne du premier trimestre 2000). En outre, il faut se souvenir que l'essor industriel de 1999 (de près de 76%) est pour une grande part imputable aux produits d'exportation (pétrole, gaz, aluminium, métaux de terres rares, etc.). Le nouveau groupe «Aluminium russe» se propose de fournir 2,4 millions de tonnes de ce métal en 2000, ce qui le placerait au deuxième rang dans le monde après le groupe américain Alcoa[77] . En outre, la reprise à laquelle on assiste dans l'industrie lourde et les industries d'armements prendra inévitablement fin dès que le gouvernement réduira à nouveau ses commandes. La croissance due réellement à une extension du marché intérieur ne peut être stable dès lors que les revenus des ménages restent plus bas que dans la période antérieure à la crise. On peut donc se rallier à l'opinion selon laquelle la politique gouvernementale restera, dans l'ensemble, inchangée, alors que les retombées positives de la dévaluation et des prix élevés du brut en 1999 seront éphémères[78]. Dès avril-mai 2000, comme l'ont montré certains analystes russes, on observe un net ralentissement de la croissance industrielle à la limite de la récession et l'inflation dépasse du double les chiffres de janvier-mars[79].

En guise de bilan, il faut souligner que la Russie est aujourd'hui un pays disposant d'un potentiel productif assez diversifié (mais désespérément obsolète), de richesses naturelles gigantesques, d'un large marché intérieur et d'une main-d'œuvre assez qualifiée. Elle ne peut fournir qu'une gamme fort restreinte de produits, bien que l'axiome de la théorie moderne soit qu'une économie moderne doit être en mesure de passer souplement de la fabrication d'articles manufacturés traditionnels à celle de produits high-tech et inversement au gré de la conjoncture du marché[80]. Or, fort malheureusement, toutes les caractéristiques positives de la Russie en tant que système économique prometteur sont liées, d'une manière ou d'une autre, à ses succès de l'ère industrielle, alors que toutes ses caractéristiques négatives se concentrent autour de la carence d'investissements nécessaires, bref du défaut d'expérience postindustrielle. Cette situation n'appelle qu'une conclusion et une seule : *dans un avenir immédiat, la Russie doit déployer tous ses efforts en vue de devenir un pays industriel développé, car elle est de facto dénuée de toute possibilité réelle d'entrer rapidement dans le club des puissances post-industrialisées.*

La crise dans laquelle est aujourd'hui plongée la Russie est beaucoup plus profonde qu'une banale crise financière ou une traditionnelle dépression industrielle. Elle est tout simplement rejetée de plusieurs décennies en arrière. Tous les efforts consentis au cours du siècle révolu afin de conférer à la Russie le statut de grande puissance sont dévalorisés. Il est extrêmement traumatisant pour l'opinion de constater qu'elle est en passe de devenir un pays du Tiers, voire du Quart monde, reproduit les pires modèles du capitalisme asiatique corrompu et participe d'une manière tout à fait abusive, par erreur pourrait-on dire, aux sommets du G7, rebaptisé indûment pour l'occasion « G8 »[81]. D'ailleurs, ce malaise de l'opinion n'est pas tant déterminé par la mise en évidence de la chute brutale du potentiel économique du pays que par la conclusion qui en découle, à savoir que « la Russie n'a pas de perspectives de développement acceptables du point de vue de sa propre conscience sociale »[82].

Une sortie de la crise actuelle n'est possible qu'à la condition d'une définition claire de ses aspects majeurs. A nos yeux, au XXI° siècle, la Russie aura à œuvrer afin de devenir un pays industriel mature dans la conscience duquel seront enracinés les principes de la liberté et de la démocratie. Il nous appartiendra de lancer la fabrication de produits susceptibles de concurrencer les modèles étrangers, de déployer tous nos efforts afin de permettre la croissance et l'épanouissement de notre potentiel intellectuel. La société russe doit se débarrasser de son complexe impérial et se concevoir comme égale parmi les égaux au sein des peuples qui composent l'humanité. Au XXI° siècle, la Russie doit effectuer une puissante percée industrielle dont les instruments seront, en bonne place, l'ouverture économique et l'appel important aux capitaux étrangers, non pour l'extraction des matières premières locales, mais pour la création de nouvelles capacités de production donnant du travail aux gens, des rentrées fiscales à l'Etat et une expérience industrielle inestimable aux jeunes générations.

Une des fonctions majeures de l'Etat doit consister à prodiguer le maximum d'encouragements à l'entreprise en matière de production. Tant que les investisseurs russes et étrangers ne seront pas placés sur un pied d'égalité, nous n'obtiendrons pas une croissance qualitative des rentrées fiscales, nous ne surmonterons pas la connivence délictueuse entachant les relations entre les autorités et les dirigeants des grandes sociétés russes. En dernière analyse, nous devons aboutir à l'intégration de la Russie dans le système de l'économie mondiale, ce qui passe par la réduction de la part des industries extractives et utilisant les ressources naturelles et l'augmentation de celle des branches industrielles fournissant des produits finis de consommation. C'est en se tournant vers la fabrication de produits de consommation compétitifs et non en développant les industries d'armement ou en prodiguant force commandes d'Etat aux entreprises que l'on pourra enclencher le mécanisme naturel de capitalisation élargie reposant sur la demande solvable des ménages. Dans le contexte d'une saturation relative du marché de la consommation, l'accroissement des revenus réels ne crée pas d'inflation, mais donne une impulsion au développement de la production. La contraction des importations permettra de baisser graduellement la parité du rouble face au dollar sans provoquer de tensions inflationnistes et d'accroître le potentiel d'exportation de la Russie. Dans une perspective proche, les produits de consommation courante fabriqués en Russie doivent supplanter la production du secteur des matières premières en qualité de poste principal des exportations russes.

L'industrie lourde doit être énergiquement élaguée de ses secteurs non compétitifs sur le marché mondial des biens de production. L'Etat doit s'interdire absolument de financer la mise au point d'équipements déjà fabriqués en grandes séries à l'étranger. Ses aides ne doivent être accordées qu'aux projets promettant de fournir des avancées technologiques manifestes (cosmos, nanotechnologies, logiciels, etc.). Il est inadmissible de « maintenir la tête hors de l'eau » à des sociétés russes inefficaces en leur assurant une demande publique de leurs produits. Il est indispensable de passer de la subvention directe des producteurs agricoles indépendamment de leurs rendements à une politique d'achats centralisés de produits agricoles à des prix assurant la rentabilité du secteur agraire avec, en aval, la vente de ces produits aux prix du marché aux entreprises de transformation.

Nous estimons qu'en deux ou trois décennies, une telle stratégie pourrait faire de la Fédération de Russie un pays industriel moyennement développé pouvant se prévaloir d'un PNB par habitant de 8000 dollars US par an. Cela permettrait de réduire la part des hydrocarbures et des matières premières dans le PNB tout en accroissant celle des branches industrielles fournissant des produits de consommation courante. La Fédération de Russie pourrait ainsi moderniser ses industries, appliquer des innovations technologiques propres dans l'industrie et l'agriculture et se dégager d'une dépendance humiliante vis-à-vis de l'importation de produits de consommation courante. Ce n'est que dans une perspective plus lointaine que l'économie russe, comme celle de la plupart des PECO, pourra entrer dans l'ère postindustrielle.

Cette voie de développement n'est nullement tragique, pas plus qu'elle ne rabaisse le rôle historique de la Russie ni la dignité de son peuple. A nos yeux, la sortie de la crise actuelle n'est envisageable que sur les chemins d'une intégration naturelle du pays dans la communauté mondiale et de l'élévation graduelle des niveaux de vie sans se référer aux attributs perdus de la grande puissance. Nous estimons qu'après être passé, au XX° siècle, par plusieurs révolutions, deux guerres mondiales et d'innombrables conflits internes, notre peuple a droit à un développement graduel conduisant à un réel progrès économique et social.

La Russie est accoutumée à être un des pôles de la confrontation mondiale. Quand on parle aujourd'hui de la nécessité de s'opposer à l'établissement d'un monde unipolaire, il faut prendre conscience de l'imprécision de cette formulation : au sein de la nouvelle civilisation en gésine, il existera évidemment et il existe déjà un autre pôle. C'est le pôle de la misère et du déclin. L'erreur majeure que pourrait commettre notre pays dans le siècle nouveau serait d'y adhérer uniquement pour ne pas se perdre dans la masse et se retrouver au sommet de ce pôle-là. Tout notre argumentaire vise à convaincre le lecteur qu'une telle démarche, si elle était faite, pourrait être la dernière dans l'histoire d'un pays jadis grand et puissant.

1 *Gaïdar E.* Les Anomalies de la croissance économique. Moscou, 1997. p. 106 (en russe).

2 Pour plus de détails, cf. *Raymond Aron.* Politics and History. Transaction Publishers, New Brunswick, (N.J.)-London, 1984. pp. 122-138.

3 Cf. *Kennedy P.* The Rise and Fall of the Great Powers. Economic Change and Military Conflict from 1500 to 2000. Fontana Press (An Imprint of Harper Collins Publishers), London, 1988. pp. 554-555.

4 Même la révision de ces indicateurs entreprise à la fin des années 80 (l'étude la plus retentissante à cet égard fut celle de *Séliounine V., Khanine G.* Chiffre biaisé // Revue Novy Mir. 1987. N°2. pp. 194-195) ne permet pas de nier les succès spectaculaires de l'économie soviétique dans les années 50 et 60.

5 Cf. L'Economie nationale de l'URSS en 70 ans. Recueil de statistiques commémoratif. Moscou, 1987. pp. 49, 13, 12 (en russe).

6 Cf. *Krassilchtchikov V. A.* En rattrapant le siècle passé. Moscou, 1998. pp. 129-130 (en russe).

7 Cf. Human Development Report 1999. Oxford University Press for the United Nations Development Programme, Oxford-New York, 1999. p. 189.

8 Cf. *Schaeffer R. K.* Understanding Globalization. The Social Consequence of Political, Economic and Environmental Change. Rowmanh and Littlefield Publishers, Lanham-(N.C.)-New York, 1997, pp. 23-24.

9 Cf. La Voie du XXI° siècle. Problèmes stratégiques et perspectives de l'économie russe. Sous la rédaction de D. S. Lvov. Moscou, 1999. p. 222 (en russe).

10 Cf. *Krassilchtchikov V. A.* En rattrapant le siècle passé. Moscou, 1998. pp. 196-197 (en russe).

11 Cf. *Goldman M.* Lost Opportunity. What Has Made Economic Reform in Russia So Difficult. W. W. Norton and Co., New York-London, 1996. p. 13.

12 Cf. *Kennedy P.* The Rise and Fall of the Great Powers. p. 633.

13 Cf. *Goldman M.* What Went Wrong with Perestroika. W. W. Norton and Co. New York-London, 1992. p. 49.

14 Cf. *Gaïdar E.* Les Anomalies de la croissance économique. p. 120, tabl. 8.

15 Cf. Human Development Report 1999. pp. 201-202.

16 Cf. La Voie du XXI° siècle. Problèmes stratégiques et perspectives de l'économie russe. p. 305.

17 Cf. *Gaïdar E.* Les Anomalies de la croissance économique. p. 172.

18 Cf. *Oslund A.* Russie : naissance d'une économie de marché. Moscou, 1996. pp. 68, 71 (en russe).

19 Cf. *Bogomolov O. T.* Ma Chronique du temps de transition. Moscou, 2000. pp. 173-174 (en russe).

20 Cf. *Simes D.* After the Collapse. Russia Seeks Its Place as a Great Power. Simon and Schuster, New York, 1999. p. 146.

21 Cf. *Solomon R.* Money on the Move. The Revolution in Intrnational Finance Since 1980, Princeton University Press, Princeton (N.J.), 1999. p. 102.

22 Cf. *Andrianov V. D.* La Russie dans l'économie mondiale. Moscou, 1999. p. 23 (en russe).

23 Cf. Human Development Report 1999. p. 27.

24 Cf. *Andrianov V. D.* Russie : potentiel économique et d'investissement. Moscou, 1999. p. 194 (en russe).

25 Cf. *Pavlenko F., Novitski V.* Tendances des mutations structurelles et politique industrielle dans les pays de la CEI. // Questions d'économie. Moscou. 1999. N°1. p. 116 (en russe).

26 Cf. *Grigoriev L.* A la recherche d'une voie de développement économique // Questions d'économie. Moscou. 1998. N°8. p. 40 (en russe).

27 Cf. *Glaziev S.* La Baque centrale contre l'industrie russe // Questions d'économie. Moscou, 1998. N°1. p. 21 (en russe).

28 Cf. *Oslund A.* Russie : naissance d'une économie de marché. p. 312.

29 Cf. *Goldman M.* Lost Opportunity. What Has Made Economic Reform in Russia So Difficult. p. 133.

30 Cf. *Chmeliov N.* Nouvelle étape des réformes russes : limites et possibilités // Questions d'économie. Moscou. 1998. N°1. p. 4 (en russe).

31 Cf. *Blasi J. R., Kroumova M., Kruse D.* Kremlin Capitalism. ILR Press (An Imprint of Cornell University Press), Ithaca (New York)-London, 1997. p. 24.

32 Cf. *Deliaguine M. G.* Idéologie de renaissance. Comment nous sortirons de la

pauvreté et du marasme. Moscou, 2000. p. 50 (en russe).

33 Cf. *Usher R.* Ivan the III // Time. February 21, 2000. pp. 64-65.

34 Cf. The State in a Changing World. World Development Report 1997. Oxford University Press for the World Bank, Washington (D.C.)-Oxford, 1997. p. 197.

35 Cf. *Stieglitz J.* Où mènent les réformes ? // Questions d'économie. Moscou. 1999. N°7. p. 6 (en russe).

36 Cf. *Lvov D.* Développement de l'économie russe et objectifs de la science économique. Moscou, 1999. pp. 40-412 (en russe).

37 Cf. *Ovtcharova L., Tourountsev E., Kortchaguina I.* Pauvreté : où placer le seuil ? // Questions d'économie. Moscou, 1998. N°2. pp. 65-66 (en russe).

38 Cf. *Friedman T. L.* The Lexus and the Olive Tree. Anchor Books, New York, 2000. p. 320.

39 Cf. *Blasi J. R., Kroumova M., Kruse D.* Kremlin Capitalism. p. 190.

40 Cf. *Grigoriev L.* A la recherche d'une voie de dé. loppement économique. // Questions d'économie. 1998, N 8. p. 52 (en russe).

41 Cf. *Woodruff D.* Money Unmade. Barter and the Fate of Russian Capitalism. Cornell University Press, Ithaca (New York)-London, 1999. pp. 110-111, 147-148.

42 Cf. *Boulatov A.* Exportation de capitaux de Russie : questions de régulation // Questions d'économie. Moscou, 1998. N°3. p. 56 (en russe).

43 Cf. *Abalkine L.* Fuite du capital : nature, formes, méthodes de lutte // Questions d'économie. Moscou, 1998. N°7. p. 39 (en russe).

44 Cf. *Blanchard O.* The Economics of Post-Communist Transition. Clarendon Press, Oxford, 1998. p. 19.

45 Cf. *Illarionov A.* Comment la Russie a perdu le XX° siècle // Questions d'économie. Moscou, 2000. N°1. p. 6 (en russe).

46 Cf. *Koudrov V., Pravdina S.* Etude comparative des niveaux de productivité du travail dans l'industrie de la Russie, des Etats-Unis et de l'Allemagne en 1922 // Questions d'économie. Moscou, 1998. N°1. pp. 131-132 (en russe).

47 Cf. *Andrianov V. D.* La Russie dans l'économie mondiale. p. 26.

48 Cf. *Schwartz P., Leyden P., Hyatt J.* The Long Boom. A Vision for the Coming Age of Prosperity. Reading (Ma.), 1999. p. 134.

49 Pour plus de détails, cf. *Granville B.* Problèmes de stabilisation de la circulation monétaire en Russie // Questions d'économie. Moscou. 1999. N°1. pp. 26-27 (en russe).

50 Pour plus de détails, cf. *Rosensweig J. A.* Winning the Global Game. A Strategy for Linking People and Profits. Free Press, New York, 1998. p. 156.

51 *Lvov D. S.* Développement de l'économie de la Russie et objectifs de la science économique. Moscou, 1999. p. 66 (en russe).

52 Cf. *Volski A.* L'Innovation en tant que facteur d'un développement économique stable // Questions d'économie. Moscou, 1999. N°1. pp. 12 (en russe).

53 Cf. *Whalen J.* Gas Dispute in Russia Highlights Threat of Future Power Outages // The Wall Street Journal Europe. April 12, 2000. p. 3.

54 Cf. *Liasko A.* La mise en œuvre du programme de stabilisation n'est pas susceptible de juguler la crise // Questions d'économie. Moscou, 1998. N°9. p. 7 (en russe).

55 Cf. *Brady R.* Capitalism. Russia's Struggle to Free Its Economy. Yale University Press, New Haven (Ct.)-London, 1999. p. 186.

56 Cf. *Montès M.F., Popov V.V.* « Virus asiatique » ou « Mal hollandais » ? Théorie et histoire des crises monétaires en Russie et dans d'autres pays. Moscou, 1999. p. 11 (en russe).

57 Ibid. p. 42.

58 Cf. *Woodruff D.* Money Unmade. pp. 162-163.

59 Cf. *Bouchmarine I.* Les ressources en main-d'œuvre de la Russie : conception du développement et de l'utilisation // Economie mondiale et relations internationales, Moscou, 1996. N°9. p. 54 (en russe).

60 Cf. *Ouchakov I., Malakha I.* Fuite des cerveaux : ampleur, causes, conséquences. Moscou, 1999. pp. 86-87 (en russe).

61 Cf. Knowledge for Development. World Development Report. Oxford University Press for the World Bank, Washington (D.C.)-Oxford, 1999, p. 227.

62 Cf. Ibid. p. 2.

63 Cf. Human Development Report 1999. p. 28.

64 Cf. Knowledge for Development. World Development Report 1998/99. p. 227.

65 Ces thèses ont été particulièrement développées par plusieurs analystes russes, notamment Y.M. Ossipov, Y.V. Yakovetz, E.G. Kotchetov (cf. Sur

la voie de la civilisation postindustrielle. Sous la rédaction de Y. V. Yakovetz. Moscou, 1996 ; *Yakovetż Y. V.* Formation du paradigme postindustriel : sources et perspectives // Questions de philosophie. Moscou, 1997. N°1 ; *Ossipov Y. M.* Rudiments de théorie du mécanisme économique. Moscou, 1994 ; La Théorie économique au seuil du XXI° siècle. Sous la rédaction de *Y. M. Ossipov, V. T. Pouliaev.* Saint-Pétersbourg, 1996 ; *Kotchetov E. G.* Géoéconomie. Moscou, 1998, etc.)

66 Cf. The State in a Changing World. World Development Report 1997. p. 35.

67 Cf. *Montès M. F., Popov V. V.* « Virus asiatique » ou « Mal hollandais ?», p. 78.

68 Cf. Crise bancaire : le brouillard se dissipe ? // Questions d'économie. Moscou. 1999. N°5. p. 13 (en russe).

69 *Popov V.* Leçons de la crise des changes en Russie et dans d'autres pays // Questions d'économie. Moscou. 1999. N°6. p. 112 (en russe).

70 La chronique de ce processus a été fort bien décrite par Soros G., l'un des spéculateurs financiers ayant le plus souffert de la crise russe (cf. *Soros G.* The Crisis of Global Capitalism [Open Society Endangered]. Little, Brown and Company, New York, 1998. pp. 152-168].

71 Cf. *Bogomolov O. T.* Ma chronique du temps de transition. p. 246.

72 Cf. *Castells M.* Information Technology and Global Capitalism // Hutton W., Giggens A. (Eds.) On the Edge. Living with Global Capitalism. Jonathan Cape, London, 2000. p. 71.

73 Cf. Financial Times. May 4, 2000. Survey FT 500. p. 10.

74 Pour plus de détails,cf. *Wines M.* Little by Little, Russia Claws Its Way Back // International Herald Tribune. June 3-4, 2000. p. 11.

75 Cf. *Deliaguine M. G.* Idéologie de renaissance. Comment nous sortirons de la pauvreté et du marasme. p. 43.

76 Cf. *Cullison A.* Russia's Economic Growth Tops 7% // The Wall Street Journal Europe. April 12, 2000. p. 1, 4.

77 Cf. *Whalen J.* Russia Aluminium Barons Will Unite Their Assets // The Wall Street Journal Europe. April 18, 2000. p. 9.

78 Cf. *Deliaguine M. G.* Idéologie de renaissance. p. 34.

79 Cf. Viedomosti. 2 juin 2000. p. 1.

80 Cf. *Porter M. E.* The Competitive Advantage of Nations. Macmillan, Houndmills-London, 1990. pp. 164-165.

81 Cf. *Simes D.* After the Collapse. Russia Seeks Its Place as a Great Power. pp. 105, 108.

82 Cf. *Deliaguine M. G.* Idéologie de renaissance. p. 75.

CONCLUSION

Depuis voilà déjà un quart de siècle, la mise en place du système de relations de la société postindustrielle détermine la physionomie de la civilisation moderne. C'est ce processus qui a sorti le monde occidental de la succession de crises économiques des années 1973-1981, permis sa victoire dans l'affrontement avec le bloc communiste, formé la « nouvelle économie », assuré la prééminence incontestable des pays postindustriels dans le monde entier et, enfin, dissipé le mythe de la supériorité des pays émergents d'Asie sur les centres traditionnels de la puissance économique.

Les réalisations des sociétés postindustrielles sont évidentes et avérées. Pour la première fois dans l'histoire de l'humanité, on voit naître un système économique dont la principale ressource est constituée par l'information et le savoir. Ce qui permet de réduire considérablement les répercussions négatives du progrès économique sur l'environnement. La plus grande partie de la population du monde occidental voit disparaître la nécessité de lutter constamment pour la conservation des acquis en matière de niveau de vie et bénéficie d'un système de protection. Au sein du nouveau système de relations sociales en formation, les principaux critères d'appartenance à la classe supérieure ou à la classe inférieure de la société postindustrielle sont le potentiel créatif, les aptitudes individuelles à l'acquisition des connaissances, au maniement des flux d'informations. Dès lors, les personnalités créatrices voient s'ouvrir devant eux de nouveaux horizons, les incitations et motivations matérialistes le cédant devant les incitations et motivations non matérialistes en liaison avec les besoins d'épanouissement individuel. Sur cette base nouvelle, les pays postindustriels ont rétabli le dynamisme de leur développement, qui semblait irrémédiablement perdu il y a seulement vingt ans, et sont désormais à l'avant-garde du progrès mondial.

Dans le même temps, les succès des sociétés postindustrielles, rehaussant la portée de la création et du savoir, dépréciaient non seulement tous les facteurs matériels de la production connus antérieurement, mais aussi les biens de consommation fabriqués en grandes séries. Les possibilités de consommation illimitée de l'information et des connaissances offraient aux Etats postindustriels un marché illimité, tout en réduisant celui des produits des pays en développement. Dès le milieu des années 80, les pays du « Tiers monde » ont accueilli des unités industrielles étrangères, devenant de véritables « ateliers de montage » des groupes transnationaux. Mais ce faisant, ils se sont placés dans une situation qui ne débouche pas, ne peut déboucher sur la « voie royale » menant au progrès postindustriel. Fournissant au monde développé des articles manufacturés fabriqués en grandes séries, les pays en développement utilisent à cette fin les ressources et la main-d'œuvre bon marché dont ils disposent. Par conséquent, ils exportent des produits qui s'épuisent en proportion directe avec le volume des exportations tout en maintenant les rémunérations de leurs travailleurs à un niveau relativement bas, garant de leur compétitivité. A l'inverse, les pays postindustriels exportent surtout des produits de l'industrie de l'information et à forte valeur ajoutée sur la base du savoir, des équipements high-tech et des brevets, c'est-à-dire livrent au « Tiers monde » des ressources renouvelables, qui ne s'épuisent pas dans le monde postindustriel indépendamment de l'importance des exportations. Mieux, la production de ce type de biens exige un recyclage constant de travailleurs qualifiés et, par conséquent, implique un accroissement de leur consommation de biens matériels et spirituels. La « globalisation » est désormais un outil efficace en matière d'établissement de standards de production uniques à l'échelle de la planète. Par là même, elle contraint les pays en développement à s'adapter aux besoins du monde postindustriel et donc à accroître leurs exportations pour acquérir en contrepartie les nouvelles technologies de l'information.

La civilisation du XXI° siècle se forme dans un monde profondément clivé, en proie à des tensions profondes. Dès à présent, les réalisations que l'on peut mettre à l'actif du monde postindustriel sont d'une telle ampleur qu'en dehors des centres historiques de l'ère postindustrielle, aucun processus ne peut induire des mutations sociales de nature à assurer un niveau de développement aussi élevé. Quels que soient les efforts déployés par la périphérie afin de « rattraper » les Etats avancés, ils sont susceptibles d'être dévalorisés par de nouvelles percées technologiques au sein du monde postindustriel. A cet égard, toute tentative de développement « de rattrapage » implique inévitablement une concentration drastique de toutes les forces de la nation afin de réaliser l'objectif fixé. Ce qui entraîne en premier lieu non pas des succès économiques, mais une baisse des niveaux de vie, de nouveaux efforts du pouvoir en vue de promouvoir un processus de modernisation et, en dernière analyse, un dérapage vers le totalitarisme et l'isolationnisme.

Certes, dans tout pays, y compris ayant accédé au stade postindustriel, il existe un secteur industriel. Cela nous permet d'envisager la possibilité d'un développement « de rattrapage » réduisant l'écart précisément dans ce domaine, à mesure que les industries à faible rendement des pays en développement se modernisent sur la base des technologies de pointe. Mais il est loisible d'en tirer les deux conclusions suivantes : d'une part, l'écart peut être réduit, mais non comblé et, de l'autre, même dans ce cas, *l'écart ne peut être réduit qu'à la condition d'un transfert soutenu des réalisations technologiques en provenance des pays développés*. Par conséquent, au seuil du XXI° siècle, les idéologues du développement « *de rattrapage* » doivent enfin comprendre que, dans ce concept, le substantif « *rattrapage* » n'implique nullement l'accomplissement désigné par le verbe « rattraper ».

Dès lors, les pays du « Tiers monde » sont placés devant un choix difficile. L'une des possibilités qui s'offrent à eux consiste à tenter de reproduire les réalisations des sociétés occidentales. Dans ce cas de figure, il est hautement probable que ces Etats bénéficieront du soutien du monde postindustriel, s'intégreront dans les structures de la civilisation postindustrielle et même si l'on peut douter qu'ils puissent « rattraper » les pays les plus développés dans un avenir prévisible, ils ne s'en seront pas moins assuré un développement stable, la tranquillité sociale et un degré élevé de protection contre les conflits externes et internes. Cette tendance est particulièrement nette en Europe où les Etats de l'UE s'apprêtent à incorporer dans leur communauté les anciens pays socialistes (PECO). Cela est moins net dans le Sud-Est asiatique, où les pays émergents, bien qu'évoluant d'une manière de plus en plus manifeste dans le sillage des Etats-Unis et du Japon, n'adhèrent pas pour autant à des organisations supranationales du type de l'UE. Dans la logique de cette option, les pays en développement échangent de facto leur souveraineté contre du développement économique, la transférant aux structures supranationales du monde postindustriel et en obtenant une puissante impulsion dynamisant leur progrès économique.

L'autre choix est illustré par les pays en développement qui, face à l'inégalité grandissante du développement mondial et soucieux de faire pièce aux pressions exercées par les puissances postindustrielles, optent pour une politique d'appui sur ses propres forces et s'enfoncent dans un isolationnisme croissant. Or, l'isolationnisme engendre généralement des régimes totalitaires, renforce le rôle des militaires et gonfle les dépenses improductives, à des fins variées qui vont de l'enrichissement des dirigeants à la lutte contre leur propre peuple. Tôt ou tard, ces pays vont économiquement dans le mur, détruisent leur potentiel humain et ne suscitent ainsi que des sentiments de commisération.

La mission historique de la société postindustrielle est l'initiation des pays en développement aux standards de production et aux niveaux de vie de la modernité. Les Etats développés peuvent réaliser cet objectif dans la mesure où ils disposent pour ce faire d'immenses ressources matérielles et immatérielles en termes d'information. Les Etats développés doivent le réaliser dans la mesure où la polarisation en cours dans le monde actuel génère une multitude de problèmes sociaux, mais aussi écologiques mettant en cause l'existence même de l'humanité. Le péril de la division de l'humanité civilisée en pays pauvres et riches n'est pas moindre que celui qui émane d'un peuple divisé en groupes sociaux antagonistes. En 1962, le président J. F. Kennedy a pu déclarer au cours d'un discours prononcé à l'Université américaine : « Si une société libre ne peut venir en aide au grand nombre d'individus qui sont aujourd'hui pauvres, elle ne pourra protéger le petit nombre d'individus auxquels il est advenu de devenir riches ». Les décennies écoulées ont conféré à ces propos un contenu nouveau, un sens dramatique, pour ne pas dire tragique. Mais l'aide dont parle J. F. Kennedy peut aujourd'hui prendre la forme d'une extension directe de la juridiction du monde postindustriel aux pays en développement.

Ce n'est pas ici le lieu d'évaluer en détail les aspects positifs et négatifs des différentes variantes d'une telle intégration. Notons seulement que les dernières décennies nous offrent l'exemple d'une approche pondérée et équilibrée, celle qu'illustre la mise en place de l'Union européenne (UE). L'exemple de l'incarnation pratique d'un modèle d'extension graduelle du monde postindustriel. A ses étapes initiales, l'objectif majeur demeure l'harmonisation des relations entre les pays développés eux-mêmes à mesure que se réalisent l'interpénétration de leurs cultures, l'uniformisation des normes de droit et des législations, l'instauration de relations mutuelles loyales entre les nations, la perception du conglomérat de pays relativement divers comme une communauté unie par une même et grande vocation.

C'est ensuite que débute l'expansion extérieure, qui s'effectue en l'occurrence selon des règles rigoureuses. En premier lieu, l'UE possède tous les attributs d'un Etat souverain : un Parlement, une Commission exécutive et une Cour de justice. Dans un proche avenir, on peut s'attendre à la création, dans la foulée, de Forces armées conjointes et d'une citoyenneté commune. En second lieu, dès à présent, les prérogatives des gouvernements nationaux sont subordonnées aux impératifs d'une politique commune. Cela est particulièrement évident sur l'exemple du passage à la monnaie unique. Au cours de ce processus du passage à l'euro, les gouvernements et les banques centrales des pays membres ont pris toute une série de mesures concertées, alors même que certaines d'entre elles n'étaient pas entièrement conformes à leurs intérêts nationaux. Seule la mise en pratique d'une attitude consistant à accepter de sacrifier ses intérêts nationaux sur l'autel de la communauté donne le droit d'exiger le même type de comportement de la part d'autres pays. A cet égard, il est douteux que les Etats-Unis puissent servir de noyau à une telle union dans la mesure où l'on n'a jamais observé qu'ils fussent disposés à la moindre concession dès lors que leurs intérêts nationaux étaient en jeu. Quant aux pays de l'UE, c'est sur cette base qu'ils posent les conditions d'adhésion aux nouveaux candidats. Les principales sont le renoncement de facto à certains éléments de souveraineté au profit des structures uniques de l'UE, le passage à la monnaie unique, l'uniformisation de la législation douanière et économique, la libre concurrence sur tout l'espace économique communautaire. L'initiation à la civilisation postindustrielle, l'adoubement de citoyens de l'UE, l'accès au potentiel économique de l'Europe unie sont « payés » au prix de la perte d'une partie des droits des Etats -nations. Nous considérons également comme un élément essentiel de l'expérience européenne l'extension de l'Europe non pas tant à des pays dont les liens économiques existants avec les membres de l'UE sont particulièrement étroits (si c'était le cas, l'Algérie et le Maroc seraient plus proches de l'adhésion à l'UE que, par exemple, l'Estonie ou la Slovaquie) qu'à des Etats ayant des affinités avec la plupart des pays d'Europe occidentale en vertu des aspects spécifiques de leur histoire et de leur culture. Encore une fois, l'Union européenne nous semble offrir l'exemple optimal d'une diffusion des tropismes postindustriels à une périphérie relativement proche.

Au début du présent ouvrage, nous avions examiné les différentes théories de progrès social accéléré, notamment la doctrine paradoxalement connue sous le vocable espagnol de « dependencia » (« dépendance »). Ses adeptes affirmaient que si les pays de la « périphérie » étaient dépendants dans leur développement de ceux du « centre », c'était parce que ces derniers avaient, des siècles durant, entravé l'essor des premiers. Que l'on se rallie ou non à cette thèse, il faut souligner, en conclusion, que l'ère de la « dependencia », de la dépendance non pas potentielle, mais réelle n'est pas derrière nous, mais au contraire appartient à l'avenir. C'est au XXI° siècle, précisément, que les pays en développement ressentiront pleinement leur dépendance vis-à-vis de la civilisation postindustrielle, dépendance que ne pourront supprimer ou surmonter tous les efforts internes en vue d'assurer un développement « de rattrapage ».

Nous voudrions illustrer cette conclusion par l'apologue suivant, caractérisant à nos yeux la situation qui s'est créée à la fin du XX° siècle. Les avancées technologiques assimilent les pays postindustriels à un hors-bord suivant le cours d'un fleuve qui symbolise le progrès de l'humanité. Les Etats en développement sont semblables à des pirogues dont la progression nécessite beaucoup plus d'efforts, outre qu'elles sont confrontées à un triple choix. La première option consiste à demander à l'équipage du hors-bord de les prendre en remorque et, dans ce cas, ils progresseront pratiquement à la même vitesse, certes sans combler l'écart qui les sépare, mais aussi sans perdre de terrain. Grâce à leurs efforts, il est possible que cet écart diminue, mais il est exclu qu'il soit entièrement comblé. La deuxième option consiste à continuer à pagayer dans la même direction que le monde civilisé, mais en ne comptant que sur leurs propres forces. Dans ce cas, au bout d'un certain temps, ils atteindront l'endroit où se trouvait le hors-bord, mais celui-ci aura déjà disparu au-delà du méandre suivant du fleuve. Et enfin, la troisième option consiste, forts de la spécificité de leur expérience historique, à tenter de remonter le courant, ce qui les voue au sur-place, voire au recul, perdant tout espoir d'un avenir meilleur. Il est sans doute inutile de préciser l'option qui a notre préférence.

BIBLIOGRAPHIE

Abalkine L. Fuite du capital : nature, formes, méthodes de lutte // Questions d'économie. Moscou. 1998. N°7 (en russe).

Abdel-Malek A. Huynh Cao Tri, Rosier B., Le Thanh Khoi. Clés pour une stratégie nouvelle du développement. Paris, 1984.

Abdel-Malek A. The Project on Socio-Cultural Development Alternatives in a Changing World : Report on the Formative Stage (May 1978 – December 1979). Tokyo, 1980.

Abrahams P. Japan Gambles on Chance // Financial Times. 2000. April 3.

Abrahams P. A Revolution is Well Under Way // Financial Times. 2000. May 8. Survey "Japanese Investment Banking".

Abramowitz M., David P.A. Convergence and Deferred Catch-Up: Productivity Leadership and the Waning of American Exceptionalism // Landau R., Taylor T., Wright G. (Eds.) The Mosaic of Economic Growth. Stanford University Press, Stanford (Ca.), 1996.

Adams N.A. Worlds Apart. The North-South Divide and the International System. Zed Books, Atlantic Highlands (N.J.)-London, 1997.

Akamatsu K. A Historical Pattern of Economic Growth in Developing Countries // The Developing Economies. 1962. N°1.

Amin S. Accumulation on a World Scale. Penguin Books, Harmondsworth, 1976.

Amin S. L'accumulation à l'échelle mondiale: critique de la théorie du sous-développement. Presses Universitaires de France, Paris, 1970.

Amin S. Neo-Colonialism in West Africa. Penguin Books, Harmondsworth, 1973.

Amin S. Unequal Development: An Essay on the Social

Formations of Peripheral Capitalism, Zed Books, London, 1976.

Amoroso B. On Globalization. Capitalism in the 21th Century. Macmillan, Houndmills-London, 1998.

Amsden A.H. Asia's Next Giant. South Korea and Late Industrialization. Oxford University Press, New York-Oxford, 1989.

Andrianov V.D. La Russie dans l'économie mondiale. Vlados Publishers, Moscou, 1999 (en russe).

Appell D. Stocks in Asia May Find No Relief Even if the US Leaves Rates Alone // The Wall Street Journal Europe. 2000. June 28.

Arndt H.W. Economic Development: The History of an Idea. University of Chicago Press, Chicago-London, 1987.

Aron R. Politics and History. Transaction Publishers, New Brunswick(N.J.) - London, 1984.

Aron R. Trois essais sur l'âge industriel, Editions Gallimard, Paris, 1966.

Arrighi J., Silver B.J. Chaos and Governance in the Modern World System. University of Minnesota Press, Minneapolis-London, 1999.

Attali J. Lignes d'horizon. Librairie Artheme Fayard, Paris, 1990.

Axtmann R. Globalization, Europe and the State: Introductory Reflecxtions // Axtmann R. (Ed.) Globalization and Europe. Theoretical and Empirical Investigations. Pinter, London-Washington (D.C.), 1998.

Ayres R.U. Turning Point. An End to the Growth Paradigm. Earthscan Publications Ltd., London, 1998.

Backman M. The New Regime in Jakarta is Beginning to Look Like the Old // International Herald Tribune. 2000. May 25.

Baird M. Indonesia's Problems Force World Bank to Rethink its Role // International Herald Tribune. 2000. May 17.

Bairoch P. Globalization Myths and Realities : One Century of External Trade and Foreign Investment // Boyer R., Drache D. (Eds.) States Against Markets : The Limits of Globalization. Routledge, London-New York, 1996.

Baker G. Flight to Safety // Financial Times. 2000. August 15.

Baran P. The Political Economy of Growth. Basic Books, New York, 1957.

Barnet R.J., Cavanagh J. Global Dreams. Imperial Corporations and the New World Order. Touchstone / Simon & Schuster, New York, 1994.

Bauman Z. Globalization. The Human Consequences. Columbia University Press, New York, 1998.

Baumohl B. The Best of Times ? // Time. 1997. August 4.

Beck U. What is Globalization ? Polity Press, Cambridge (UK), 2000.

Becker G.S. Human Capital. A Theoretical and Empirical Analysis with Special Reference to Education. 3rd ed. University of Chicago Press, Chicago-London, 1993.

Bell D. The Cultural Contradictions of Capitalism. Basic Books, New York, 1978.

Bellah R.N., Madsen R., Sullivan W.M., Swidler A., Tipton S.M. The Good Society. Vintage Books, New York, 1992.

Bello W., Rosenfeld S. Dragons in Distress. Asia's Miracle Economies in Crisis. A Food First Book, San Francisco, 1990.

Bendix R. Tradition and Modernity Reconcidered // Comparative Studies in Society and History. The Hague. 1967. N°3.

Bernstein M. A. Understanding American Economic Decline: The Contours of the Late-Twenthieth-Century Experience // Bernstein M.A., Adler D.E. (Eds.) Understanding American Economic Decline. Cambridg University Press, Cambridge, 1994.

Bernstein R., Munro R.H. The Coming Conflict with China. Knopf, New York, 1997.

Berry J.M. US Jobless Rate Falls to 3,9% // International Herald Tribune. 2000. May 6-7.

Bettelheim Ch. Planification et croissance accélérée. Seuil, Paris, 1964.

Black C. The Dynamics of Modernization: A Study in Comparative History. New York, 1966.

Blanchard O. The Economics of Post-Communist Transition. Clarendon Press, Oxford, 1998.

Blasi J.R., Kroumova M., Kruse D. Kremlin Capitalism. ILR Press, Ithaca (N.Y.)-London, 1997.

Bluestone B., Harrison B. Growing Prosperity. The Battle for Growth with Equity in the Twenty-First Century. Houghton Mifflin Company, Boston-New York, 2000.

Bogomolov O.T. Ma Chronique du temps de transition. Economica, Moscou, 2000 (en russe).

Boland V. Paris Exchange Seeks to Woo New Partners // Financial Times. 2000. April 26.

Bouchmarine I. Les ressources en main-d'œuvre de la Russie conception du développement et de l'utilisation / Economie mondiale et relations internationales. Moscou, 1996. N°9 (en russe).

Boulatov A. Exportation de capitaux de Russie: questions de régulation // Questions d'économie. Moscou. 1998. N°3 (en russe).

Boyett J.H., Boyett J.T. Behind Workplace 2000. Essential Strategies for the New American Corporation. A Plume Book / Penguin Book, New York - London, 1996

Boyett J.H., Conn H.P. Maximum Performance Management. Capstone, Oxford, 1995.

Brady R. Capitalism. Russia's Struggle to Free Its Economy. Yale University Press, New Haven (Ct.)-London, 1999.

Brahm L.J. China as N°1. The New Superpower Takes

Central Stage. Butterworth-Heinemann Asia, Singapore, 1996.
Braun Ch.-F., von. The Innovation War. Industrial R&D… the Arms Race of the 90s. Prentice Hall PTR, Upper Saddle River (N. J.), 1997.
Bremner B. A Nation of Risk-Takers ? // Business Week. European Edition. 2000. May 8.
Brockway G.P. Economists Can Be Bad For Your Health. Second Thoughts on the Dismal Science. W.W.Norton & Company, New York-London, 1995.
Brown L.R., Flavin Ch., French H. et al. State of the World 1997. A Worldwatch Institute Report on Progress Toward a Sustainable Society. W.W.Norton & Company, New York-London, 1997.
Brown L.R., Flavin Ch., French H., et al. State of the World 1998. A Worldwatch Institute Report on Progress Toward a Sustainable Society. W.W.Norton & Company, New York-London, 1998.
Brown L.R.,Renner M., Flavin Ch. et al. Vital Signs 1997-1998. The Environmental Trends That are Shaping Our Future. Earthscan Publications Ltd., London, 1997.
Brzezinski Zb. The Grand Chessboard. American Primacy and Its Geostrategic Imperatives. Basic Books, New York, 1997.
Burtless G., Lawrence R.Z., Litan R.E., Shapiro R. J. Globaphobia. Confronting Fears about Open Trade. Brookings Institution, Washington (D.C.), 1998.
Burton J. Broadband Demand Drives South Korea Internet Advances // Financial Times. 2000. May 23.
Burton J. Hyundai Founder's Favorite Son Falls from Grace // Financial Times. 2000. August 17.
Business Week. European Edition. 2000. April 10.
Business Week. European Edition. 1998. October 19.
Calian S. London Holds On to Top Spot in Ranking of Equity Centers // The Wall Street Journal Europe. 2000. June 13.

Callon S. Divided Sun. MITI and the Breakdown of Japanese High-Tech Industrial Policy, 1975-1993. Stanford University Press, Stanford (Ca.), 1995.

Cardoso F.H. Dependent Capitalist Development in Latin America // New Left Review, July 1972.

Cardoso F.H., Faletto E. Dependencia y desarrollo en America Latina: Ensayo de enterpretacion sociologica. 13-a ed., Mexico, 1977.

Cargill T.F., Hutchinson M.M., Ito T. The Political Economy of the Japanese Monetary Policy. MIT Press, Cambridge (Ma.)-London, 1997.

Castells M. Information Technology and Global Capitalism // Hutton W., Giddens A. (Eds.) On the Edge. Living with Global Capitalism. Jonathan Cape, London, 2000.

Castells M. The Information Age : Economy, Society and Culture. Vol. 1 : The Rise of the Network Society. Blackwell Publishers, Malden (Ma.)-Oxford, 1996.

Castells M. The Informational Economy and the New International Division of Labor // Carnoy M., Castells M., Cohen S. Cardoso F. H. The New Global Economy in the Information Age. Pennsylvania State University Press, University Park (Pa.), 1993.

Caufield C. Masters of Illusion. The World Bank and the Property of Nations. Macmillan, London, 1997.

Chai J.C.H. China : Transition to a Market Economy. Clarendon Press, Oxford, 1997.

Chatfield Ch.A. The Trust Factor. The Art of Doing Business in the Twenty-First Century. Sunstone Press, Santa Fe (Ca.), 1997.

China's Economy and the Asian Financial Crisis. East Asian Institute. Occasional Paper n°4. Singapore University Press, Singapore, 1998.

China's Futures. Scenarios for the World's Fastest Growing Economy, Ecology and Society. Pharo Books, San Francisco (Ca.), 2000.

Chmeliov N. Nouvelle étape des réformes russes : limites et possibilités // Questions d'économie. Moscou. 1998. N°1 (en russe).

Cleveland C.J. Natural Resource Scarcity and Economic Growth Revisited : Economic and Biophysical Perspectives // Costanza R (Ed.) Ecological Economics. The Science and Management of Sustainability. Columbia University Press, New York, 1992.

Clifford M.L., Engardio P. Meltdown. Asia's Boom, Bust and Beyond. Prentice Hall Press, Paramus (N. J.), 2000.

Cockcroft J.D., Frank A.G., Johnson D.L. Dependence and Underdevelopment: Latin America's Political Economy. Garden City (N.Y.), 1972.

Cohen D. The Wealth of the World and the Poverty of Nations. MIT Press, Cambridge (Ma.)-London, 1998.

Collan B., Costigan S.S., Keller K.H. Exporting U. S. High Tech. Facts and Fiction about the Globalization of Industrial R&D. Council on Foreign Relations, Washington (D.C.), 1997.

Collins P. Regional Trading Blocks and Foreign Direct Investment // Dunning J. H. (Ed.) Globalization, Trade and Foreign Direct Investment. Elsevier Science Ltd., Kinglington (UK), 1998.

Cox W.M., Alm R. Myths of Rich an Poor. Why We're Better Off Than We Think. Basic Books, New York, 1999.

Crise bancaire : le brouillard se dissipe ? // Questions d'économie. Moscou. 1999. N°5 (en russe).

Cullison A. Russia's Economic Growth Tops 7%. // The Wall Street Journal Europe. 2000. April 12.

Cumings B. Parallax Visions. Making Sense of American-East Asian Relations at the End of the Century. Duke University Press, Durham (N.C.)-London, 1999.

Cumings B. The Asian Crisis, Democracy and the End of "Late" Development // Pempel T.J. (Ed.) The Politics of Asian Economic Crisis. Cornell University Press, Ithaca (N.Y.)- London, 1999.

Burstein D., Keijzer A., de. Big Dragon. China's Future: What It Means for Business, the Economy and the Global Order. Simon and Schuster, New York, 1998.

D'Andrea Tyson L. Don't Look Now, But a New Japan Is Taking Shape // Business Week. European Edition. 2000. May 29.

Daly H.E. Steady-State Economics. 2nd ed. Earthscan Publications Ltd., London, 1992.

Davidow W.H., Malone M.S. The Virtual Corporation. Structuring and Revitalizing the Corporation for the 21th Century. Harper Business, New York, 1992.

Davidson J.D., Lord William Rees-Mogg. The Great Reckoning. Protect Yourself in the Coming Depression. Touchstone / Simon & Schuster, New York, 1993.

Davis S., Meyer C. FutureWealth. Harvard Business School Press, Boston (Ma.), 2000.

Delhaise P. Asia in Crisis. The Implosion of the Banking and Finance Systems. John Wiley & Sons (Asia) Pte Ltd., Singapore-New York, 1998.

Deliaguine M.G. Idéologie de la renaissance. Comment nous sortirons de la pauvreté et du marasme. ForumPublishers, Moscou, 2000 (en russe).

Dent Ch.M. The European Economy: The Global Context. Routledge, London–New York, 1997.

Dent H.S., Jr. The Roaring 2000s. Simon and Schuster, New York, 1998.

Deogun N., Scannell K. European Mergers Pick-Up Amid Slowdown in US Deals // The Wall Street Journal Europe. 2000. July 5.

Dicken P. Global Shift: The Internationalization of Economic Activity. Paul Chapman Publishing, London, 1992.

Dore R. Flexible Rigidities, Industrial Policy and Structural Adjustment in the Japanese Economy, 1970-1980. Stanford University Press, Stanford (Ca.), 1986.

Doremus P. N., Keller W.W., Pauly L.W. Reich S. The Myth

of the Global Corporation. Princeton University Press, Princeton (N.J.), 1998.

Dorn J.A. China's Future: Market Socialism or Market Taoism // Dorn J.A. (Ed.) China in the New Millennium: Market Reforms and Social Development. Cato Institute, Washington (D.C.), 1998.

Dorn J.A. (Ed.) China in the New Millennium: Market Reforms and Social Development. Cato Institute, Washington (DC), 1998.

Drucker on Asia. A Dialogue Between Peter Drucker and Isao Nakauchi. Butterworth-Heinemann, Oxford, 1997.

Drucker P.F. Managing in Turbulent Times. Butterworth-Heinemann, Oxford, 1993.

Drucker P.F. Post-Capitalist Society. Harper Business, New York, 1993

Drucker P.F. The New Realities. Butterworth-Heinemann, Oxford, Oxford, 1996.

Dunning J.H., Hoesel R., van Narula R. Third World Multinationals Revisited: New Developments and Theoretical Implications // Dunning J. H. (Ed.) Globalization, Trade and Foreign Direct Investment. Oxford University Press, Amsterdam-Oxford, 1999.

Dunning J.H. The Globalisation of Business. Routledge, London, 1993.

The Economist. 1992. July 18.

The Economist. 1993. September 25.

The Economist. 1997. February 8.

The Economist. 1997. February 22.

The Economist. 1997. March 1.

The Economist. 1997. March 8.

The Economist. 1997. April 12.

The Economist. 1997. April 26.

The Economist. 1997. May 24.

The Economist. 1997. August 16.

The Economist. 1997. August 30.

The Economist. 1997. September 20.
The Economist. 1997. November 29.
The Economist. 1998. February 7.
The Economist. 1998. March 7.
The Economist. 1998. March 21.
The Economist. 1998. April 11.
The Economist. 1998. April 25.
The Economist. 1998. May 2.
The Economist. 1998. May 9.
The Economist. 1998. June 20.
The Economist. 1998. June 27.
The Economist. 1998. September 26.
The Economist. 1998. October 24.
The Economist. 1999. July 31.
The Economist. 2000. April 8.
The Economist. 2000. April 15.
The Economist. 2000. April 29.
The Economist. 2000. May 27.
The Economist. 2000. June 10.
The Economist. 2000. June 17.
The Economist. 2000. July 1.
The Economist. 2000. July 15.
The Economist. 2000. July 22.
The Economist. 2000. August 12.
The Economist. 2000. August 19.
Edwards M. Future Positive. International Co-operation in the 21th Century. Earthscan Publications Ltd., London, 1999.
Eichengreen B. Globalizing Capital. A History of the International Monetary System. Princeton University Press, Princeton (N.J.), 1996.
Eichengreen B. Toward a New International Financial Architecture. A Practical Post-Asia Agenda. Institute for International Economics, Washington (D.C.), 1999.
Einhorn B., Shari M. Currency Crisis, Part Two ? // Business Week. European Edition. 2000. July 31.

Eisenstadt S.N. Modernization: Protest and Change. Prentice-Hall, Englewood Cliffs (N.J.), 1966.

Eisenstadt S.N. Post-Traditional Societies and the Continuity and Reconstruction of Tradition // Eisenstadt S.N. (Ed.) Post-Traditional Societies. Basic Books, New York, 1972.

Eisenstadt S.N. Tradition, Change and Modernity. Basic Books, New York, 1973.

Elliott I., Atkinson D. The Age of Insecurity. Verso, London-New York, 1998.

Emerson T. Asia's Agony // Newsweek. 1998. October 12.

Emshwiller J.R., Cooper C. European Investors Discover Dark Side of American Stocks // The Wall Street Journal Europe. 2000. August 16.

Ernsberger R., Jr. On the Road to Regret ? // Newsweek. 1999. March 29.

Featherstone K., Ginsberg R.H. The United States and the European Union in the 1990s. Partners in Transition. 2nd ed., St. Martin's Press, New York, 1999.

Feldstein M. (Ed.) American Economic Policy in the 1980s. University of Chicago Press, Chicago-London, 1994.

Fieldhouse D.K. The West and the Third World. Trade, Colonialism, Dependence and Development. Blackwell Publishers, Oxford-Malden (Ma.), 1999.

Fields G., Katahira H., Wind J. Leveraging Japan: Marketing to the New Asia. Jossey-Bass Publishers, San Francisco (Ca.), 2000.

Financial Times. FT 500. London, 1997.

Financial Times. 2000. May 4.Survey FT 500.

Fleming C.H. Venture Capital Floods into Europe // The Wall Street Journal Europe. 2000. June 20,

Forester T. Silicon Samurai. How Japan Conquered the World's IT Industry. Blackwell Business, Cambridge (Ma.)-Oxford, 1991.

Foster-Carter A. Neo-Marxist Approaches to Development

and Underdevelopment // Kadt E., Williams G. (Eds.) Sociology and Development. London, 1974.

Frank A.G. Capitalism and Underdevelopment in Latin America. Monthly Review Press, New York, 1967.

Frank R.H., Cook P.J. The Winner-Take-All Society. Why the Few at the Top Get So Much More Than the Rest of US. Penguin Books, London, 1996.

French P., Crabbe M. One Billion Shoppers. Accessing Asia's Consuming Passions and Fast-Moving Markets – After the Meltdown. Nicholas Brealey Publishing, London, 1998.

Fridson M.S. It Was a Very Good Year. Extraordinary Moments in Stock Market History. John Wiley & Sons, New York, 1998.

Friedman A. IMF Lifts Forecast of Global Economy // International Herald Tribune. 2000. April 13.

Friedman T.L. The Lexus and the Olive Tree. Anchor Books, New York, 2000.

Furtado C. Dependencia externa y teoria economica // El trimestre economico. Mexico, 1971. N°2.

Furtado C. Desenvolvimento e Subdesenvolvimento. Rio de Janeiro, 1961.

Furtado C. Hegemonia dos Estados Unidos e Subdesenvolvimento da America Latina. 3-a ed., Rio de Janeiro, 1978.

Furtado C. Teoria e Politica do Desenvolvimento Economico. 6-a ed., Sao Paulo, 1977.

Gaïdar E. Les anomalies de la croissance économique. Evrasia Publishers, Moscou, 1997 (en russe).

Galbraith James K. Created Unequal. The Crisis in American Pay. Free Press, New York, 1998.

Garcia A. Atraso y dependencia en America Latina: Hacia una teoria latinoamericana de desarrollo. Buenos Aires, 1972.

Garten J. The Big Ten. The Big Emerging Markets and How

They Will Change Our Lives. Basic Books, New York, 1997.

Gibney F. Is Japan About to Crumble ? // Time. 1998. June 8.

Gibney F. Stumbling Giants // Time. 1997. November 24.

Gilpin R., Gilpin J.M. The Challenge of Global Capitalism. The World Economy in the 21th Century. Princeton University Press, Princeton (N.J.), 2000.

Glaziev S. La Banque centrale contre l'industrie russe // Questions d'économie. Moscou. 1998. N°1 (en russe).

Goldman M. Lost Opportunity. What Has Made Economic Reform in Russia so Difficult ? W.W.Norton & Company, New York-London, 1996.

Goldman M. What Went Wrong with Perestroika. W.W.Norton & Company, New York-London, 1992.

Goldstein M. The Asian Financial Crisis : Causes, Cures and Systemic Implications. Institute for International Economics, Washington (D.C.), 1998.

Gough L. Asia Meltdown. The End of the Miracle ? Capstone, Oxford, 1998.

Grant W. Perspectives on Globalization and Economic Coordination // Hollingsworth J.R., Boyer R. (Eds.) Contemporary Capitalism: The Embeddedness of Institutions. Cambridge University Press, Cambridge (UK), 1997.

Granville B. Problèmes de stabilisation de la circulation monétaire en Russie // Questions d'économie. Moscou. 1999. N°1 (en russe).

Gray J. False Dawn. The Delusions of Global Capitalism. Granta Books, London, 1998.

Greider W. One World Ready or Not. The Manic Logic of Global Capitalism. Simon & Schuster, New York, 1997.

Grigoriev L. A la recherche d'une voie de développement économique. // Questions d'économie. Moscou. 1998. N° 8 (en russe).

Grilli E. The European Community and the Developing

Countries. Cambridge University Press, Cambridge (UK), 1993.
Hae Won Choi. Banks in Korea Need More in Bad-Loan Funds // The Wall Street Journal Europe. 2000. July 3.
Haggard S. Developing Nations and the Politics of Global Integration. Brookings Institution, Washington (D.C.), 1995.
Hajari N. High Seas Diplomacy // Time. 1997. April 21.
Hamlin M.A. Asia's Best. The Myth and Reality of Asia's Most Successful Companies. Prentice Hall / Simon & Schuster (Asia) Pte Ltd., Singapore-New York, 1998.
Hamlin M.A. The New Asian Corporation. Managing for the Future in Post-Crisis Asia. Jossey-Bass Publishers, San Francisco (Ca.), 2000.
Hampden-Turner Ch., Trompenaars F. Mastering the Infinite Game. How East Asian Values are Transforming Business Practices. Capstone, Oxford, 1997.
Hampden-Turner Ch., Trompenaars F. The Seven Cultures of Capitalism. Value Systems for Creating Wealth in the United States, Britain, Japan, Germany, France, Sweden and the Netherlands. Judy Piatkus Publishers, London, 1994.
Harbison F.H. Human Resources Development Planning in Modernising Economies // Meier G. (Ed.) Leading Issues in Development Economics: Selected Materials and Commentary. New York, 1964.
Hardt M., Negri A. Empire. Harvard University Press, Cambridge (Ma.)-London, 2000.
Hartcher P. The Ministry. How Japan's Most Powerful Institution Endangers World Markets. Harvard Business School Press, Boston (Ma.), 1998.
Hatch W., Yamamura K. Asia in Japan's Embrace. Building a Regional Production Alliance. Cambridge University Press, Cambridge(UK)-New York, 1996.
Hayes D. Japan's Big Bang. The Deregulation and Revitalization of the Japanese Economy. Tuttle Publishing,

Boston (Ma.)-Tokyo, 2000.
Heilbroner R., Milberg W. The Making of Economic Society. 10th ed. Prentice Hall, Upper Saddle River (N.J.), 1998.
Henderson C. Asia Falling. Making Sense of the Asian Crisis and Its Aftermath. Business Week Books / McGraw-Hill, New York, 1999.
Hicks J. Wealth and Welfare. Clarendon Press, Oxford, 1981.
Higgins B. Economic Development : Problems, Principles and Policies. 2nd ed. New York, 1968.
Hirch M. Cronyism Crashes // Newsweek. 1998. January 26.
Hirch M. Where is the Bottom? // Newsweek. 1998. January 19.
Hirst P., Thompson G. Globalization in Question: International Economic Relations and Forms of Public Governance // Hollingsworth J.R., Boyer R. (Eds.) Contemporary Capitalism. The Embeddedness of Institutions. Cambridge University Press, Cambridge (UK), 1997.
Hiscock G. Asia's Wealth Club. Nicholas Brealey Publishing, London, 1997.
Hobday M. Innovation in East Asia: The Challenge to Japan. Cheltenham (UK)-Lyme (US) 1997.
Hobsbawn E. On History. Weidenfeld and Nicolson, London, 1997.
Hong Kong Economic Journal. 1998. April 7.
Hopkins T.K., Wallerstein E., et al. The Age of Transition. Trajectory of the World-System 1945-2025. Zed Books, London-New Jersey, 1996.
Hoselitz B. Sociological Aspects of Economic Growth. Free Press, Glencoe (Ill.), 1960.
Human Development Report 1998. Oxford University Press, Oxford-New York, 1998.
Huntington S.P. The Clash of Civilizations and the Remaking of World Order. Simon & Schuster, New York, 1996.
Huntington S.P. The Third Wave. Democratization in the Late

Twentieth Century. Norman (Ok.)- London, 1991.
Hutton W., Giddens A. (Eds.) On the Edge. Living with Global Capitalism. Jonathan Cape, London, 2000.
Ignatius A. Asia's Bad News // Time. 1998. May 18.
Ihlwan M. Coddling the Chaebols and Courting Disaster // Business Week. European Edition. 1998. September 21.
Illarionov A. Comment la Russie a perdu le XX° siècle // Questions d'économie. Moscou. 2000. N°1 (en russe).
Inglehart R. Culture Shift in Advanced Industrial Society. Princeton University Press, Princeton (N.J.), 1990.
Inozemtsev V. Fin de siècle. Contribution à l'histoire de la mise en place du système économique postindustriel (1973-2000) // Pensée libre-XXI. 1999. N°7-8 (en russe).
Inozemtsev V.L. La civilisation clivée. Prémisses existantes et conséquences éventuelles de la révolution post-économique. Academia Publishers, Moscou, 1999 (en russe).
Inozemtsev V.L. Le post-modernisme actuel: fin du social ou décrépitude de la sociologie ? // Questions de philosophie. Moscou. 1998. N°9 (en russe).
Inozemtsev V.L. Les problèmes socio-économiques du XXI° siècle : tentative d'évaluation non traditionnelle. Moscou, Vek Publishers, 1999 (en russe).
International Financial Statistics Yearbook 1993. Washington (D.C.), 1993.
International Financial Statistics Yearbook 1994. Washington (D.C.), 1994.
International Financial Statistics Yearbook 1995. Washington (D.C.), 1995.
International Financial Statistics Yearbook 1998. Washington (D.C.), 1998.
International Herald Tribune. 2000. June 30.
International Herald Tribune. 2000. May 24.
Isbister J. Promises Not Kept. The Betrayal of Social Change

in the Third World. 4th ed., Kumarian Press, West Hartwood (Ct.), 1998.
Islam I., Chowdhury A. Asia-Pacific Economies. A Survey. Routledge, London-New York, 1997.
Jaggi R. Mitsubishi Motors Reports Loss of Y23bn // Financial Times. 2000. May 26.
Japanese Finance. A Survey // The Economist. 1998. June 27.
Johnson Ch. Japan: Who Governs? The Rise of the Developmental State. W.W.Norton & Company, New York-London, 1995.
Johnson Ch. MITI and the Japanese Miracle: The Growth of Industrial Policy, 1925-1975. Stanford University Press, Stanford (Ca.), 1982.
Jonquières G., de. Beijing's Hard Bargain // Financial Times. 2000. May 26.
Jovanovic M.N. European Economic Integration. Limits and Prospects. Routledge, London-New York, 1997.
Judy R.W., D'Amico C. Workforce 2000. Work and Workers in the 21th Century. Hudson Institute, Indianapolis (In.), 1997.
Kadlec Ch.W. Dow 100,000: Fact of Fiction. New York Institute of Finance, New York, 1996.
Kahn H., Wiener A. The Next Thirty Three Years: A Framework for Speculation // Daedalus, Summer. 1967.
Kattoulas V. Midnight Sun // Newsweek. 1999. January 11.
Katz R. Japan: The System That Soured. The Rise and Fall of Japanese Economic Miracle. An East Gate Book, Armonk (New York)-London, 1998.
Kelly K. New Rules for the New Economy. Ten Radical Strategies for a Connected World. Viking, New York, 1998.
Kemenade W., van. China, Hong Kong, Taiwan, Inc. Knopf, New York, 1997.
Kennedy P. Preparing for the Twenty-First Century. Fontana Press, London, 1994.
Kennedy P. The Rise and Fall of the Great Powers. Economic

Change and Military Conflict from 1500 to 2000. Fontana Press, London, 1988.
Kiplinger K. World Boom Ahead. Why Business and Consumers Will Prosper. Kiplinger Books, Washington (D.C.), 1998.
Kirk D. Sell-Off in Seoul Drags Stocks to 13-Month Low // International Herald Tribune. 2000. May 23.
Kobrin S.J. The Architecture of Globalization : State Sovereignity in a Networked Global Economy // Dunning J. H. (Ed.) Governments, Globalization and International Business. Oxford University Press, Oxford, 1997.
Koch R. The Third Revolution. Creating Unprecedented Wealth and Happiness for Everyone in the New Millennium. Capstone, Oxford, 1998.
Kohli A. Where Do High-Growth Political Economies Come From ? The Japanese Lineage of Korea's "Developmental State". // Woo-Cumings M. (Ed.) The Developmental State. Cornell University Press, Ithaca (N.Y.)-London, 1999.
Kosai Y. The Era of High-Speed Growth : Notes on the Postwar Japanese Economic System. Tokyo, 1986.
Kosai Y., Takeuchi F. Japan's Influence on the East Asian Economies // Rowen H.S. (Ed.) Behind East Asian Growth. Routledge, London–New York, 1998
Koudrov V., Pravdina S. Etude comparative des niveaux de productivité du travail dans l'industrie de la Russie, des Etats-Unis et de l'Allemagne en 1992 // Questions d'économie. Moscou. 1998. N°1 (en russe).
Krassilchtchikov V.A. En rattrapant le siècle passé. Rosspan Publishers, Moscou, 1998 (en russe).
Kreinin M.E., Lowinger T.C., Lal A.K. Determinants of Inter-Asian Direct Investment Flows // Dunning J. H. (Ed.) Globalisation, Trade and Foreign Direct Investment. Elsevier Science Ltd., Oxford, 1998.
Krugman P. Does Third World Growth Hurt First World Prosperity ? // Ohmae K. (Ed.) The Evolving Global

Economy. Making Sense of the New World Order. Harvard Business Review Book, Boston (Ma.), 1995.

Krugman P. From Japan, Lessons on How Not to Run an Economy // International Herald Tribune. 2000. August 14.

Krugman P. Peddling Prosperity. Economic Sense and Nonsense in the Age of Diminishing Expectations. W.W.Norton & Company, New York-London, 1994.

Krugman P. Pop Internationalism. MIT Press, Cambridge (Ma.)-London, 1998.

Krugman P. The Age of Diminishing Expectations. MIT Press. Cambridge (Ma.)-London, 1998.

Krugman P. The Myth of Asia's Miracle // Foreign Affairs. 1994. N°6.

Kuttner R. The Economic Illusion. False Choice Between Prosperity and Social Justice. University of Pennsylvania Press, Philadelphia (Pa.), 1991.

Kuttner R. The End of Laisez-Faire. National Purpose and the Global Economy After the Cold War. University of Pennsylvania Press, Philadelphia (Pa.), 1991.

Kynge J. China Hopes to Turn Corner on Growth // Financial Times. 2000. February 29.

Kynge J. China's Rises // Financial Times. 2000. July 25.

Kynge J. Chinese GDP Data Raise Growth Hopes // Financial Times. 2000. April 17.

L'Economie nationale de l'URSS en 70 ans. Recueil de statistiques commémoratif. Moscou, 1987 (en russe).

La crise des petrole et capitalisme contemporain. Moscou, 1980 (en russe).

Lacayo R. IMF to the Rescue // Time. 1997. December 8.

LaFeber W. The Clash. US-Japanese Relations Throughout History. W.W.Norton & Company, New York-London, 1997.

Lal D. The Poverty of "Development Economics". MIT Press, Cambridge (Ma.), 1985.

Lam W.W-L. The Era of Jiang Zemin. Prentice Hall, Simon and Schuster (Asia) Pte Ltd., Singapore-New York, 1999.

Landers P. Consumer Spending Continues to Languish Among Japanese // The Wall Street Journal Europe. 2000. August 8.

Landers P. Japan's GNP Contracted 1.4% in Fourth Quarter of 1999 // The Wall Street Journal Europe. 2000. March 14.

Landes D.S. The Wealth and Poverty of Nations. Why Some Are So Rich and Some So Poor. Little, Brown and Company, London, 1998.

Larimer T. No Place For Strangers // Time. 1998. April 6.

Laue Th., von. The World Revolution of Westernization. The Twentieth Century in Historical Perspective. Oxford University Press, New York-Oxford, 1987.

Lee E. The Asian Financial Crisis : The Challenge for Social Policy. International Labour Office, Geneva, 1998.

Leggett K. China Tries Reforms of Its Private Sector in Bid to End Slump // The Wall Street Journal Europe. 2000. March 13.

Les problèmes de fourniture d'énergie dans les pays capitalistes dans le contexte de la situation énergétique actuelle. Moscou, 1987 (en russe).

Levy M., Jr. Modernization and the Structure of Societies: a Setting for International Affairs. Vol. 1-2. Princeton University Press, Princeton (N.J.), 1966.

Li C. China: The Consumer Revolution. John Wiley & Sons (Asia) Pte Ltd., Singapore, 1998.

Liasko A. La mise en œuvre du programme de stabilisation n'est pas susceptible de juguler la crise // Questions d'économie. Moscou. 1998. N°9 (en russe).

Lind M. The Next American Nation. The New Nationalism and the Fourth American Revolution. Simon and Schuster, New York, 1995.

Luttwak E. Turbo-Capitalism. Winners and Losers in the

Global Economy. Weidenfeld & Nicolson, London, 1998.
Lvov D. Développement de l'économie russe et objectifs de la science économique. Economika Publishers, Moscou, 1999 (en russe).
Lvov D.S. (Ed.) Voie du XXI° siècle. Problèmes stratégiques et perspectives de l'économie russe. Economika Publishers, Moscou, 1999 (en russe).
MacIntyre D. Spend, Japan, Spend // Time. 1998. April 20.
Maddison A. Growth Acceleration and Slowdown in Historical and Comparative Perspective // Myers R. H. (Ed.) The Wealth of Nations in the Twentieth Century : The Policies and Institutional Determinants of Economic Development. Hoover Institution Press, Stanford (Ca.), 1996.
Madrick J. The End of Affluence. The Causes and Consequences of America's Economic Dilemma. Random House, New York, 1995.
Mahathir bin Mohammad. The Way Forward. Weidenfeld & Nicolson, London, 1998.
Mandel M.J. The Hight-Risk Society. Peril and Promise in the New Economy. Random House, New York, 1996.
Mann M. As the Twentieth Century Ages // New Left Review. 1995. November-December.
Marber P. From Third World to the World Class. The Future of Emerging Markets in the Global Economy. Perseus Books, Reading (Ma.), 1998.
Martin M. A New Milestone in US Expansion // International Herald Tribune. 2000. March 3.
Maslow A.H. Motivation and Personality. Harper & Row, New York, 1970.
Mason M. Development and Disorder. A History of the Third World since 1945. University Press of New England, Hanover-London, 1997.
Mason M. Historical Perspectives of Japanese Direct Investment in Europe // Mason M., Encarnation D. (Eds.)

Does Ownership Matters? Japanese Multinationals in Europe. Clarendon Press, Oxford, 1995.

Mayer M. Suharto Family Values // Newsweek. 1998. May 18.

Mazarr M.J. Global Trends 2005. An Owner's Manual for the Next Decade. St. Martin's Press, New York, 1999.

McCarthy T. Indonesia on the Brink // Time. 1998. March 23.

McGeary J. The Next China // Time. 1997. March 3.

McKinnon R.I., Ohno K. Dollar and Yen. Resolving Economic Conflict between the United States and Japan. MIT Press, Cambridge (Ma.)-London, 1997.

McLeod R.H., Garnaut R. (Eds.) East Asia in Crisis. From Being a Miracle to Needing One? Routledge, London-New York, 1998.

McNulty S. Slow Reform Progress Puts Investors off Malaysia // Financial Times. 2000. August 16.

McRae H. The World in 2020. Power, Culture and Prosperity : A Vision of the Future. HarperCollins Publishers, New York-London, 1995.

Meadows D.H., Meadows D.L., Randers J. Beyond the Limits : Global Collapses or a Sustainable Future? Earthscan Publications Ltd., London, 1992.

Meier G.M. Leading Issues in Economic Development. 6st ed. Oxford University Press, New York-Oxford, 1995.

Meier G.M., Seers D. (Eds) Pioneers in Development. Oxford University Press, New York-Oxford, 1984.

Melloan G. Japan Needs More than a New Political Shuffle // The Wall Street Journal Europe. 2000. June 6.

Miklethwait J., Wooldridge A. A Future Perfect. The Essentials of Globalization. Crown Business, New York, 2000.

Mitchell K., Beck P., Grubb M. The New Geopolitics of Energy. Royal Institute of International Affairs, London, 1996.

Mobius M. Mobius on Emerging Markets. Pitman Publishing, London, 1996.

Montagnon P. Still no Miracle Alternative to Reform for Asian

Economies // Financial Times. 2000. June 2.

Montès M.F., Popov V.V. "Virus asiatique" ou "Mal hollandais"? Théorie et histoire des crises monétaires en Russie et dans d'autres pays. Delo Publishers, Moscou, 1999 (en russe).

Moody K. Workers in a Lean World. Unions in the International Economy. Verso, London-New York, 1997.

Moreau R., Nordland R. After Suharto // Newsweek. 1998. June 1.

Morgan G. Images of Organization. Sage Publication, Thousand Oaks-London, 1997.

Morrison I. The Second Curve. Managing the Velocity of Change. Nicholas Brealey Publishing, London, 1996.

Morton C. Beyond World Class. Macmillan Business, Houndsmills-London, 1998.

Murphy R. T. Japan's Economic Crisis // New Left Review. 2000. January-February.

Murray G. Vietnam: Dawn of a New Market. St. Martin's Press, New York, 1997.

Myrdal G. Les problèmes contemporains du "Tiers monde". Progress Publishers, Moscou, 1972 (en russe).

Myrdal G. The Challenge of World Poverty: A World Anti-Poverty Program Outline. Pantheon Books, New York, 1970.

Naisbitt J. Global Paradox. Avon Books, New York, 1995.

Naisbitt J. Megatrends Asia. The Eight Asian Megatrends that are Changing the World. Nicholas Brealey Publishing, London, 1996.

Nakamoto M. Surge in Japanese Bankruptcies // Financial Times. 2000. August 15.

National Income and Product Accounts, 1947-1965. Government Printing Office, Washington (D.C.), 1967.

Naughton B. China: Domestic Restructuring and a New Role in Asia // Pempel T. J. (Ed.) The Politics of Asian

Economic Crisis. Cornell University Press, Ithaca (N.Y.)-London, 1999.

Neef D., Siesfeld G. A., Cefola J. (Eds.) The Economic Impact of Knowledge. Butterworth-Heinemann, Boston-Oxford, 1998.

Nelson J.I. Post-Industrial Capitalism. Exploring Economic Inequality in America. Sage Publications, Thousand Oaks-London, 1995.

Newsweek. Special Issue. November 1998-February 1999.

The Nikkei Weekly. 2000. March 6.

Niskanen W.A. Reaganomics. An Insider's Account of the Policies and the People. Oxford University Press, New York-Oxford, 1988.

Nuernberger Ph. Mastering the Creative Process // The Futurist. 1984. Vol. XVIII. N°4.

Nurske R. Problem of Capital Formation in Underdevelopped Countries. Basil Blackwell, Oxford, 1953.

O'Rourke K.H., Williamson J.G. Globalization and History. The Evolution of a Nineteenth-Century Atlantic Economy. MIT Press, Cambridge (Ma.)-London, 1999.

OECD. National Accounts Statistics. Detailed Tables. 1960-1970. Paris, 1972.

Ohmae K. The Borderless World. Power and Strategy in the Global Marketplace. Harper Collins Publishers, New York, 1994.

Ohmae K. The End of the Nation State: the Rise of Regional Economies. Free Press, New York, 1995.

On-Kwok L., So A.Y. Hong Kong and the Newly Industrializing Economies: From Americanization to Asianization // Postiglione G.A., Tang J.T.H. (Eds.) Hong Kong's Reunion with China. The Global Dimensions. M.E.Sharpe, Armonk (N.Y.)-London, 1997.

Ono Y. Nissan Motor Posts a Large Net Loss for Latest Year // The Wall Street Journal Europe. 2000. May 22.

Oslund A. Russie: naissance d'une économie de

marché. Respublika Publishers, Moscou, 1996 (en russe).
Ouchakov I., Malakha I. Fuite des cerveaux: ampleur, causes, conséquences. URSS Press, Moscou, 1999 (en russe).
Ovtcharova L., Tourountsev E., Kortchaguina I. Pauvreté: où placer le seuil ? // Questions d'économie. Moscou. 1998. N° 2 (en russe).
Palat R.A. (Ed.) Pacific-Asia and the Future of the World System. Clartus Books, Westport (Ct.), 1993.
Parsons T. The Evolution of Societies. Englewood Cliffs (N.J.), 1977.
Paterson M. Global Warming and Global Politics. Routledge, London-New York, 1996.
Pavlenko F., Novitski V. Tendances des mutations structurelles et politique industrielle dans les pays de la CEI // Questions d'économie. Moscou. 1999. N°1 (en russe).
Pearson M. China's New Business Elite. The Political Consequences of Economic Reform. University of California Press, Berkeley (Ca.)-London, 1997.
Pempel T.J. Regime Shift. Comparative Dynamics of the Japanese Political Economy. Cornell University Press, Ithaca (N.Y.)-London, 1998.
Pempel T.J. The Developmental Regime in a Changing World Economy // Woo-Cumings M. (Ed.) The Developmental State. Cornell University Press, Ithaca (N.Y.)-London, 1999.
Pempel T.J. (Ed.) The Politics of Asian Economic Crisis. Cornell University Press, Ithaca (N.Y.), 1999
Perkins A.B., Perkins M.C. The Internet Bubble. Harper Business, New York, 1999.
Phelps E. Europe's Stony Ground for the Seeds of Growth // Financial Times. 2000. August 9.
Phongpaichit P., Baker Ch. Thailand's Boom and Bust. Silkworm Books, Chaing Mai (Thailand), 1998.

Pilzer P.Z. Unlimited Wealth. The Theory and Practice of Economic Alchemy. Crown Publishers, New York, 1990.

Plender J. A Stake in the Future. The Stakeholding Solution. Nicholas Brealey Publishing, London, 1997.

Plender J. Emerging from the Gloom // Financial Times. 2000. April 11.

Pomfret R. Asian Economies in Transition. Reforming Centrally Planned Economies. Edward Elgar, Cheltenham (UK)-Brookfield (US), 1996.

Popov V. Leçons de la crise des changes en Russie et dans d'autres pays // Questions d'économie. Moscou. 1999. N°6 (en russe).

Porter G., Brown J.W. Global Environmental Politics. 2nd ed. Westview Press, Boulder (Co.), 1996.

Porter M. E. The Competitive Advantage of Nations. Macmillan, Houndmills-London, 1990.

Porter M.E., Takeuchi H., Sakakibara M. Can Japan Compete? Macmillan, Houndmills-London, 2000.

Porter M.E. Japan's Twin Demons // Financial Times. 2000. July 5.

Powell B. Hiccup ? Or Global Meltdown ? // Newsweek. 1997. December 29.

Powell B., Kattoulas V. The Lost Decade // Newsweek. 1998. July 27.

Prebisch R. Growth Disequilibrium and Disparities : Interpretation of the Process of Economic Development // Economic Survey of Latin America. New York, 1949.

Preston H.H. Internet Spurs Rumblings of a Venture-Capital Revolution // International Herald Tribune. 2000. March 25-26.

Raeburn P. A Little Energy Conservation Would Go a Long Way // Business Week. 2000. July 17,

Ratner J. Europeans Enjoy US Shopping Spree // Financial Times. 2000. August 16.

Reich R.B. Tales of a New America. The Anxious Liberal's

Guide to the Future. Vintage Books, New York, 1987.
Reich R.B. The Work ofNations. Preparing Ourselves to 21th Century Capitalism. Vintage Books, New York, 1992.
Rex J. Transnational Migrant Communities and the Modern Nation-State // Axtmann R. (Ed.) Globalization and Europe. Theoretical and Empirical Investigations. Pinter, London-Washington (D.C.), 1998.
Rifkin J. The End of Work: The Decline of the Global Labor Force and the Down of the Post-Market Era. Jeremy P. Tarcher/Putnam Book, New York, 1996.
Roberts D. China's Wealth Gap // Business Week. European Edition. 2000. May 8.
Robinson R., Goodman D.S.G. (Eds.) The New Rich in Asia. Mobile Phones, McDonald's and Middle-Class Revolution. Routledge, London-New York, 1996.
Robinson W.I. Promoting Polyarchy. Globalisation, US Intervention and Hegemony. Cambridge University Press, Cambridge (UK), 1998.
Rodrik D. The New Global Economy and Developing Countries: Making Openness Work. Overseas Development Council, Washington (D.C.), 1999.
Rohwer J. Asia Rising. How History's Biggest Middle Class Will Change the World. Nicholas Brealey Publishing, London, 1996.
Roos J., Roos G., Dragonetti N.C., Edvinsson I. Intellectual Capital. Navigating the New Business Landscape. Macmillan Business, New York, 1997.
Rosecrance R. The Rise of the Virtual State. Wealth and Power in the Coming Century. Basic Books, New York, 1999.
Rosenberg N. Uncertainty and Technological Change // Landau R., Taylor T., Wright G. (Eds.) The Mosaic of Economic Growth. Stanford University Press, Stanford (Ca.), 1996.
Rosenstein-Rodan P. Problems of Industrialization of Eastern and Southeastern Europe // Economic Journal. 1943.

June-September.

Rosensweig J.A. Winning the Global Game. A Strategy for Linking People and Profits. Free Press, New York, 1998.

Rostow W.W. The Stages of Economic Growth: A Non-Communist Manifesto. 3rd ed. Cambridge University Press, Cambridge (UK), 1995.

Rostow W.W. Theorists of Economic Growth from David Hume to the Present with a Perspective on the Next Century. Oxford University Press, New York-Oxford, 1990.

Rowen H.S. The Political and Social Foundations of the Rise of East Asia: An Overview // Rowen H.S. (Ed.) Behind East Asian Growth. The Political and Social Foundations of Prosperity. Routledge, London-New York, 1998.

Ryrie W. First World, Third World. St.Martin's Press, New York, 1995.

Sakaiya T. What is Japan? Contradictions and Transformations. Kodansha International, New York-Tokyo, 1993.

Sancton T. The French Connected // Time. 2000. June 12.

Sandler T. Global Challenges. An Approach to Environmental, Political and Economic Problems. Cambridge University Press, Cambridge (UK), 1997.

Sanghera S. US Growth Stronger in First Quarter // Financial Times. 2000. May 26.

Sayer A., Walker R. The New Social Economy : Reworking the Division of Labour. Blackwell, Cambridge (Ma.)-Oxford (UK), 1994.

Scarlett L. Doing More With Less // Bailey R. (Ed.) Earth Report 2000. Revisiting the True State of the Planet. McGraw-Hill, New York, 2000.

Schaeffer R.K. Understanding Globalization. The Social Consequence of Political, Economic and Environmental Change. Rowmann & Littlefield Publishers, Lanham (N.C.)-New York, 1997.

Schneider B. The Barefoot Revolution: A Report to the Club of Rome. IT Publications, London, 1988.

Schuman M. South Korean Economic Surge Stokes Interest-Rate Debate // The Wall Street Journal Europe. 2000. May 24.

Schuman M., et al. Korea's Economy Expands by 10.7% // The Wall Street Journal Europe. 2000. March 23.

Schwartz P., Leyden P., Hyatt J. The Long Boom. A Vision for the Coming Age of Prosperity. Perseus Books, Reading (Ma.), 1999.

Sen A. Development as Freedom. Oxford University Press, New York-Oxford, 1999.

Sender H. Daewoo's Foreign Creditors Face Decision on Debt-Buyout Proposal // The Wall Street Journal Europe. 2000. May 4.

Serril M.S. Can This Man Fix China ? // Time. 1998. March 16.

Sherer P.M. Venture Capital Is Hedge Tool // The Wall Street Journal Europe. 2000. March 24-25.

Shulman S. Owning the Future. Houghton Mifflin Company, Boston-New York, 1999.

Simes D. After the Collapse. Russia Seeks Its Place as a Great Power. Simon & Schuster, New York, 1999.

Smil V. China's Environmental Crisis. An Inquiry into the Limits of National Development. An East Gate Book/ M. E. Sharpe, Armonk (N.Y.)-London, 1993.

Smith C.S. Chinese Expansion is Sharp but Uneven // International Herald Tribune. 2000. April 18.

Snodgrass D.R. Education in Korea and Malaysia // Rowen H. S. (Ed.) Behind East Asian Growth. The Political and Social Foundations of Prosperity. Routledge, London–New York, 1998

Solomon R. Money on the Move. The Revolution in International Finance Since 1980. Princeton University Press, Princeton (N.J.), 1999.

Soros G. The Crisis of Global Capitalism [Open Society

Endangered]. Little, Brown and Company, London, 1998.
Spaeth A. Big Kid on the Block // Time. 1997. September 29.
Spaeth A. Calling Japan // Time. 1998. February 16.
Spaeth A. Sinking Feeling // Time. 1998. June 22.
Spulber N. The American Economy. The Struggle for Supremacy in the 21th Century. Cambridge University Press, Cambridge (UK), 1997.
Staley E. World Economic Development: Effects on Advanced Industrial Countries. Montreal, 1944.
Statistical Abstract of the United States 1995. Reference Press, Washington (D.C.), 1995.
Steers R.M. Made in Korea. Chung Ju Yung and the Rise of Hyundai. Routledge, New York-London, 1999.
Stewart T. A. Intellectual Capital. The New Wealth of Organizations. Doubleday / Currency, New York-London, 1997.
Stiglitz J. Où mènent les réformes? // Questions d'économie. Moscou. 1999. N°7 (en russe).
Strange S. Casino Capitalism. Manchester University Press, Manchester, 1997.
Strange S. Mad Money. Manchester University Press, Manchester, 1998.
Strom S. Japan Takes Risky Step to Bail Out Ailing Retailer // International Herald Tribune. 2000. July 1-2.
Strom S. Japanese Joblessness Hits a Record, but Government is Optimistic // International Herald Tribune. 2000. April 1-2.
Sunkel O. National Development Policy and External Dependance in Latin America // Journal of Developmental Studies. 1969. October.
Sutherland P.D. Managing the International Economy in the Age of Globalisation. Per Jacobsson Foundation, Washington (D.C.), 1998.
Taylor J. Sustainable Development : A Model for China ? Dorn A. (Ed.) China in the New Millennium. Market

Reforms and Social Development. Cato Institute, Washington (D.C.), 1998
Taylor J., Doren P., van. Soft Energy Versus Hard Facts // Bailey R. (Ed.) Earth Report 2000. Revisiting the Truc State of the Planet. McCraw-Hill, New York, 2000.
Tett G. Japanese Investors Haunted by Turmoil of '98 // Financial Times. 2000. July 20.
Tett J. Japan Passes US as Top Issuer of Public Debt // Fiancial Times. 2000. March 4-5.
Thurow L. Creating Wealth. The New Rules for Individuals, Compagnies and Countries in a Knowledge-Based Economy. Nicholas Brealey Publishing, London, 1999.
Thurow L. Head to Head. The Coming Economic Battle Among Japan, Europe and America. Warner Books, New York, 1993.
Tilton M.C. Regulatory Reform and Market Opening in Japan // Carlile L.E., Tilton M.C. (Eds.) Is Japan Really Changing Its Ways? Regulatory Reform and the Japanese Economy. Brookings Institution Press, Washington (D.C.), 1998.
Tinbergen J. The Design of Development. Keegan Paul, London, 1958.
Toffler A. FutureShock. Random House, New York, 1971.
Touraine A. Critique de la modernité. Fayard, Paris, 1992.
Touraine A. Modernity and Cultural Specifities // International Social Science Journal. Paris, 1988. November.
Touraine A., Hartmann J., Hakiki-Talahite F. et al. Quel emploi pour les jeunes? Vers des stratégies novatrices. Odile Jacob, Paris, 1988.
Toynbee P. Who's Afraid of Global Culture? // Hutton W., Giddens A. (Eds.) On the Edge. Living with Global Capitalism. Jonathan Cape, London, 2000.
Trett G., Crooks E. Japan's Gesture // Financial Times. 2000. August 14.
Ueda K. Why the Bank of Japan Can't Target Inflation? // The Wall Street Journal Europe. 2000. March 6.

Usher R. Ivan the Ill // Time. 2000. February 21.

Valladao A.G.A. The Twenty-First Century Will be American. Verso, London-New York, 1996.

Vines S. Hong Kong: China's New Colony. Aurum Press, London, 1998.

Vogel E.F. The Four Little Dragons. The Spread of Industrialization in East Asia. Harvard University Press, Cambridge (Ma.)-London, 1991.

Vogel E. Japan as Number One: Lessons for America. Harvard University Press, Cambridge (Ma.)-London, 1979.

Volcker P. The Sea of Global Finance // Hutton W., Giddens A. (Eds.) On the Edge. Living with Global Capitalism. Jonathan Cape, London, 2000.

Volski A. L'innovation en tant que facteur d'un développement économique stable // Questions d'économie. Moscou. 1999. N°1 (en russe).

The Wall Street Journal Europe. 2000. August 17.

The Wall Street Journal Europe. 2000. June 15.

Wallerstein I. Geopolitics and Geoculture. Essays on the Changing World-System. Cambridge University Press, Maison des Sciences de l'Homme, Cambridge (UK), 1991.

Wallerstein I. The Present State of the Debate on World Inequality // Wallerstein I. (Ed.) World Inequality. Origins and Perspectives on the World System. Black Rose Books Ltd., Montreal, 1975.

Wehrfritz G. Shop Till You Drop – Please // Newsweek. 1998. November 30.

Weiss I. The Myth of the Powerless State. Governing the Economy in a Global Era. Polity Press, Cambridge (UK), 1998.

Weizsaecker E.U., von. Earth Politics. Zed Books, London-Atlantic Highlands (N.J.), 1994.

Wessel D. Western Europe Leads Surge in Cross-Border M&A Deals // The Wall Street Journal Europe. 2000.

July 19.
Whalen J. Gas Dispute in Russia Highlights Threat of Future Power Outages // The Wall Street Journal Europe. 2000. April 12.
Whalen J. Russian Aluminium Barons Will Unite Their Assets // The Wall Street Journal Europe. 2000. April 18.
Wines M. Little by Little, Russia Claws Its Way Back // International Herald Tribune. 2000. June 3-4.
Winslow Ch.D., Bramer W.L. FutureWork. Putting Knowledge to Work in the Knowledge Economy. Free Press, New York-Toronto, 1994.
Winters J.A. The Determinant of Financial Crisis in Asia // Pempel T.J. (Ed.) The Politics of Asian Economic Crisis. Cornell University Press, Ithaca (N.Y.), 1999
Wolf A., Jr. China : An Emerging "Economic Supcrpower"? // Dorn J.A. (Ed.) China in the New Millennium: Market Reforms and Social Development. Cato Institute, Washington (D.C.), 1998.
Wolf M. Greenspan Reaps the Whirlwind // Financial Times. 2000. May 24.
Woodruff D. Money Unmade. Barter and the Fate of Russian Capitalism. Cornell University Press, Ithaca (N.Y.)-London, 1999.
The World Bank. The Asian Miracle. Economic Growth and Public Policy. Oxford University Press for the World Bank, Oxford-Washington (D.C.), 1993.
The World in 2020. Towards a New Global Age. OECD Publication, Paris, 1997.
World Development Report 1997. The State in a Changing World. Oxford University Press for the World Bank, Washington (D.C.)-Oxford, 1997.
World Development Report 1998/99. Knowledge for Development. Oxford University Press for the World Bank, Washington (D.C.)-Oxford, 1999.
World Development Report 1999/2000. Entering the 21th

Century. Oxford University Press for the World Bank, Washington (D.C.)-Oxford, 2000.
World Economic and Social Survey 1996. United Nations Publication, New York, 1996.
World Economic Outlook. A Survey by the Staff of the International Monetary Fund. May 1998. IMF Publication Service, Washington (D.C.), 1998.
World Economic Outlook. A Survey by the Staff of the International Monetary Fund. May 1999, IMF Publication Service, Washington (D.C.), 1999.
World Resources 1998-1999. Oxford University Press, New York-Oxford, 1998.
Yearbook of Labour Statistics, 1995. OIT, Genève, 1996.
Yergin D., Stanislaw J. The Commanding Heights. The Battle Between Government and the Marketplace That Is Remaking the Modern World. Simon & Schuster, New York, 1998.
Yip G.S. Asian Advantage. Key Strategies for Winning in the Asia-Pacific Region. Addison-Wesley, Reading (Ma.), 1998.

TABLE ALPHABETIQUE DES NOMS CITES

F

G

H

1

J

K

L

M

N

P

R

S

T

V

W

Z

INDEX

Q

R

TABLE DES MATIERES

CHAPITRE IV

CHAPITRE V

CHAPITRE VI

CHAPITRE VII

www.ingramcontent.com/pod-product-compliance
Lightning Source LLC
LaVergne TN
LVHW012046041026
849558LV00038B/507